W0179676

Die Vereinten Nationen erwarten bis zum Jahr 2050 eine Weltbevölkerung von 9 Milliarden Menschen. Bis zum Jahre 2030 wird das Bruttoinlandsprodukt der Welt um 130 Prozent wachsen – vor allem in den sogenannten Schwellenländern wie China und Indien zeichnet sich heute schon ein enormes wirtschaftliches Wachstum ab. Dies hat zur Folge, dass die Entnahme von Ressourcen aus der Natur um fast 50 Prozent zunehmen wird – genauso die Lagerung von Rest- und Schadstoffen in der Natur oder die Emission von Treibhausgasen. Ein Temperaturanstieg um 2 Grad ist schon jetzt nicht mehr zu vermeiden.

Bernd Meyer zeigt, welche Handlungsoptionen wir zur Begegnung dieser wohl größten Herausforderung der Menschheit haben und wie unsere Wirtschaft darauf reagieren muss.

Bernd Meyer ist Professor für Volkswirtschaftslehre an der Universität Osnabrück und wissenschaftlicher Leiter der Gesellschaft für Wirtschaftliche Strukturforschung (GWS). Er war Vorsitzender des Ausschusses »Evolutorische Ökonomik« der Gesellschaft für Wirtschafts- und Sozialwissenschaften und des Wissenschaftlichen Beirats zur Umweltökonomischen Gesamtrechnung beim Bundesumweltministerium.

Unsere Adressen im Internet: www.fischerverlage.de
www.hochschule.fischerverlage.de
www.forum-fuer-verantwortung.de

Bernd Meyer

WIE MUSS DIE WIRTSCHAFT UMGEBAUT WERDEN?

Perspektiven einer nachhaltigeren Entwicklung

Herausgegeben von
Klaus Wiegandt

Fischer Taschenbuch Verlag

FSC
Mix
Produktgruppe aus vorbildlich
bewirtschafteten Wäldern und
anderen kontrollierten Herkünften

Zert.-Nr. GFA-COC-1223
www.fsc.org
© 1996 Forest Stewardship Council

Originalausgabe
Veröffentlicht im Fischer Taschenbuch Verlag,
einem Unternehmen der S. Fischer Verlag GmbH,
Frankfurt am Main, Januar 2008

© 2008 Fischer Taschenbuch Verlag in der
S. Fischer Verlag GmbH, Frankfurt am Main
Gesamtherstellung: Clausen & Bosse, Leck
Printed in Germany
ISBN 978-3-596-17278-8

Inhalt

Handeln – aus Einsicht und Verantwortung

»Wir waren im Begriff, Götter zu werden, mächtige Wesen, die eine zweite Welt erschaffen konnten, wobei uns die Natur nur die Bausteine für unsere neue Schöpfung zu liefern brauchte.«

Dieser mahnende Satz des Psychoanalytikers und Sozialphilosophen Erich Fromm findet sich in *Haben oder Sein – die seelischen Grundlagen einer neuen Gesellschaft* (1976). Das Zitat drückt treffend aus, in welches Dilemma wir durch unsere wissenschaftlich-technische Orientierung geraten sind.

Aus dem ursprünglichen Vorhaben, sich *der* Natur zu unterwerfen, um sie nutzen zu können (»Wissen ist Macht«), erwuchs die Möglichkeit, *die* Natur zu unterwerfen, um sie auszubeuten. Wir sind vom frühen Weg des Erfolges mit vielen Fortschritten abgekommen und befinden uns auf einem Irrweg der Gefährdung mit unübersehbaren Risiken. Die größte Gefahr geht dabei von dem unerschütterlichen Glauben der überwiegenden Mehrheit der Politiker und Wirtschaftsführer an ein unbegrenztes Wirtschaftswachstum aus, das im Zusammenspiel mit grenzenlosen technologischen Innovationen Antworten auf alle Herausforderungen der Gegenwart und Zukunft geben werde.

Schon seit Jahrzehnten werden die Menschen aus Kreisen der Wissenschaft vor diesem Kollisionskurs mit der Natur gewarnt. Bereits 1983 gründeten die Vereinten Nationen eine Weltkommission für Umwelt und Entwicklung, die sich 1987 mit dem sogenannten Brundtland-Bericht zu Wort meldete. Unter dem Titel »Our Common Future« wurde ein Konzept vorgestellt, das die Menschen vor Katastrophen bewahren will und zu einem verantwortbaren Leben zurückfinden lassen soll. Gemeint ist das Konzept einer »langfristig umweltverträglichen Ressourcennutzung« – in der deutschen Sprache als Nachhaltigkeit bezeichnet. Nachhaltigkeit meint – im Sinne des Brundtland-Berichts – »eine Entwicklung, die den Bedürfnissen der heutigen Generation entspricht, ohne die Möglichkeiten künftiger Generationen zu gefährden, ihre eigenen Bedürfnisse zu befriedigen und ihren Lebensstandard zu wählen«.

Leider ist dieses Leitbild für ökologisch, ökonomisch und sozial nachhaltiges Handeln trotz zahlreicher Bemühungen noch nicht zu der Realität geworden, zu der es werden kann, ja werden muss. Dies liegt meines Erachtens darin begründet, dass die Zivilgesellschaften bisher nicht ausreichend informiert und mobilisiert wurden.

Forum für Verantwortung

Vor diesem Hintergrund und mit Blick auf zunehmend warnende Stimmen und wissenschaftliche Ergebnisse habe ich mich entschlossen, mit meiner Stiftung gesellschaftliche Verantwortung zu übernehmen. Ich möchte zur Verbreitung und Vertiefung des öffentlichen Diskurses über die unabdingbar notwendige nachhaltige Entwicklung beitragen. Mein Anliegen ist es, mit dieser Initiative einer großen Zahl von Menschen Sach- und Orientierungswissen zum Thema Nachhaltigkeit zu vermitteln sowie alternative Handlungsmöglichkeiten aufzuzeigen.

Denn das Leitbild »nachhaltige Entwicklung« allein reicht nicht aus, um die derzeitigen Lebens- und Wirtschaftsweisen zu verändern. Es bietet zwar eine Orientierungshilfe, muss jedoch in der Gesellschaft konkret ausgehandelt und dann in Handlungsmuster umgesetzt werden. Eine demokratische Gesellschaft, die sich ernsthaft in Richtung Zukunftsfähigkeit umorientieren will, ist auf kritische, kreative, diskussions- und handlungsfähige Individuen als gesellschaftliche Akteure angewiesen. Daher ist lebenslanges Lernen, vom Kindesalter bis ins hohe Alter, an unterschiedlichen Lernorten und unter Einbezug verschiedener Lernformen (formelles und informelles Lernen), eine unerlässliche Voraussetzung für die Realisierung einer nachhaltigen gesellschaftlichen Entwicklung. Die praktische Umsetzung ökologischer, ökonomischer und sozialer Ziele einer wirtschaftspolitischen Nachhaltigkeitsstrategie verlangt nach reflexions- und innovationsfähigen Menschen, die in der Lage sind, im Strukturwandel Potenziale zu erkennen und diese für die Gesellschaft nutzen zu lernen.

Es reicht für den Einzelnen nicht aus, lediglich »betroffen« zu sein. Vielmehr ist es notwendig, die wissenschaftlichen Hintergründe und Zusammenhänge zu verstehen, um sie für sich verfügbar zu machen und mit anderen in einer zielführenden Diskussion vertiefen zu können. Nur so entsteht Urteilsfähigkeit, und Urteilsfähigkeit ist die Voraussetzung für verantwortungsvolles Handeln.

Die unablässige Bedingung hierfür ist eine zugleich sachgerechte und verständliche Aufbereitung sowohl der Fakten als auch der Denkmodelle, in deren Rahmen sich mögliche Handlungsalternativen aufzeigen lassen und an denen sich jeder orientieren und sein persönliches Verhalten ausrichten kann.

Um diesem Ziel näherzukommen, habe ich ausgewiesene Wissenschaftlerinnen und Wissenschaftler gebeten, in der

Reihe »Forum für Verantwortung« zu zwölf wichtigen Themen aus dem Bereich der nachhaltigen Entwicklung den
Stand der Forschung und die möglichen Optionen allgemeinverständlich darzustellen.

Innerhalb eines Jahres ist nun unsere Reihe mit Erscheinen
der letzten vier Bände im Januar 2008 komplettiert:

- *Was verträgt unsere Erde noch? Wege in die Nachhaltigkeit*
  (Jill Jäger)
- *Kann unsere Erde die Menschen noch ernähren? Bevölke-
  rungsexplosion, Umwelt, Gentechnik* (Klaus Hahlbrock)
- *Nutzen wir die Erde richtig? Die Leistungen der Natur und
  die Arbeit des Menschen* (Friedrich Schmidt-Bleek)
- *Bringen wir das Klima aus dem Takt? Hintergründe und
  Prognosen* (Mojib Latif)
- *Wie schnell wächst die Zahl der Menschen? Weltbevöl-
  kerung und weltweite Migration* (Rainer Münz / Albert
  F. Reiterer)
- *Wie lange reicht die Ressource Wasser? Der Umgang mit
  dem blauen Gold* (Wolfram Mauser)
- *Was sind die Energien des 21. Jahrhunderts? Der Wettlauf
  um die Lagerstätten* (Hermann-Josef Wagner)
- *Wie bedroht sind die Ozeane? Biologische und physikali-
  sche Aspekte* (Stefan Rahmstorf / Katherine Richardson)

- *Wächst die Seuchengefahr? Globale Epidemien und Armut:
  Strategien zur Seucheneindämmung in einer vernetzten
  Welt* (Stefan E. Kaufmann)
- *Wie muss die Wirtschaft umgebaut werden? Perspektiven
  einer nachhaltigeren Entwicklung* (Bernd Meyer)
- *Wie kann eine neue Weltordnung aussehen? Wege in eine
  nachhaltige Politik* (Harald Müller)

– *Ende der Artenvielfalt? Gefährdung und Vernichtung von Biodiversität* (Josef H. Reichholf)

Zwölf Bände – es wird niemanden überraschen, wenn im Hinblick auf die Bedeutung von wissenschaftlichen Methoden oder die Interpretationsbreite aktueller Messdaten unterschiedliche Auffassungen vertreten werden. Unabhängig davon sind sich aber alle an diesem Projekt Beteiligten darüber einig, dass es keine Alternative zu einem Weg aller Gesellschaften in die Nachhaltigkeit gibt.

Öffentlicher Diskurs

Was verleiht mir den Mut zu diesem Projekt und was die Zuversicht, mit ihm die deutschsprachigen Zivilgesellschaften zu erreichen und vielleicht einen Anstoß zu bewirken?

Zum einen sehe ich, dass die Menschen durch die Häufung und das Ausmaß der Naturkatastrophen der letzten Jahre sensibler für Fragen unseres Umgangs mit der Erde geworden sind. Zum anderen gibt es im deutschsprachigen Raum bisher nur wenige allgemeinverständliche Veröffentlichungen wie *Die neuen Grenzen des Wachstums* (Donella und Dennis Meadows), *Erdpolitik* (Ernst-Ulrich von Weizsäcker), *Zukunftsfähiges Deutschland* (Wuppertal Institut), *Balance oder Zerstörung* (Franz Josef Radermacher), *Fair Future* (Wuppertal Institut) und *Kollaps* (Jared Diamond). Insbesondere liegen keine Schriften vor, die zusammenhängend das breite Spektrum einer umfassend nachhaltigen Entwicklung abdecken.

Das vierte Kolloquium meiner Stiftung, das im März 2005 in der Europäischen Akademie Otzenhausen (Saarland) zu dem Thema »Die Zukunft der Erde – was verträgt unser Planet noch?« stattfand, zeigte deutlich, wie nachdenklich eine sachgerechte und allgemeinverständliche Darstellung der Thematik die große Mehrheit der Teilnehmer machte.

Darüber hinaus stimmt mich persönlich zuversichtlich, dass die mir eng verbundene ASKO EUROPA-STIFTUNG alle zwölf Bände vom Wuppertal Institut für Klima, Umwelt, Energie didaktisieren lässt, um qualifizierten Lehrstoff für langfristige Bildungsprogramme zum Thema Nachhaltigkeit sowohl im Rahmen der Stiftungsarbeit als auch im Rahmen der Bildungsangebote der Europäischen Akademie Otzenhausen zu erhalten. Inzwischen haben wir daraus die Initiative »Mut zur Nachhaltigkeit« entwickelt, deren beide Säulen »Zwölf Bücher zur Zukunft der Erde« und »Vom Wissen zum Handeln« die Grundlage für unsere umfassenden geplanten Bildungsaktivitäten der nächsten Jahre darstellen. »Mut zur Nachhaltigkeit« wurde Anfang 2007 als offizielles Projekt der UN-Dekade »Bildung für Nachhaltigkeit« 2007 / 2008 ausgezeichnet. Auch die Resonanz in den deutschen Medien ist überaus positiv.

Als ich vor gut zwei Jahren begann, meine Vorstellungen und die Voraussetzungen zu einem öffentlichen Diskurs über Nachhaltigkeit zu strukturieren, konnte ich nicht voraussehen, dass bis zum Erscheinen der ersten Bücher dieser Reihe zumindest der Klimawandel und die Energieproblematik von einer breiten Öffentlichkeit mit großer Sorge wahrgenommen würde. Dies ist meines Erachtens insbesondere auf folgende Ereignisse zurückzuführen:

Zunächst erlebten die USA die fast vollständige Zerstörung von New Orleans im August 2005 durch den Hurrikan Katrina, und dieser Katastrophe folgte tagelange Anarchie.

Im Jahre 2006 startete Al Gore seine Aufklärungskampagne zum Klimawandel und zum Thema Energieverschwendung. Sie gipfelte in seinem Film »Eine unbequeme Wahrheit«, der weltweit große Teile in allen Altersgruppen der Bevölkerung erreicht und beeindruckt.

Der 2007 publizierte 700-seitige Stern-Report, den der Ökonom und frühere Chefvolkswirt der Weltbank, NICHOLAS STERN, im Auftrag der britischen Regierung mit anderen Wirtschaftswissenschaftlern erstellt hat, schreckte Politiker wie auch Wirtschaftsführer gleichermaßen auf. Dieser Bericht macht deutlich, wie hoch weltweit der wirtschaftliche Schaden sein wird, wenn wir »business as usual« betreiben und nicht energisch Maßnahmen dem Klimawandel entgegensetzen. Gleichzeitig wird in diesem Bericht dargelegt, dass wir mit nur einem Zehntel des wahrscheinlichen Schadens Gegenmaßnahmen finanzieren und die durchschnittliche Erderwärmung auf 2° C beschränken könnten – wenn wir denn handeln würden.

Besonders große Aufmerksamkeit in den Medien und damit in der öffentlichen Wahrnehmung fand der jüngste ICPP-Bericht, der Anfang 2007 deutlich wie nie zuvor den Ernst der Lage offenlegte und drastische Maßnahmen gegen den Klimawandel einforderte.

Zu guter Letzt sei erwähnt, dass auch das außergewöhnliche Engagement einiger Milliardäre wie Bill Gates, Warren Buffet, George Soros und Richard Branson sowie das Engagement von Bill Clinton zur »Rettung unserer Welt« die Menschen auf der ganzen Erde beeindruckt.

Eine wesentliche Aufgabe unserer auf zwölf Bände angelegten Reihe bestand für die Autorinnen und Autoren darin, in dem jeweils beschriebenen Bereich die geeigneten Schritte zu benennen, die in eine nachhaltige Entwicklung führen können. Dabei müssen wir uns immer vergegenwärtigen, dass der erfolgreiche Übergang zu einer derartigen ökonomischen, ökologischen und sozialen Entwicklung auf unserem Planeten nicht sofort gelingen kann, sondern viele Jahrzehnte dauern wird. Es gibt heute noch keine Patentrezepte für den langfristig erfolgreichsten Weg. Sehr viele Wissenschaftlerinnen und Wissenschaftler und noch mehr innovationsfreudige Unternehmerinnen und Unternehmer sowie Managerinnen und Manager werden weltweit ihre Kreativität und Dynamik zur Lösung der großen Herausforderungen aufbieten müssen. Dennoch sind bereits heute erste klare Ziele erkennbar, die wir erreichen müssen, um eine sich abzeichnende Katastrophe abzuwenden. Dabei können weltweit Milliarden Konsumenten mit ihren täglichen Entscheidungen beim Einkauf helfen, der Wirtschaft den Übergang in eine nachhaltige Entwicklung zu erleichtern und ganz erheblich zu beschleunigen – wenn die politischen Rahmenbedingungen dafür geschaffen sind. Global gesehen haben zudem Milliarden von Bürgern die Möglichkeit, in demokratischer Art und Weise über ihre Parlamente die politischen »Leitplanken« zu setzen.

Die wichtigste Erkenntnis, die von Wissenschaft, Politik und Wirtschaft gegenwärtig geteilt wird, lautet, dass unser ressourcenschweres westliches Wohlstandsmodell (heute gültig für eine Milliarde Menschen) nicht auf weitere fünf oder bis zum Jahr 2050 sogar auf acht Milliarden Menschen übertragbar ist. Das würde alle biophysikalischen Grenzen unseres Systems Erde sprengen. Diese Erkenntnis ist unbestritten. Strittig sind jedoch die Konsequenzen, die daraus zu ziehen sind.

Wenn wir ernsthafte Konflikte zwischen den Völkern vermeiden wollen, müssen die Industrieländer ihren Ressourcenverbrauch stärker reduzieren als die Entwicklungs- und Schwellenländer ihren Verbrauch erhöhen. In Zukunft müssen sich alle Länder auf gleichem Ressourcenverbrauchsniveau treffen. Nur so lässt sich der notwendige ökologische Spielraum schaffen, um den Entwicklungs- und Schwellenländern einen angemessenen Wohlstand zu sichern.

Um in diesem langfristigen Anpassungsprozess einen dramatischen Wohlstandsverlust des Westens zu vermeiden, muss der Übergang von einer ressourcenschweren zu einer ressourcenleichten und ökologischen Marktwirtschaft zügig in Angriff genommen werden.

Die Europäische Union als stärkste Wirtschaftskraft der Welt bringt alle Voraussetzungen mit, in diesem Innovationsprozess die Führungsrolle zu übernehmen. Sie kann einen entscheidenden Beitrag leisten, Entwicklungsspielräume für die Schwellen- und Entwicklungsländer im Sinn der Nachhaltigkeit zu schaffen. Gleichzeitig bieten sich der europäischen Wirtschaft auf Jahrzehnte Felder für qualitatives Wachstum mit zusätzlichen Arbeitsplätzen. Wichtig wäre in diesem Zusammenhang auch die Rückgewinnung von Tausenden von begabten Wissenschaftlerinnen und Wissenschaftlern, die Europa nicht nur aus materiellen Gründen, sondern oft auch wegen fehlender Arbeitsmöglichkeiten oder unsicheren -bedingungen verlassen haben.

Auf der anderen Seite müssen die Schwellen- und Entwicklungsländer sich verpflichten, ihre Bevölkerungsentwicklung in überschaubarer Zeit in den Griff zu bekommen. Mit stärkerer Unterstützung der Industrienationen muss das von der Weltbevölkerungskonferenz der UNO 1994 in Kairo verabschiedete 20-Jahres-Aktionsprogramm umgesetzt werden.

Wenn es der Menschheit nicht gelingt, die Ressourcen- und

Energieeffizienz drastisch zu steigern und die Bevölkerungsentwicklung nachhaltig einzudämmen – man denke nur an die
Prognose der UNO, nach der die Bevölkerungsentwicklung
erst bei elf bis zwölf Milliarden Menschen am Ende dieses
Jahrhunderts zum Stillstand kommt –, dann laufen wir ganz
konkret Gefahr, Ökodiktaturen auszubilden. In den Worten
von Ernst Ulrich von Weizsäcker: »Die Versuchung für den
Staat wird groß sein, die begrenzten Ressourcen zu rationie-
ren, das Wirtschaftsgeschehen im Detail zu lenken und von
oben festzulegen, was Bürger um der Umwelt willen tun und
lassen müssen. Experten für ›Lebensqualität‹ könnten von
oben definieren, was für Bedürfnisse befriedigt werden dürften« (*Erdpolitik*, 1989).

Es ist an der Zeit

Es ist an der Zeit, dass wir zu einer grundsätzlichen, kritischen
Bestandsaufnahme in unseren Köpfen bereit sind. Wir – die
Zivilgesellschaften – müssen entscheiden, welche Zukunft wir
wollen. Fortschritt und Lebensqualität sind nicht allein abhängig vom jährlichen Zuwachs des Prokopfeinkommens. Zur Be-
friedigung unserer Bedürfnisse brauchen wir auch keineswegs
unaufhaltsam wachsende Gütermengen. Die kurzfristigen
Zielsetzungen in unserer Wirtschaft wie Gewinnmaximierung und Kapitalakkumulierung sind eines der Haupthinder-
nisse für eine nachhaltige Entwicklung. Wir sollten unsere
Wirtschaft wieder stärker dezentralisieren und den Welthandel im Hinblick auf die mit ihm verbundene Energieverschwendung gezielt zurückfahren. Wenn Ressourcen und
Energie die »wahren« Preise widerspiegeln, wird der weltweite Prozess der Rationalisierung und Freisetzung von Ar-

beitskräften sich umkehren, weil der Kostendruck sich auf die Bereiche Material und Energie verlagert.

Der Weg in die Nachhaltigkeit erfordert gewaltige technologische Innovationen. Aber nicht alles, was technologisch machbar ist, muss auch verwirklicht werden. Die totale Ökonomisierung unserer gesamten Lebensbereiche ist nicht erstrebenswert. Die Verwirklichung von Gerechtigkeit und Fairness für alle Menschen auf unserer Erde ist nicht nur aus moralisch-ethischen Prinzipien erforderlich, sondern auch der wichtigste Beitrag zur langfristigen Friedenssicherung. Daher ist es auch unvermeidlich, das politische Verhältnis zwischen Staaten und Völkern der Erde auf eine neue Basis zu stellen, in der sich alle, nicht nur die Mächtigsten, wieder finden können. Ohne einvernehmliche Grundsätze »globalen Regierens« lässt sich Nachhaltigkeit in keinem einzigen der in dieser Reihe diskutierten Themenbereiche verwirklichen.

Und letztendlich müssen wir die Frage stellen, ob wir Menschen das Recht haben, uns so stark zu vermehren, dass wir zum Ende dieses Jahrhunderts womöglich eine Bevölkerung von 11 bis 12 Milliarden Menschen erreichen, jeden Quadratzentimeter unserer Erde in Beschlag nehmen und den Lebensraum und die Lebensmöglichkeiten aller übrigen Arten immer mehr einengen und zerstören.

Unsere Zukunft ist nicht determiniert. Wir selbst gestalten sie durch unser Handeln und Tun: Wir können so weitermachen wie bisher, doch dann begeben wir uns schon Mitte dieses Jahrhunderts in die biophysikalische Zwangsjacke der Natur mit möglicherweise katastrophalen politischen Verwicklungen. Wir haben aber auch die Chance, eine gerechtere und lebenswerte Zukunft für uns und die zukünftigen Generationen zu gestalten. Dies erfordert das Engagement aller Menschen auf unserem Planeten.

Danksagung

Mein ganz besonderer Dank gilt den Autorinnen und Autoren dieser zwölfbändigen Reihe, die sich neben ihrer hauptberuflichen Tätigkeit der Mühe unterzogen haben, nicht für wissenschaftliche Kreise, sondern für eine interessierte Zivilgesellschaft das Thema Nachhaltigkeit allgemeinverständlich aufzubereiten. Für meine Hartnäckigkeit, an dieser Vorgabe weitestgehend festzuhalten, bitte ich an dieser Stelle nochmals um Nachsicht. Dankbar bin ich für die vielfältigen und anregenden Diskussionen über Wege in die Nachhaltigkeit. Mich hat sehr beeindruckt, mit welcher Disziplin die Wissenschaftlerinnen und Wissenschaftler den Zeitplan exakt eingehalten haben, innerhalb von zwölf Monaten alle zwölf Bücher fertig zu stellen.

Bei der umfangreichen Koordinationsarbeit hat mich von Anfang an ganz maßgeblich Ernst Peter Fischer unterstützt – dafür meinen ganz herzlichen Dank, ebenso Wolfram Huncke, der mich in Sachen Öffentlichkeitsarbeit beraten hat. Für die umfangreichen organisatorischen Arbeiten möchte ich mich ganz herzlich bei Annette Maas bedanken, ebenso bei Ulrike Holler und Eva Köster vom S. Fischer Verlag für die nicht einfache Lektoratsarbeit.

Auch den finanziellen Förderern dieses Großprojektes gebührt mein Dank: allen voran der ASKO EUROPA-STIFTUNG (Saarbrücken) und meiner Familie sowie der Stiftung Europrofession (Saarbrücken), Erwin V. Conradi, Wolfgang Hirsch, Wolf-Dietrich und Sabine Loose.

Seeheim-Jugenheim   Stiftung Forum für Verantwortung
Sommer 2007   Klaus Wiegandt

1. Einleitung

Ein Überblick

Die Vereinten Nationen erwarten bis zum Jahr 2050 in der mittleren Prognosevariante eine Weltbevölkerung von 9 Milliarden Menschen. Das Wachstum der Bevölkerung wird sich in den Entwicklungsländern und den sogenannten Schwellenländern vollziehen, deren Bevölkerungszahl bis zum Jahr 2050 um ca. 50 % steigen wird. Die Schwellenländer sind diejenigen Entwicklungsländer wie etwa China und Indien, deren wirtschaftliche Entwicklung mit jährlichen Wachstumsraten des Bruttoinlandsprodukts zwischen 6 % und 10 % sehr dynamisch verläuft.

Bis zum Jahre 2030 wird das Bruttoinlandsprodukt der Welt um 130 % wachsen. Dies bedeutet, dass trotz der zu erwartenden Effizienzsteigerungen beim Einsatz der Rohstoffe die Entnahme von Ressourcen aus der Natur um fast 50 % zunehmen wird.

Die aus der Natur entnommenen Rohstoffe werden zu Gütern verarbeitet. Ein Teil von ihnen materialisiert sich mehr oder weniger dauerhaft in Gebäuden, Maschinenbeständen, Straßen und anderen Anlagen, ein anderer Teil wird in der Form von Rest- und Schadstoffen wieder an die Natur zurückgegeben. Sowohl die Entnahme von Rohstoffen, vor allem aber die Lagerung von Rest- und Schadstoffen in der Natur führt zu ihrer dauerhaften Schädigung. Die Bevölkerung hat

dieses Faktum bislang trotz aller Warnungen der Wissenschaftler mit bemerkenswertem Gleichmut ertragen.

Nur im Hinblick auf die Emission von Treibhausgasen in
die Luft und den dadurch ausgelösten Treibhauseffekt ist die
Öffentlichkeit inzwischen hellhörig geworden. Die Anreiche-
rung von CO_2, Methan und anderen Gasen in der Luft wirkt
wie das Dach eines Treibhauses: Die Temperatur der Erde
steigt mit der Konzentration der sogenannten Treibhausgase
in der Luft. Ein Temperaturanstieg um 2 Grad ist schon jetzt
nicht mehr zu vermeiden. Die Auswirkungen sind schon erfahrbar und werden sich in nächster Zukunft noch weiter steigern: Milde Winter und heiße Sommer, häufigere und inten-
sivere Stürme, Anstieg des Meeresspiegels, Artensterben mit
weiteren unabsehbaren Konsequenzen. Das wichtigste Klima-
gas ist CO_2, das bei der Verbrennung der kohlenstoffhaltigen
Energieträger Kohle, Gas und Öl entsteht und sich in der Luft
anreichert. Ohne eine dramatische Kehrtwende in unserem
Verhalten bringt das für die Zukunft zu erwartende Wirtschaftswachstum bis zum Jahr 2030 eine Zunahme des Energieverbrauchs und einen weiteren Anstieg der CO_2-Emissio-
nen um 40 % mit sich. Der Anstieg der Durchschnittstemperatur wird auf der Erde in der zweiten Hälfte des Jahrhunderts
nicht 2 Grad, sondern zwischen 3 Grad und 5 Grad betragen.
Die Auswirkungen sind kaum abschätzbar. Man bekommt ein
Gefühl dafür, wenn man bedenkt, dass der Temperaturunter-
schied zwischen heute und der Eiszeit gerade 5 Grad beträgt.

Welche Handlungsoptionen haben wir zur Begegnung dieser wohl größten Herausforderung der Menschheit? Eines ist
schon klar: Wir brauchen eine globale Perspektive. Es wird
nicht genügen, über Lösungen für Deutschland oder Europa
nachzudenken. Als Faktum der globalen Entwicklung müssen
wir das Bevölkerungswachstum und das Wirtschaftswachs-

tum in den Entwicklungs- und Schwellenländern hinnehmen. Das Bevölkerungswachstum in der Dritten Welt hat viele kulturelle und sozioökonomische Ursachen, die wir nicht in wenigen Jahren beeinflussen können. Im Übrigen unterstellt die zitierte mittlere Variante der Bevölkerungsprognose der Vereinten Nationen bereits eine Abschwächung des Wachstums der Bevölkerung. Das Wirtschaftswachstum in den Entwicklungs- und Schwellenländern ist angesichts der noch bestehenden dramatischen Armut in diesen Ländern höchst willkommen, bietet es doch die Hoffnung auf eine Besserung der katastrophalen sozialen Verhältnisse. Eine Wachstumsbegrenzung würde von diesen Ländern auch sicherlich nicht akzeptiert werden, schließlich waren es bis jetzt vor allem die Industrieländer, die den Unrat in die Natur gebracht haben.

Wenn die oben beschriebene Entwicklung verhindert werden soll, muss in der zweiten Hälfte des Jahrhunderts die Konzentration der Klimagase stabilisiert werden. Für die CO_2-Emissionen bedeutet dies, dass sie bis dahin weltweit auf 20 % des Niveaus des Jahres 1990 reduziert werden müssen, weil dies der Rate der jährlichen Assimilation von CO_2 durch die Fotosynthese der Pflanzen und andere Einflüsse entspricht.

Die einzige realistische Option, die wir haben, ist die einer dramatischen Steigerung der Rohstoffproduktivität. Das heißt, dass wir pro Einheit eines eingesetzten Rohstoffs die erzeugten Gütermengen kräftig steigern müssen. Oder andersherum: Die pro erzeugter Gütereinheit eingesetzten Rohstoffmengen müssen drastisch vermindert werden, um so das Wirtschaftswachstum und den Ressourcenverbrauch zu entkoppeln. Dies kann einerseits durch technischen Fortschritt und andererseits durch Änderungen des Konsumentenverhaltens erreicht werden. Wir müssen also nicht weniger Güter

nachfragen, sondern andere als bisher, die direkt und indirekt
weniger Ressourcen enthalten, und wir müssen die Güter
anders, nämlich durch ressourcenschonende Technologien,
erzeugen. Nur durch Innovationen, die neue Konsumgüter
und Produktionsverfahren hervorbringen, sowie die erforderlichen Investitionen in Maschinen und Gebäude werden wir
das Problem lösen können. Es ist aber auch der Ritt auf einem
Tiger, denn Innovationen und Investitionen erzeugen wirtschaftliches Wachstum und gedeihen andererseits auch nur in
einem dynamischen wirtschaftlichen Umfeld.

Aber liegt da nicht ein Widerspruch? Bedeutet nicht
Wachstum auch mehr Konsum und mehr Ressourcenverbrauch? So wie wir argumentiert haben, muss gesamtwirtschaftliches Wachstum nicht zwangsläufig auch mehr Ressourcenverbrauch auslösen, denn wir wollen einerseits ressourcensparende Technologien anwenden und andererseits
die Nachfrage nach denjenigen Konsumgütern drastisch reduzieren, die einen hohen Ressourcenverbrauch verursachen
und dafür andere ressourcenschonende Güter vermehrt nachfragen. Das ist gemeint, wenn von einer Änderung der Konsumstruktur die Rede ist. Die Haushalte verhalten sich suffi-
zient im Hinblick auf den Ressourcenverbrauch, was bedeutet, dass sie Enthaltsamkeit im Hinblick auf den Ressourcenverbrauch üben. So wie wir es sehen, bedeutet dies aber nicht
Suffizienz schlechthin. Gelegentlich wird der Begriff der Suffizienz verengt auf den Konsum insgesamt angewendet, was
m. E. problematisch ist, weil damit – wie noch zu zeigen sein
wird – Handlungsoptionen eingeengt werden. Unsere zentrale
These ist, dass die Politik eine Innovationsstrategie ergreifen
muss, die zwei Komponenten hat. Auf der einen Seite muss
sie die Unternehmen veranlassen neue, die Ressourcen schonende Produktionsverfahren einzusetzen. Man spricht in die-

sem Zusammenhang auch von der Effizienzstrategie. Zum anderen muss sie die Konsumenten veranlassen, den Konsum von ressourcenintensiven Gütern durch andere Güter zu ersetzen. Wir sprechen in diesem Zusammenhang von der Suffizienzstrategie. Beide Komponenten der Innovationsstrategie steigern die Ressourcenproduktivität und entkoppeln Wirtschaftswachstum und Ressourcenverbrauch.

Europa kann aufgrund seiner Wirtschaftstruktur für eine solche Strategie der Motor sein. Die unter der deutschen Ratspräsidentschaft vorgegebenen Ziele bezüglich der CO_2-Emissionen sind ein wichtiger Schritt in diese Richtung. Europa muss den technologischen Umbau schaffen, um im internationalen Handel der Welt die Technologien zur Steigerung der Ressourcenproduktivität zur Verfügung stellen zu können. Ferner ist zu hoffen, dass das Vorbild Europas schließlich auch zu weltweiten Zielvereinbarungen und entsprechenden Verhaltensänderungen führen kann. Auf dem G8-Gipfel in Heiligendamm im Jahre 2007 haben die Regierungsspitzen der acht wirtschaftlich bedeutendsten Industrieländer das Ziel beschlossen, die globalen CO_2-Emissionen bis 2050 um mindestens die Hälfte zu reduzieren. Die Staats- und Regierungschefs haben in Heiligendamm vereinbart, dieses Ziel gemeinsam in einem UN-Prozess umzusetzen. Dabei sollen auch die großen Schwellenländer eingebunden werden. Wenn diesen Worten auch Taten folgen, ist damit eine Entwicklung angestoßen worden, die hoffen lässt, dass es doch noch gelingt, das Ruder herumzulegen. Ein großer Fortschritt gegenüber der bisherigen Diskussion ist in jedem Fall erreicht worden, denn nun sind auch die Vereinigten Staaten beteiligt, und man ist gemeinsam der Auffassung, dass unter dem Dach der Vereinten Nationen auch eine Beteiligung der Schwellenländer anzustreben ist. Man muss bedenken, dass noch im

Jahre 2006 die Reduktion der Emission von Treibhausgasen um 50 % bis zum Jahre 2050 nur in optimistischen Szenarien der Wissenschaftler diskutiert wurde. Für Deutschland ist ein solcher Weg auch wirtschaftlich vorteilhaft, denn unser Land ist der führende Hersteller von Investitionsgütern in der Welt und hat mit seinen Produkten in dem Segment der ressourcenschonenden Technologien eine sehr gute Marktposition.

Das Buch stellt die Innovationsstrategie zur Steigerung der Ressourcenproduktivität ausführlich dar, zeigt ihre Potenziale, aber auch ihre Risiken. Es wird deutlich, dass durch eine geschickte Kombination ökonomischer, aber auch ordnungspolitischer Instrumente eine nachhaltigere Entwicklung möglich ist. Wir kommen zu dem Ergebnis, dass es keine Alternative zu diesem Weg in die Zukunft gibt, sind aber auch der Überzeugung, dass die Risiken durch geeignete begleitende Maßnahmen vermieden werden können.

Zum Inhalt der einzelnen Kapitel

Im Kapitel 2 wird die Frage detailliert diskutiert, die wir soeben angesprochen haben: Wohin treibt die Welt, wenn es uns nicht gelingt, eine dramatische Änderung in unserem Verhalten durchzusetzen? Es werden detaillierte Ausführungen zum Bevölkerungswachstum, Wirtschaftswachstum und Ressourcenverbrauch der Welt gemacht.

Im Kapitel 3 fragen wir, warum die wirtschaftliche Entwicklung die Umwelt zerstört. Die Antwort darauf eröffnet dann auch Perspektiven für eine Lösung des Problems. Die Nutzung der Natur ist kostenlos möglich. Wir können als Konsumenten oder als Produzenten beispielsweise Schadstoffe in die Luft emittieren, ohne dass dies etwas kostet. Aus diesem Grunde nutzen wir die Natur übermäßig und fügen ihr deshalb Schaden zu. Man sagt auch, dass die privaten Kosten der Naturnutzung und die gesellschaftlichen Kosten, die in der Schädigung der Natur bestehen, auseinanderfallen. Dies hat in einer komplexen modernen Volkswirtschaft fatale Folgen, denn wir treffen Entscheidungen auf der Basis von Güterpreisen, die falsch sind, weil sie die Kosten der Naturnutzung nicht enthalten. Je mehr Nutzung der Natur direkt und indirekt durch die in ihm enthaltenen Vorprodukte in einem Konsumgut steckt, umso falscher ist der Preis des Gutes. Wie teuer müsste der Computer sein, mit dem gerade diese Zeilen geschrieben werden, wenn in seinem Preis alle Umweltschäden, die mit seiner Herstellung direkt und indirekt verbunden sind, auch abgegolten wären? Da sind Kupfererze und andere Rohstoffe durch umweltschädigende Verfahren der Natur entnommen worden. Bei der Verhüttung der Erze entstanden Luftschadstoffemissionen, und der Transport der Rohstoffe und schließlich auch des Endproduktes hat wiederum zu CO_2-Emissionen geführt.

Die marktwirtschaftlichen Instrumente versuchen, die gesellschaftlichen Kosten der Naturschädigung dem Verursacher anzurechnen. Auf diese Weise werden Anreize gesetzt, diese Kosten und damit die Umweltschädigung zu vermeiden. Das sogenannte Ordnungsrecht arbeitet mit Verboten und Geboten. Wir werden beide Gruppen von Instrumenten auf ihre Wirksamkeit untersuchen und zu dem Ergebnis kommen, dass es auf das konkrete Problem ankommt, das zu lösen ist. Unsere Position ist die, dass man den marktwirtschaftlichen Instrumenten zwar ein Primat einräumen sollte, dass es aber ohne Ordnungsrecht nicht gehen wird.

Nach der grundsätzlichen Positionsbestimmung im Hinblick auf die Ursachen des Umweltproblems und der Diskussion von generellen Lösungsmöglichkeiten befassen wir uns im Kapitel 4 mit den Zielen, die im Rahmen der Umweltpolitik verfolgt werden sollen. Die Diskussion über die Ziele ist zweifellos durch das normative Konzept der nachhaltigen Entwicklung beherrscht. Die von der ehemaligen norwegischen Ministerpräsidentin Gro Harlem Brundtland geleitete Weltkommission für Umwelt und Entwicklung legte im Jahre 1987 ihre Ergebnisse in einem Bericht vor. Sie kennzeichnet darin eine Entwicklung als nachhaltig, wenn sie die Bedürfnisse der Gegenwart befriedigt, ohne zu riskieren, dass künftige Generationen ihre eigenen Bedürfnisse nicht befriedigen können. Der Begriff der Nachhaltigkeit steht seit 20 Jahren im Mittelpunkt der Umweltdiskussion, ist vielfältig interpretiert und kommentiert worden. Vor allem hat man sich um seine Konkretisierung bemüht, um der Politik klare Zielvorgaben zu machen

Es handelt sich um ein sogenanntes anthropozentrisches Konzept: Der Mensch steht mit seinen Bedürfnissen im Mittelpunkt. Die nachhaltige Entwicklung hat eine ökologische, eine ökonomische und eine soziale Dimension. Sowohl bei der ökologischen Dimension als auch bei der ökonomischen Dimension der Nachhaltigkeit geht es offenbar darum, dass der Folgegeneration ein bestimmter Kapitalstock übergeben wird, der zum einen aus den Beständen der Natur und zum anderen aus wirtschaftlichen Kapitalbeständen besteht. Der Kapitalstock der Natur besteht aus der Luft, den Seen, Flüssen, dem Boden, den Ökosystemen, der Artenvielfalt, den Bodenschätzen – eine Aufzählung, die keineswegs erschöpfend ist. Der Kapitalstock der Wirtschaft umfasst vor allem die Gebäude und Maschinenbestände, aber auch das sogenannte Humankapital, das als Wissensbestand in den Menschen verkörpert ist. Natürlich sollte auch die Qualität des Naturkapitals und des wirtschaftlichen Kapitals möglichst unverändert sein, wobei wir »Kapital« zunächst als eine rein physische begreifen, die nicht monetär bewertet ist.

Bei der sozialen Dimension der Nachhaltigkeit fällt es etwas schwerer, den Kapitalbegriff zu verwenden, denn die soziale Nachhaltigkeit kennzeichnet ja nur eine bestimmte Verteilung der Güter, die übergeben werden. Es hat sich aber auch in diesem Zusammenhang die Verwendung des Kapitalbegriffs durchgesetzt. Als Sozialkapital bezeichnet man das Ergebnis des Wirkens bestimmter Institutionen, die in einer Gesellschaft für den sozialen Ausgleich sorgen. Dazu gehören etwa der ordnungsrechtliche Rahmen des Sozialrechts und die Umverteilung durch das Steuersystem und die Sozialversicherungen, aber auch die Verhandlungskultur zwischen den Vertretern der verschiedenen gesellschaftlichen Gruppen. Das Vorhandensein dieser Institutionen gewährleistet ein bestimmtes Niveau des sozialen Ausgleichs und kann deshalb als das Sozialkapital einer Gesellschaft bezeichnet werden.

Man kann sich nun – zugegeben etwas abstrakt – eine nachhaltige Entwicklung in der Weise vorstellen, dass eine Generation ihr Sozialkapital, Naturkapital und Wirtschaftskapital unverändert in Qualität und Quantität, also wie sie selbst die Bestände empfangen hat, an die Folgegeneration weitergibt. Bei diesem Bild drängt sich sofort die Frage auf, ob jede der drei Kapitalgrößen für sich zu betrachten ist, oder ob es nicht letztlich auf die Summe ankommt, die dann natürlich bewertet werden müsste. An dieser Stelle unterscheiden sich zwei Nachhaltigkeitskonzepte – das der »schwachen« und das der »starken« Nachhaltigkeit.

Bei dem Konzept der schwachen Nachhaltigkeit kommt es auf den Erhalt der Summe aller Kapitalbestände an. Dies bedeutet, dass ein Verlust an Naturkapital durch eine Zunahme an Wirtschaftskapital ersetzt (substituiert) werden könnte.

Das Konzept ist abzulehnen, weil es unter Umständen die Gefährdung der natürlichen Lebensgrundlagen des Menschen zulassen kann. Die starke Nachhaltigkeit lässt keinerlei Substitution zwischen den drei Dimensionen zu. In ihrer extremen Variante ist dies nicht einmal innerhalb der drei Dimensionen möglich. Dies geht allerdings sehr weit, weil dann der Abbau nicht erneuerbarer Ressourcen wie Erze, fossile Energieträger gänzlich ausgeschlossen würde. Damit wäre der Wirtschaftsprozess, wie wir ihn kennen, nicht mehr möglich. Wir entscheiden uns deshalb für eine milde Variante der starken Nachhaltigkeit. Sie erlaubt innerhalb des Naturkapitals jede Form der Substitution. So könnten etwa Flächen durch Asphalt versiegelt werden, wenn dafür an anderer Stelle neue Landschafts- oder Naturschutzgebiete ausgewiesen werden. Gleichzeitig muss gewährleistet sein, dass die Aufnahmekapazität der Umweltmedien für Schadstoffemissionen nicht überschritten wird. Diese Variante erscheint als ethisch vertretbar und auch realisierbar. Die praktisch handelnde Umweltpolitik in Deutschland und in den meisten Ländern Europas geht von dieser Interpretation der Nachhaltigkeit aus.

Wir führen die auf den ersten Blick als sehr theoretisch erscheinende Diskussion deshalb, weil ohne diese Zielorientierung die Formulierung einer Politik für die langfristige Entwicklung nicht möglich ist. Die Orientierung der Umweltpolitik am Konzept der Nachhaltigkeit hat eine sehr wichtige praktische Konsequenz. Damit ist die nachsorgende »klassische« Umweltpolitik, die sich nur als ein Reparaturbetrieb verstanden hat, der den von Produzenten und Konsumenten in der Umwelt hinterlassenen Schmutz zu beseitigen hat, als völlig unzureichend einzustufen. Dort ging es vor allem um den Einbau von Filtern zur Vermeidung von Emissionen und nicht um die Änderung unseres Verhaltens. Genau das verlangt aber eine Nachhaltigkeitsstrategie. Wie sonst sind der Erhalt von Ressourcenbeständen und gleichzeitig eine Sicherung der Beschäftigung möglich, die bei anhaltendem technischen Fortschritt wirtschaftliches Wachstum und damit wiederum steigenden Ressourcenverbrauch voraussetzt?

Man kann die notwendigen Verhaltensänderungen auf eine zentrale Größe beziehen: Die Ressourcenproduktivität muss gesteigert werden. Darunter versteht man den Gesamtwert der Gütererzeugung, der mit einer Ressourceneinheit produziert werden kann. Auf diese Weise kann es gelingen, Wirtschaftswachstum und Ressourcenverbrauch zu entkoppeln. Je größer die Produktivität der Erze, des Öls usw., umso weniger Mengeneinheiten der Ressourcen werden benötigt, um einen bestimmten Wert der Güterproduktion zu erzeugen. Grundsätzlich bieten sich zwei Strategien zur Erreichung dieses Ziels an: Die sogenannte Suffizienzstrategie zielt auf die Veränderung unserer Konsumgewohnheiten ab. Wir sollten uns bemühen, Güter, die bei gegebener Produktionstechnologie einen hohen Ressourcenverbrauch beinhalten, zu ersetzen. Also z. B. weniger Individualverkehr mit dem Privatwagen, dafür mehr öffentlicher Verkehr mit der Bahn. Die sogenannte Effizienzstrategie setzt auf technische Fortschritte. Bleiben wir bei dem Beispiel: Der Kraftstoffverbrauch der PKW und der Stromverbrauch der Bahn sind zu reduzieren. Beide Strategien sollten verfolgt werden.

Im Kapitel 5 fragen wir nach den Potenzialen, die die Effizienzstrategie und die Suffizienzstrategie bei einer gesamtwirtschaftlichen Betrachtung bieten. Es zeigt sich, dass der Ressourcenverbrauch sich sehr stark auf bestimmte Konsumgüter und auch bestimmte Technologien konzentriert. Das ist eine gute Nachricht, denn sie besagt, dass durch vergleichsweise kleine Änderungen im Konsumverhalten und in den verwendeten Produktionsverfahren relativ große Wirkungen beim Ressourcenverbrauch erzielt werden können. Eine weitere gute Nachricht ist die, dass von einigen neuen ressourcensparenden Technologien, die direkt oder indirekt in der Produktion fast aller Güter Verwendung finden können – man nennt sie deshalb auch Querschnittstechnologien –, für die nächste Zukunft große Erfolge erwartet werden. Es handelt sich um die Informations- und Kommunikationstechnologie, die Nanotechnologie, die Biotechnologie und die erneuerbaren Energien.

Wie lassen sich die gewünschten technischen Veränderungen und die Änderungen im Verhalten der Konsumenten erreichen bzw. bereits beobachtbare Prozesse der Steigerung der Rohstoffproduktivität beschleunigen? Diese Frage beantwortet das Kapitel 6 mit der Diskussion konkreter Maßnahmen. Die Darstellung beginnt mit den ökonomischen Instrumenten und diskutiert Weiterentwicklungen des bereits bestehenden europäischen Emissionshandels mit CO_2-Zertifikaten, der Besteuerung von Unternehmen und Haushalten mit Umweltsteuern sowie der Förderung von Innovationen durch Subventionen, aber auch durch den Einsatz von Beratungs- und Informationsagenturen. Die Zertifizierung von Konsumgütern, langlebigen Gebrauchsgütern und Gebäuden hinsichtlich ihrer ökologischen Eigenschaften erscheint als wichtig, damit die Unternehmen und Haushalte die notwendigen Informationen erhalten, um auf den Einsatz der ökonomischen Instrumente auch richtig reagieren zu können. Als Alternative bietet sich die Vorgabe von technischen Normen der jeweils besten verfügbaren Technologie für Fahrzeuge, Geräte und Gebäude an, die die Hersteller des Produktes innerhalb einer gewissen Frist zu erreichen haben.

Die bisher angesprochenen Instrumente versuchen, die

Wirtschaft durch Anreize (ökonomische Instrumente) und Zwang (Ordnungsrecht) zu einer ressourcenschonenden Wirtschaft umzubauen. Der ethisch sauberste Weg ist natürlich der, Änderungen des Verhaltens durch Überzeugung zu erreichen. Es geht um die intrinsische Motivation zur Steigerung der Ressourcenproduktivität, die aus Einsicht zur Notwendigkeit aus uns selbst heraus kommt. Das Kapitel diskutiert in diesem Zusammenhang die Bildung der Bevölkerung über umweltökonomische Zusammenhänge sowie die Frage, ob Stile der Unternehmensführung unterstützt werden können, die nachhaltigeres Wirtschaften erreichen.

Wir haben uns für eine dynamische Strategie des Umbaus der Wirtschaft ausgesprochen, die Europa und insbesondere auch Deutschland als Motor des Wandels vorsieht. Wir haben im Einzelnen dargelegt, durch welche Maßnahmen die Innovationsbereitschaft der Unternehmen gefördert werden soll. Dabei ist klargeworden, dass dieses Konzept nur im Rahmen eines offenen internationalen Wettbewerbs realisiert werden kann. Wie wir bereits im ersten Kapitel gesehen haben, bedeutet technologischer Wandel auch immer, dass gesellschaftliche Strukturen sich verändern, was immer mit Unsicherheit einhergeht. Die Bevölkerung in Deutschland ist einerseits bereits verunsichert, weil im internationalen Standortwettbewerb die Risiken für die Arbeitsplätze zunehmen. Andererseits eröffnen die Erfolge der deutschen Exportwirtschaft auch stets neue Chancen für gut ausgebildete und flexible Arbeitnehmer. Das Problem liegt darin, dass unsere Strategie zwar die Chancen für die Erfolgreichen verbessert, aber auch die Risiken für die Geringqualifizierten erhöht.

Auf welche Veränderungen in den Qualifikationsanforderungen an die Arbeitskräfte werden wir uns in den kommenden Jahrzehnten einzustellen haben? Welche Wirkungen gehen in diesem Punkt vom demographischen Wandel aus, der sich in den nächsten Jahrzehnten ereignen wird, und welche Rolle spielt der wirtschaftliche Strukturwandel in diesem Zusammenhang? Wir gehen diesen Fragen im Kapitel 7 nach und kommen zu dem Ergebnis, dass wir ohne eine Bildungsoffensive in 20 Jahren ein großes Defizit an Hochqualifizierten und einen Überschuss an Geringqualifizierten auf dem Arbeitsmarkt haben werden. Letzteres wird die Absicherung der Einkommen der Geringqualifizierten erfordern, was nicht durch Mindestlohnregelungen, sondern durch staatliche Transfers zur Aufbesserung der verfügbaren Einkommen der geringen Einkommen zu erreichen ist. Unsere Erwartung ist aber, dass eine durch Bildungsoffensive und Einkommenssicherung nach unten ergänzte Innovationsstrategie sowohl in ökologischer, ökonomischer als auch sozialer Hinsicht nachhaltigere Entwicklung ermöglicht.

Kapitel 8 diskutiert die Ergebnisse eines im Auftrag der EU-Kommission durchgeführten Forschungsprojektes, in dem die Wirkungen einer Innovationsstrategie in Europa auf Wirtschaft und Umwelt in Europa und der Welt untersucht worden sind. Die Ergebnisse der Simulationsrechnungen mit einem globalen Modell, das die Auswirkungen der ökonomischen Entwicklung auf die Umwelt abbildet, zeigen, dass der notwendige Umbau der Wirtschaft in Europa doch erheblicher Anstrengungen bedarf. Es wird auch deutlich, dass der Erfolg in Europa allein die weltweiten Probleme auch nicht annähernd lösen kann.

Kapitel 9 befasst sich mit der deshalb notwendigen internationalen Abstimmung der Umweltpolitik. Im Mittelpunkt der Debatte zur internationalen Abstimmung der Umweltpolitik steht zurzeit der Klimaschutz. Die 1997 in Kyoto getroffenen Vereinbarungen zum Klimaschutz – bekannt als »Kyoto-Pro-

tokoll« – regeln die für die Industrieländer zulässigen Emissionen von Treibhausgasen. Die im Jahre 2012 auslaufende
Vereinbarung hat als entscheidende Schwäche die Nichtbetei-
ligung der Vereinigten Staaten. Die Erklärungen von Heiligendamm haben durch die Beteiligung der Vereinigten Staaten den Bemühungen um eine Nachfolgevereinbarung einen
mächtigen Schub gegeben. Es wird nun darauf ankommen,
auch die Schwellenländer China und Indien in irgendeiner
Weise einzubeziehen. Die Schwierigkeit der Verhandlungen
liegt darin, dass einerseits beide Länder für die bisherige Verschmutzung der Atmosphäre kaum verantwortlich sind und
zurzeit sehr niedrige Emissionen pro Kopf der Bevölkerung
aufweisen. Andererseits ist klar, dass wegen des enormen
Wachstums dieser inzwischen großen Volkswirtschaften eine
Abkoppelung der CO_2-Emissionen von der wirtschaftlichen
Entwicklung notwendig sein wird. Auch in diesen Ländern
muss die Ressourcenproduktivität gesteigert werden, wobei
Zielvereinbarungen durch Hilfen der westlichen Industrieländer möglich sein könnten.

2. Wohin treibt die Welt?

Wirtschaftswachstum und Standortwettbewerb zwischen Schwellen- und Industrieländern

Die Entwicklung der Weltwirtschaft ist seit ca. 25 Jahren in zunehmendem Maße durch das Phänomen der Globalisierung geprägt. Die einzelnen Volkswirtschaften sind fest eingefügt in die weltwirtschaftlichen Entwicklungsprozesse und nicht mehr in der Lage, sich davon abzukoppeln. Ermöglicht hat diese Entwicklung der enorme Fortschritt bei den Informationstechnologien, der es heute erlaubt, den internationalen Kapitalverkehr sowohl in der räumlichen als auch in der mengenmäßigen Dimension grenzenlos abzuwickeln. Parallel dazu ist die Weltwirtschaft liberalisiert worden: China hat zumindest teilweise die Entstehung marktwirtschaftlicher Strukturen zugelassen, in Osteuropa sind die ehemals sozialistischen Länder in Marktwirtschaften transformiert worden. Der Weltkapitalmarkt hat völlig neue Dimensionen der internationalen Arbeitsteilung ermöglicht. Investoren in den klassischen Industrieländern nutzen die Chancen, Produktionsstätten etwa in China, Indien, Südostasien oder in Osteuropa zu errichten, wo insbesondere die Lohnkosten zum Teil dramatisch niedriger sind als in den Industrieländern. Über den internationalen Warenhandel wird ein großer Teil dieser Produkte dann wieder in die Industrieländer exportiert, wo sie meist entweder als Konsumgüter verbraucht oder als Vorprodukte weiterverarbeitet werden. Für jeden Produzenten stellt sich heute die Standortfrage, wenn der Betrieb erweitert werden soll, aber auch die Standortverlagerung insgesamt steht gelegentlich zur Diskussion.

In den Medien werden entsprechende Meldungen häufig mit besorgten Kommentaren über den Verlust von Arbeitsplätzen versehen. Dabei wird meist übersehen, dass der Prozess der Intensivierung der internationalen Arbeitsteilung auch Chancen für die Industrieländer bietet. Neben den Lohnkosten können andere Standortfaktoren eine wichtige Rolle spielen: Die Ausbildung der Beschäftigten, die Infrastruktur am Ort mit Verkehrswegen und Forschungseinrichtungen, die Nähe zu den Abnehmern der Produkte, die Rechtssicherheit am Ort der Produktion. Gerade bei hoch technisierten Produkten erweist es sich häufig als vorteilhaft, wenn die Verwender einer bestimmten Technologie konzentriert sind. Man spricht dann von industriellen »Clustern«, die insbesondere im Hinblick auf die Realisierung technischer Fortschritte langfristig Vorteile bieten. Das wirtschaftliche Wachstum in den Entwicklungs- und in den Schwellenländern – wie man die wirtschaftlich erfolgreichen Entwicklungsländer nennt – birgt Nachfragepotenzial auch für die Industrieländer. Die entsprechenden Entwicklungsprozesse in der Änderung der weltwirtschaftlichen Arbeitsteilung werden von einer Intensivierung des Wettbewerbs begleitet. Für alle an diesem Prozess Beteiligten – seien sie Produzenten, Investoren oder Arbeitnehmer – nehmen die Risiken, aber auch die Chancen zu. Für die Unternehmer ist dies keine neue Erfahrung, aber für die Arbeitnehmer werden das zunehmende individuelle Arbeitsplatzrisiko und der damit einhergehende Druck auf den Lohnsatz als eine bedrohliche Änderung der Lebensverhältnisse erfahren.

In der Tat muss nicht jedes Land oder jede Region von der Globalisierung profitieren. Alles hängt davon ab, ob es gelingt, im Wettbewerb die Stärken auszubauen und die Schwächen abzubauen. Dies bedeutet, dass ein permanenter Strukturwandel gefordert ist, der immer wieder neue Branchen, Produkte und berufliche Qualifikationen entstehen und andere vergehen lässt. Wer sich dem stellt, kann erfolgreich sein, muss aber gleichzeitig einen raschen wirtschaftlichen und auch gesellschaftlichen Strukturwandel akzeptieren.

Die International Energy Agency (2006) (IEA) hat das Wachstum des Bruttoinlandsprodukts der Welt für die vergangenen 25 Jahre berechnet und eine Prognose der künftigen Entwicklung bis 2030 vorgelegt. Die Daten sind in der Tabelle 1 wiedergegeben. Das Bruttoinlandsprodukt ist der Gesamtwert der in einer Periode erzeugten Fertigprodukte. Die Umrechnung zwischen den verschiedenen Währungen wurde in Kaufkraftparitäten vorgenommen. Es wurde ermittelt, wie viele Einheiten eines einheitlichen Warenkorbes in den verschiedenen Ländern bzw. Regionen mit dem jeweiligen Bruttoinlandsprodukt des betreffenden Landes gekauft werden können.

Insbesondere China, Indien und Südostasien haben in den vergangenen 25 Jahren von der Globalisierung profitiert. China hat von 1980 bis 2004 Jahr für Jahr sein reales Bruttoinlandsprodukt um fast 10 % steigern können, dagegen hatten die Industrieländer, die zur OECD (Organisation for Economic Cooperation and Development) gehören, mit Zuwachsraten zwischen 2,5 % und 3 % ein deutlich schwächeres Wirtschaftswachstum. Indien und die nicht zur OECD gehörenden südostasiatischen Länder liegen mit Zuwachsraten zwischen 6 % und 7 % ebenfalls deutlich über den Wachstumsraten der Industrieländer. Die Entwicklungsländer ins-

	1980–1990	1990–2004	2004–2015	2015–2030	2004–2030
OECD	**3,0**	**2,5**	**2,6**	**1,9**	**2,2**
Nord Amerika	3,1	3,0	2,9	2,0	2,4
USA	3,2	3,0	2,9	1,9	2,3
Europa	2,4	2,2	2,3	1,8	2,0
Pazifik	4,2	2,2	2,3	1,6	1,9
Japan	3,9	1,3	1,7	1,3	1,4
Transf. Länder	**−0,5**	**−0,8**	**4,4**	**2,9**	**3,6**
Russland		−0,9	4,2	2,9	3,4
Entwicklungsländer	**3,9**	**5,7**	**5,8**	**3,9**	**4,7**
in Asien	6,6	7,3	6,4	4,1	5,1
China	9,1	10,1	7,3	4,3	5,5
Indien	6,0	5,7	6,4	4,2	5,1
Mittlerer Osten	−0,4	3,9	5,0	3,2	4,0
Afrika	2,1	2,8	4,4	3,6	3,9
Lateinamerika	1,3	2,8	3,5	2,9	3,2
Brasilien	1,5	2,6	3,3	2,8	3,0
Welt	**2,9**	**3,4**	**4,0**	**2,9**	**3,4**
EU	2,4	2,1	2,2	1,8	2,0

Tab. 1 Das Wachstum des realen Bruttoinlandsprodukts in der Welt. Durchschnittliche Jahreswachstumsraten in v. H. Quelle: International Energy Agency: World Energy Outlook 2006.

gesamt haben jährliche Zuwachsraten zwischen 4 % und 6 % realisiert, wobei Afrika und Lateinamerika sich unterdurchschnittlich entwickelt haben. Für die Zukunft erwartet die IEA eine leichte Abschwächung des Wachstums in Asien und eine Zunahme in Afrika und Lateinamerika, was für die Entwicklungsländer eine durchschnittliche Jahreswachstumsrate von 4,7 % bedeuten wird. Die Industrieländer (OECD) werden nur noch mit durchschnittlich 2,2 % pro Jahr wachsen. Trotz dieses beträchtlichen Unterschiedes in den jährlichen Wachstumsraten werden im Jahre 2030 die Einkommen pro Kopf in den OECD-Ländern immer noch viermal so hoch sein wie im Rest der Welt, weil einerseits die Einkommensunterschiede heute dramatisch sind und andererseits das Bevölkerungswachstum in den Entwicklungs- und Schwellenländern stattfinden wird. Gleichwohl wird sich zumindest der Abstand zwischen den Pro-Kopf-Einkommen der Industrieländer und dem der Entwicklungsländer verringern. Für die Welt insgesamt ergibt sich bis 2030 ein anhaltend hohes Wachstum des Bruttoinlandsprodukts von 3,4 % pro Jahr. Diese Einschätzung einer künftig stabilen wirtschaftlichen Entwicklung ist einerseits beruhigend, im Hinblick auf die Umweltprobleme aber alarmierend.

Die Globalisierung hat die wirtschaftliche Entwicklung in Deutschland in starkem Maße geprägt, weil unser Land traditionell immer schon eng mit der Weltwirtschaft verflochten gewesen ist.

	1995	2005
Exportquote	24,0	40,1
Importquote	23,5	35,1

Tab. 2 Exportquoten und Importquoten in Deutschland. Quelle: Statistisches Bundesamt.

Tabelle 2 zeigt dies anhand der Entwicklung der Export- und der Importquoten, die jeweils die Relation der Exporte bzw. der Importe zum Bruttoinlandsprodukt angeben, von 1995 bis 2005. In nur zehn Jahren ist die Exportquote von 24,0 % auf 40,1 % gestiegen. Neben der soeben geschilderten weltwirtschaftlichen Dynamik spielt natürlich auch die fortschreitende Integration in Europa mit der Errichtung der Euro-Zone und der EU-Osterweiterung eine wichtige Rolle zur Erklärung dieses Phänomens. Deutschland ist Exportweltmeister und exportiert mehr Güter als die Vereinigten Staaten, deren Bruttoinlandsprodukt etwa fünfmal so groß ist wie das deutsche. Auf der anderen Seite hat natürlich auch die deutsche Importquote von 23,5 % auf 35,1 % zugenommen. Aber zwischen beiden Größen ist eine Schere aufgegangen, der sogenannte Außenbeitrag, der heute 5 % des Bruttoinlandsprodukts oder 112,9 Milliarden Euro ausmacht.

Bemerkenswert ist ferner, dass der deutsche Export zu ca. 60 % aus Investitionsgütern besteht. Fügen wir die Exporte von chemischen Erzeugnissen hinzu, so ergeben sich 72 % Anteil am Gesamtexport für diese Gütergruppen. Es sind also nur einige wenige Wirtschaftszweige wie Maschinenbau, Fahrzeugbau, Elektrotechnik, Regelungstechnik oder Chemie, die den Export Deutschlands erwirtschaften. Gemessen an der Inlandsnachfrage nach Investitionsgütern und chemischen Produkten sind diese Wirtschaftszweige also weit überdimensioniert. Deutschland produziert die Investitionsgüter und chemischen Produkte für die Welt. Insofern erklärt sich der dramatische Anstieg der deutschen Exporte mit dem Ausbau der Produktionskapazitäten in Osteuropa und den Schwellenländern. In Tabelle 3 sind die Anteile Deutschlands an den Weltimporten im Jahre 2002 nach ausgewählten Gütergruppen angegeben. Jedes fünfte Fahrzeug und jede sechste Maschine, die irgendwo auf der Welt importiert wurden, stammen aus Deutschland.

Maschinenbau	15,6 %
Fahrzeugbau	19,1 %
Elektrotechnik	10,6 %
Chemie	11,0 %

Tab. 3 Anteil Deutschlands an den Weltimporten in ausgewählten Gütergruppen im Jahre 2002. Quelle: OECD.

Natürlich birgt die hohe Exportabhängigkeit auch Risiken, zumal sie für Deutschland eine starke Spezialisierung auf die Produktion von Investitionsgütern und chemischen Produkten mit sich bringt. Andererseits liegen hier auch Potenziale, denn es handelt sich um komplexe technische Produkte, deren Erzeugung ein entsprechendes Wissen erfordert. Ferner ist eine Vielzahl von Vorprodukten in diesen Gütern enthalten, sodass Wertschöpfung und Beschäftigung in vielen anderen Branchen durch die Exporte entsteht.

Anhaltendes Bevölkerungswachstum

Die Vereinten Nationen erarbeiten kontinuierlich Bevölkerungsprognosen für die Welt gegliedert nach Ländern, die jeweils nach zwei Jahren aktualisiert werden. Die folgenden Ausführungen beziehen sich auf die World Population Prospects (2005). Die Entwicklung der Bevölkerung eines Landes hängt von der natürlichen Bevölkerungsbewegung und den Wanderungen ab. Die natürliche Bevölkerungsbewegung wird durch die Mortalität und die Fertilität bestimmt. Die Mortalität ist die nach Alter und Geschlecht unterschiedliche Sterbewahrscheinlichkeit, die Fertilität ist definiert als die Anzahl der Kinder, die von einer Frau im Durchschnitt geboren werden. Bei einer Fertilitätsrate von 2,1 kann sich eine Bevölkerung reproduzieren, liegt sie darüber, so wächst die Bevölkerung, liegt die Fertilitätsrate unter 2,1, so schrumpft die Bevölkerung.

Beide Raten werden sich in der Zukunft verändern. Durch eine bessere medizinische Versorgung und die allgemeine Verbesserung der Lebensverhältnisse durch steigenden Wohlstand lassen sich die Sterbewahrscheinlichkeiten vermindern, wodurch die Lebenserwartung der Bevölkerung steigt. Andererseits erhöhen epidemisch auftretende Krankheiten wie Aids die Sterbewahrscheinlichkeiten. Beides haben die Vereinten Nationen bei ihren Modellrechnungen berücksichtigt. Die zentrale Größe für die langfristige natürliche Bevölkerungsentwicklung ist die Fertilitätsrate. Sie ist entscheidend von der Entwicklung des Wohlstands bestimmt. In armen Volkswirtschaften fehlt meist eine durch den Staat garantierte Sozialversicherung. Hier ist es die Familie, die durch Krankheit entstehende Einkommensrisiken abdeckt und für den Lebensunterhalt im Alter sorgt. Dadurch erscheint Kinderreichtum als attraktiv. Andererseits wird bei steigenden Erwerbsmöglichkeiten und steigenden Einkommen in einer Volkswirtschaft der Wunsch nach Teilhabe an dieser Entwicklung zunehmen, was dann bedeutet, dass die für die Kindererziehung verfügbare Zeit zugunsten von Erwerbsarbeitszeit zurückgeht. Diese Zusammenhänge werden sowohl für Entwicklungsländer als auch für Industrieländer, allerdings auf unterschiedlichen Niveaus, beobachtet.

Bei einer langfristigen Vorausschätzung der Bevölkerungsentwicklung bis zum Jahre 2050 wird man also im Hinblick auf das erwartete weitere Wirtschaftswachstum von einem Rückgang der Fertilität ausgehen können. Allerdings bleibt das Ausmaß dieses Rückgangs unsicher. Die Vereinten Nationen haben deshalb bei ihrer Prognose vier verschiedene Varianten vorgelegt, die sich hinsichtlich des Niveaus in der künftigen Entwicklung der Fertilitätsraten unterscheiden.

In Abbildung 1 ist die historische Entwicklung der Fertilität seit 1950 sowie ihre Prognose nach der mittleren Variante für die Welt insgesamt, die Industrieländer, die Entwicklungs- und Schwellenländer und die ärmsten Länder dargestellt. Die historische Entwicklung bestätigt eindrucksvoll die These

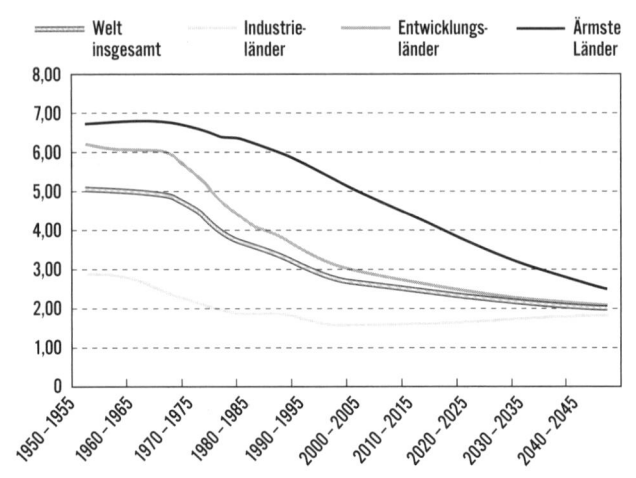

Abb. 1 Die Entwicklung der Fertilitätsraten in der Welt und nach Ländergruppen in der mittleren Prognosevariante der Vereinten Nationen.

eines Zusammenhangs zwischen wirtschaftlicher Entwicklung und Fertilitätsrate in zweierlei Hinsicht: Zum einen beobachten wir die höchsten Fertilitätsraten für die ärmsten Länder, gefolgt von den Entwicklungs- und Schwellenländern, und es zeigen sich die niedrigsten Raten für die Industrieländer. Zum anderen fällt bei allen Ländergruppen im Zeitablauf die Fertilität. Besonders eindrucksvoll ist dies bei den Entwicklungs- und Schwellenländern zu beobachten, die mit dem Beginn der 70er Jahre einen dramatischen Rückgang ihrer Fertilität erlebten. In der Prognose setzt sich der Rückgang der Fertilität bei den Entwicklungs- und Schwellenländern sowie bei den ärmsten Ländern fort. Davon abweichend prognostizieren die UN für die Industrieländer, deren Fertilität zurzeit bei etwa 1,6 liegt, einen allmählichen Anstieg auf

Werte knapp unter 2,0. Man mag dies dahin gehend interpre-
tieren, dass eine Gesellschaft nicht dauerhaft eine Schrump-
fung ihrer Bevölkerung akzeptiert und schließlich sozioökonomische Strukturen schafft, die die Bevölkerungszahl stabilisieren. Man denke in diesem Zusammenhang an die aktuelle
Diskussion in Deutschland über den demographischen Wandel und die Notwendigkeit, eine »kinderfreundliche« Politik
zu betreiben.

In Tabelle 4 sind die Ergebnisse für die Bevölkerungsentwicklung in der Welt insgesamt und ihren Regionen für alle
vier Varianten der Annahmen über die Entwicklung der Fertilität zusammengefasst dargestellt.

Gebiete	Bevölkerung in Mio			Bevölkerung in 2050 in Mio			
	1950	**1975**	**2005**	**Niedrig**	**Mittel**	**Hoch**	**Konstant**
Welt	2 519	4 074	6 465	7 680	9 076	10 646	11 658
Industrieländer	813	1 047	1 211	1 057	1 236	1 440	1 195
Entwicklungs-							
länder	1 707	3 027	5 253	6 622	7 840	9 206	10 463
Ärmste Länder	201	356	759	1 497	1 735	1 994	2 744
Andere Entwick-							
lungsländer	1 506	2 671	4 494	5 126	6 104	7 213	7 719
Afrika	224	416	906	1 666	1 937	2 228	3 100
Asien	1 396	2 395	3 905	4 388	5 217	6 161	6 487
Europa	547	676	728	557	653	764	606
Lateinamerika							
und Karibik	167	322	561	653	783	930	957
Nordamerika	172	243	331	375	438	509	454
Ozeanien	13	21	33	41	48	55	55

Tab. 4 Die Entwicklung der Weltbevölkerung nach Ländergruppen und unterschiedlichen Annahmen über die Fertilität. Quelle: Population Division of the
Department of Economic and Social Affairs of the United Nations Secretariat
(2005). World Populations Prospects: The 2004 Revision. Highlights. New
York: United Nations.

In der mittleren Variante wird unterstellt, dass die Fertilität
von derzeit durchschnittlich 2,6 Kindern pro Frau (alle Länder) bis zum Jahr 2050 auf etwas mehr als 2 zurückgeht. Für
die hohe Variante wird ein nur geringfügiger Rückgang der
Fertilität auf etwa 2,5, in der niedrigen Variante auf 1,5 unterstellt. Natürlich sind dabei die Fertilitätsraten in den einzelnen
Ländern unterschiedlich. Die Annahme einer konstanten Fertilität ergibt das höchste Bevölkerungswachstum von 80 %
von heute (2005) 6,5 Milliarden Menschen auf 11,7 Milliarden
im Jahre 2050. Aber selbst bei einem dramatischen Rückgang
der durchschnittlichen Fertilität in der Welt auf 1,5 im Jahre
2050 – ein Wert, der nur knapp über der Fertilität Deutschlands von heute (1,4) läge – ergäbe sich eine weitere Zunahme
der Weltbevölkerung auf 7,7 Milliarden. In der mittleren Variante, die wohl die meiste Plausibilität beanspruchen kann,
ergibt sich bis 2050 ein Anstieg der Weltbevölkerung auf 9,1
Milliarden Menschen. Die Bevölkerung in den Industrieländern wird dann bei 1,2 Milliarden stagnieren, während die Bevölkerung der Entwicklungsländer von 5,3 auf 7,8 Milliarden
ansteigen wird, was einem Zuwachs von 50 % entspricht.

Für die Beurteilung der sozioökonomischen Entwicklung
und der Auswirkungen des Bevölkerungswachstums auf die
Umwelt ist die Frage von Bedeutung, ob der Bevölkerungszuwachs eher in der Stadt als auf dem Lande stattfindet. Abbildung 2 zeigt, dass der gesamte Bevölkerungszuwachs in den
Städten der Entwicklungsländer geschehen wird, die Bevölkerung in den ländlichen Regionen der Entwicklungsländer etwa
stagnieren wird. In den Industrieländern wird die ländliche
Bevölkerung zugunsten der städtischen etwas abnehmen.

Städtisches Leben ist eine materialintensivere Daseinsform
als das Leben auf dem Lande, weil erheblich mehr an Gebäuden, Verkehrsanlagen und anderer Infrastruktur errichtet

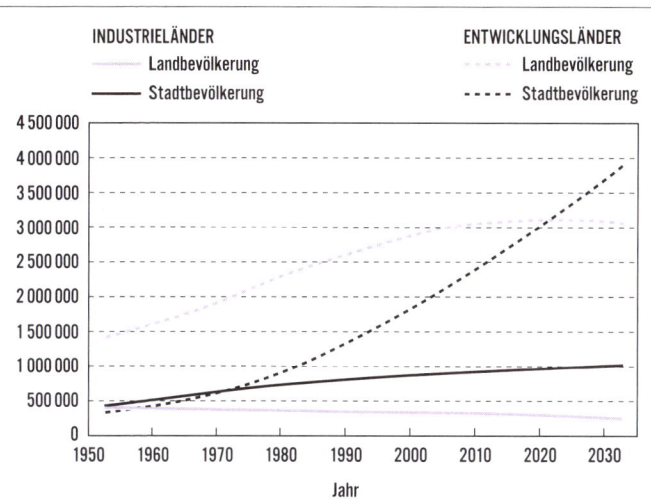

Quelle: UN. World Urbanization Prospects: The 2005 Revision Population Database.

Abb. 2 Die Entwicklung der Stadt- und Landbevölkerung in Industrie-
und Entwicklungsländern in 1000 Personen.

wird. Vor diesem Hintergrund bekommt die Aussage über das
Bevölkerungswachstum in den Städten der Entwicklungsländer noch eine besondere Bedeutung.

Eine ausführliche Diskussion der Bevölkerungsentwicklung
bieten in dieser Reihe Rainer Münz und Albert F. Reiterer.

Beschleunigung der Rohstoffentnahme aus der Natur und unveränderter Anstieg der Schadstoffemissionen

Der wirtschaftende Mensch nimmt durch Produktion und
Konsum Einfluss auf die ihn umgebende Umwelt und beeinträchtigt ihre Qualität. Dies geschieht durch Entnahme von

Rohstoffen aus der Natur und durch die Emission von Schadstoffen in die Natur. Die bisher diskutierten Prognosen über
das zu erwartende Wirtschaftwachstum und die Bevölkerungsentwicklung lassen bereits vermuten, dass die Entnahme
von Rohstoffen aus der Natur und die Emission von Schadstoffen in die Natur weiter voranschreiten werden. Allerdings
muss in Betracht gezogen werden, dass der technische Fortschritt den Materialverbrauch und den Energieeinsatz in den
Unternehmen vermindert, dass ferner die Haushalte beim
Konsum zunehmendes Umweltbewusstsein entwickeln. Unternehmen und Haushalte sind in ihrem Verhalten durch
umweltpolitische Maßnahmen unterschiedlichster Art wie
technische Vorgaben, Steuern und andere ökonomische Instrumente zu einem sorgfältigeren Umgang mit der Natur
angehalten. Wie kann man diese hoch komplexen Zusammenhänge in einer Prognose der Beeinträchtigung der Umwelt in
Verbindung mit einer Vorhersage der wirtschaftlichen Entwicklung und der Bevölkerungsentwicklung berücksichtigen?

Dies geht nur durch den Einsatz von entsprechend tief ge-
gliederten Modellen, die auf der Ebene der Entwicklung der
einzelnen Branchen und Gütergruppen einer Volkswirtschaft
den Zusammenhang zwischen wirtschaftlicher Entwicklung
und Umweltnutzung abbilden. Die Entnahme der fossilen
Energieträger Öl, Kohle und Gas und die bei ihrer Verbrennung entstehende Emission von Schadstoffen in die Luft
hängt z. B. mit dem Autofahren, dem Heizen von Wohnungen, dem Kochen von Stahl, der Erzeugung und dem Verbrauch von Elektrizität zusammen. Bei der Entnahme von
Kies ist die Erstellung von Gebäuden und Straßen wichtig, für
die Entnahme von Metallen sind wieder andere Gütergruppen
und Aktivitäten von besonderer Bedeutung. Benötigt wird
also eine tief gegliederte Abbildung der Technologie einer

Volkswirtschaft und des Verhaltens von Investoren, Produzenten und Konsumenten sowie des Staates. Ferner muss dies für alle wichtigen Länder der Erde geschehen, und die Vernetzung der Volkswirtschaften durch den Außenhandel muss in Gliederung nach Gütergruppen erfasst sein. Das Verhalten von Verbrauchern, Produzenten und Investoren sowie des Staates kann durch Beobachtungen in der Vergangenheit gemessen und durch geeignete statistische Verfahren in mathematische Gleichungen umgesetzt werden.

GINFORS (Global Interindustry Forecasting System) ist der Name eines Modells, das all dieses leistet. Das Modell wurde von der Gesellschaft für Wirtschaftliche Strukturforschung in Osnabrück entwickelt und ist im Rahmen von Forschungsprojekten für die EU-Kommission und deutsche Ministerien bereits häufig eingesetzt worden. Gibt man ihm eine Bevölkerungsprognose vor, so ist es in der Lage, die wirtschaftliche Entwicklung für 50 Länder dieser Erde sowie die Entnahme von Rohstoffen aus der Natur und die Emission von CO_2 für alle Länder der Erde zu berechnen. Zusammen mit Christian Lutz und Marc Ingo Wolter habe ich mit dem Modell eine sogenannte »business as usual«-Prognose erstellt: Es wurde unterstellt, dass weltweit keine über den heutigen Stand hinausgehenden zusätzlichen Maßnahmen in der Umweltpolitik getroffen werden. Dabei wurde die mittlere Variante der Bevölkerungsprognose der Vereinten Nationen, die wir gerade diskutiert haben, vorgegeben. Ferner haben wir das Modell so eingestellt, dass die Entwicklung des Bruttoinlandsprodukts in den verschiedenen Ländern etwa der Prognose der International Energy Agency entspricht, die wir gleichfalls zu Beginn des Kapitels kennengelernt haben. Wohin treibt also die Welt, wenn es der Menschheit nicht gelingt, eine Umkehr in der Nutzung der Natur herbeizuführen?

Tabelle 5 fasst die Ergebnisse für den globalen Ressourcenverbrauch zusammen und stellt ihn der Bevölkerungsentwicklung gegenüber. Die Weltbevölkerung wird jährlich um 1,1 %
wachsen, die Zuwachsraten der Rohstoffverbräuche liegen
zum Teil erheblich darüber, sodass die Pro-Kopf-Verbräuche
ständig steigen werden. Die stärkste jährliche Zuwachsrate
von 3,5 % errechnet das Modell für die Entnahme von Metallen aus der Natur. Dies wird vor allem mit dem Ausbau des
Kapitalstocks an Maschinen und anderen Ausrüstungen in
den Schwellenländern wie China und Indien zu erklären sein.
Dabei ist zu betonen, dass der technische Fortschritt, der sich
hier darin äußert, dass sich der Materialeinsatz pro Produkt-
einheit vermindert, in der Rechnung berücksichtigt wurde.
Dasselbe gilt für den effizienteren Einsatz von Energie.
Gleichwohl werden die Verbräuche von Öl und Gas, aber auch
von Kohle weiter dramatisch ansteigen. Auch der Verbrauch
von nichtmetallischen Mineralen, worunter sich vor allem
Baustoffe verbergen, wird jährlich um 2,4 % zunehmen. Insgesamt ergibt sich ein durchschnittliches jährliches Wachstum
des Rohstoffverbrauchs von 2,2 %. Das bedeutet, dass wir im

	Wachstumsraten in %
Biomasse	1,5
Kohle	1,6
Rohöl	2,4
Erdgas	2,1
Erze	3,5
Andere nichtmetallische Mineralien	2,4
Totale Entnahme	2,2
Bevölkerung	1,1

Tab. 5 Durchschnittliche jährliche Wachstumsraten der Bevölkerung
und des Materialverbrauchs der Welt für die Periode 2002 bis 2020.
GINFORS Basisprognose. Quelle: Lutz, C., Meyer, B., Wolter M. I.
(2007).

Jahre 2020 50 % mehr Rohstoffe verbrauchen werden als heute.

Auf der Seite der Schadstoffemissionen interessiert vor dem Hintergrund des Klimawandels vor allem die bei Verbrennung der fossilen Energieträger Kohle, Gas und Erdöl entstehende Emissionen von Kohlendioxyd (CO_2). Es ist das bedeutendste sogenannte Treibhausgas. Kohlendioxyd, Methan und vier weitere in der Erdatmosphäre enthaltene Gase lassen die von der Sonne zur Erde gelangende kurzwellige Strahlung ungehindert passieren, aber sie reflektieren die langwellige Wärmeabstrahlung von der Erde. Auf diese Weise ist gewährleistet, dass die Erde heute im Durchschnitt eine Temperatur von +15 Grad und nicht von -18 Grad hat, die sich ohne Kohlendioxyd ergäben. Wenn nun aber die Konzentration von CO_2 und den anderen Treibhausgasen zunimmt, dann wird die Temperatur auf der Erde steigen. Dies ist der Treibhauseffekt.

In der Tabelle 6 sind die Emissionen von CO_2 in Millionen Tonnen nach emittierenden Ländern bzw. Regionen zusammengefasst. Im Jahr 2002 waren die Vereinigten Staaten für etwa ein Viertel der weltweiten CO_2-Emissionen verantwortlich. Obwohl die USA bis zum Jahr 2020 eine durchschnittliche Steigerung ihrer CO_2-Emissionen um 1,5 % zulassen werden, wird sich ihr Anteil an den globalen Emissionen auf 21,3 % erheblich reduzieren. Für die EU wird fast eine Stagnation der Emissionen erwartet, was bedeutet, dass sich ihr Anteil an den globalen Emissionen von 16,1 % im Jahre 2002 dramatisch auf 11,1 % im Jahr 2020 reduziert. Die Dynamik in der Entwicklung der globalen CO_2-Emissionen wird zweifellos durch das Geschehen in den Schwellenländern wie etwa China und Indien bestimmt. Hier werden sich jährliche Zuwachsraten von 2,4 % bzw. 3,4 % ergeben, auch im Durch-

	2002		2020		durchschnittliche Jahreswachstums-rate 2002/2020
	Mill. t	in %	Mill. t	in %	
USA	5731	24,7	7439	21,3	1,5
EU-25	3739	16,1	3872	11,1	0,2
Japan	1144	4,9	1564	4,9	1,8
China	3381	14,5	5254	15,1	2,5
Indien	1054	4,5	1939	5,6	3,4
Andere Länder	8197	35,3	14818	42,0	3,3
Welt	23246	100,0	34886	100,0	2,2

Tab. 6 CO_2-Emissionen in Millionen Tonnen nach Ländern. GINFORS Basisprognose. Quelle: Lutz, C., Meyer, B., Wolter, M. I. (2007).

schnitt der übrigen Länder werden solche Zuwachsraten erzielt.

Für die weltweiten CO_2-Emissionen bedeutet dies eine jährliche Zuwachsrate von 2,2 %. Das Niveau der CO_2-Emissionen wird im Jahre 2020 um 50 % über dem des Jahres 2002 liegen. Die Konzentration von CO_2 in der Atmosphäre wird also weiter zunehmen. Die Klimaforscher gehen davon aus, dass bereits bei der derzeitigen Konzentration von Klimagasen ein Anstieg der Durchschnittstemperatur um ca. 2 Grad zu erwarten ist.

Die diskutierte »business as usual«-Prognose ist keineswegs übertrieben. Im Gegenteil könnte man eher vermuten, dass sie die Emissionen unterschätzt. Man beachte, dass für China z. B. für die Zeit von 2004 bis 2020 ein durchschnittliches Wirtschaftswachstum von 6,1 % pro Jahr erwartet wird. Demgegenüber ist der jährliche Zuwachs von 2,5 % bei den CO_2-Emissionen vergleichsweise gering. Da China künftig den Anteil von Kohle – dem Energieträger mit dem höchsten Kohlenstoffanteil – am Primärenergieeinsatz steigern wird, wird die Steigerung der Effizienz bei der Energienutzung über 3,6 % pro Jahr betragen. Die Prognose impliziert also, dass in China erhebliche Anstrengungen zur Energieeinsparung unternommen werden. Hinzu kommt, dass in der Prognose eine deutliche Abschwächung des Wirtschaftswachstums in China von 10 % in den vergangenen 15 Jahren auf 6,1 % erwartet wird. Auch im globalen Durchschnitt wird deutlich, dass die Prognose eher vorsichtig ist: Von 2002 bis 2020 wird das Bruttoinlandsprodukt weltweit um 3,8 % steigen, die CO_2-Emissionen aber »nur« um 2,2 %.

Abbildung 3 vergleicht die Entwicklung der CO_2-Emissionen pro Kopf. Zunächst einmal ist festzustellen, dass heute ein Amerikaner 20-mal so viel CO_2 emittiert wie ein Inder, ca. 8-mal so viel wie ein Chinese und 2,5-mal so viel wie ein Eu-

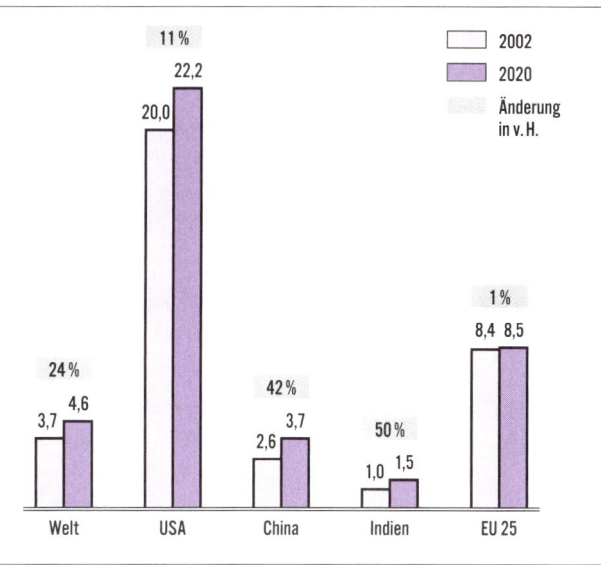

Quelle: Lutz, C., Meyer, B., Wolter, M. I. (2007)

Abb. 3 Die Entwicklung der CO_2-Emissionen in Tonnen pro Kopf der Bevölkerung. GINFORS Basisprognose.

ropäer. Die Pro-Kopf-Emissionen werden im weltweiten Durchschnitt bis 2020 um fast ein Viertel steigen, lediglich in Europa stagnieren die Pro-Kopf-Emissionen, während sie in Indien und China kräftig und in den USA noch leicht steigen werden. Der Abstand der Pro-Kopf-Emissionen der USA vom Weltdurchschnitt wird sich vom Faktor 5,4 auf 4,8 nur wenig verringern.

Verschärfung des internationalen Wettbewerbs um knapper werdende Ressourcen

Im Jahre 2020 werden China und Indien zusammen ebenso viel Energie verbrauchen wie die Vereinigten Staaten, und die drei Länder werden insgesamt mehr als 40 % des Welt-Primärenergieverbrauchs auf sich vereinigen. Insbesondere das Vordringen von China und Indien, aber auch der südostasiatischen Schwellenländer auf den internationalen Rohstoffmärkten schafft eine neue Konkurrenzsituation zu den Industrieländern. In den vergangenen Jahren hat sich bereits gezeigt, dass Knappheiten bei der Versorgung mit Öl und Metallen die Preise dieser Rohstoffe dramatisch angehoben haben.

Wettbewerb ist die Essenz marktwirtschaftlicher Entwicklungsprozesse, insofern ist auch eine Verschärfung von Wettbewerb eigentlich nichts Schlechtes. Dies gilt aber nur in einem idealtypischen Zusammenhang, wenn funktionierende Märkte eingebettet sind in ein stabiles Rechtssystem, das z. B. verhindert, dass sich auf der Angebots- oder Nachfrageseite marktbeherrschende Praktiken durchsetzen können. Insbesondere das Angebot auf den Metallmärkten und dem Ölmarkt ist häufig an Regionen gebunden, die politisch instabil sind. Man denke an den Vorderen Orient, Zentralasien, Zentralafrika und Südamerika. Damit ist für die Länder, die Rohstoffe nachfragen, die Versuchung groß, auf diesen Märkten Marktmacht zu entfalten, die über politische Einflussnahme bis hin zu militärischem Engagement reicht. Es besteht die Gefahr, dass Länder in solche Konflikte verwickelt werden, aber es können auch große Firmen sein, die lokale Konflikte schüren, um ihre Interessen in diesen gelegentlich rechtsfreien Räumen durchzusetzen.

Werden wir in Zukunft regelrechte Ressourcenkriege erleben? In diesem Sinne wird bereits das Engagement der USA im Irak kritisiert. Der Einsatz militärischer Macht zur Sicherung der Versorgung wird dagegen überwiegend akzeptiert.

Fortschreitende Schädigung der Natur und Rückwirkungen auf die Menschheit

Es scheint so, als habe die Öffentlichkeit zumindest ein zentrales Problem – den Klimawandel – endlich zur Kenntnis genommen. Dazu beigetragen hat, dass wir in Europa den wärmsten Winter seit Beginn der Wetteraufzeichnungen mit häufigen und starken Stürmen hatten und zeitgleich in den Medien der Bericht des englischen Ökonomen Nicholas Stern zum Zusammenhang zwischen ökonomischer Entwicklung und dem Klimawandel sowie der vierte Report des Inter Governmental Panel on Climate Change (IPCC) heftig diskutiert wurden. Hinter dem IPCC steht eine Gruppe von 100 Wissenschaftlern, die ihren Report seit vielen Jahren periodisch den Vereinten Nationen vorlegen. Nicholas Stern ist der Leiter eines Wissenschaftler-Teams, das im Auftrag der englischen Regierung gearbeitet hat. Sterns Bericht hat wohl auch deshalb besondere Aufmerksamkeit gefunden, weil er früher Präsident der Weltbank gewesen ist und insofern als Praktiker in der Öffentlichkeit unverdächtig ist, mit zu viel »Phantasie«

zu arbeiten. Beide Wissenschaftler-Teams haben die kaum
überschaubare wissenschaftliche Literatur zum Thema ausge-
wertet und dabei die ökonomischen und naturwissenschaft-
lichen Zusammenhänge berücksichtigt. Sie kommen zu dem
Ergebnis, dass bereits jetzt ein Anstieg der Durchschnittstemperatur der Erde um 2 Grad nicht mehr vermeidbar ist und
dass ein darüber hinausgehender Anstieg unbedingt verhindert werden muss. Dies aber bedeutet, dass die Konzentration
von Treibhausgasen in der Atmosphäre nicht über 550 ppm
ansteigen darf. Für die CO_2-Emissionen folgt daraus, dass
langfristig nur so viel emittiert werden darf, wie natürlich
durch die Pflanzen absorbiert wird, was etwa 20 % der heutigen Emissionen entspricht. Wenn also ein Anstieg der Temperatur über 2 Grad hinaus vermieden werden soll, müssen die
Emissionen dramatisch vermindert werden. Wegen der Träg-
heit des Klimasystems muss dies nicht heute geschehen. Aber
je später etwas geschieht, umso drastischer müssen die Re-
duktionspfade sein. Die Klimaforscher haben verschiedene
Alternativen diskutiert. Würde bei der Dynamik der Emissionen, die wir diskutiert haben, etwa der Gipfel schon im Jahr
2015 erreicht sein, so würde eine jährliche Reduktion von 1 %
ausreichen, um das Ziel zu erreichen. Gelingt der Trendwech-
sel erst im Jahr 2030, so müssten die CO_2-Emissionen jährlich
um 4 % vermindert werden. Gelegentlich werden solche Aussagen dahin gehend interpretiert, dass wir noch Zeit zum
Handeln haben, dass wir auf die großen technologischen
Durchbrüche warten können, um dann umso schneller und zu
geringeren Kosten zu drastischen Energieeinsparungen zu
kommen. Nur, warum sollten diese großen Durchbrüche in
25 Jahren kommen, wenn auf dem Weg dahin keinerlei Verhaltensänderungen im Hinblick auf Energieverbrauch und
Schadstoffemissionen stattfinden? Worin sollten die Anreize

zu den erforderlichen gewaltigen Investitionen bestehen? Letztlich muss sich ein Engagement in neue Technologien lohnen. Betrachten wir dazu als Beispiel die Einführung der Wasserstofftechnologie. Die Brennstoffzelle gewinnt aus der Verbindung von Wasserstoff und Sauerstoff Energie und emittiert als Reststoff Wasser. Damit ist ein Antrieb gegeben, der die heute mit Brennstoffen aus fossilen Energieträgern betriebenen Motoren ersetzen könnte, weil er keinerlei Schadstoffe in die Umwelt abgibt. Die Automobilhersteller haben bereits viele Prototypen entwickelt, die kurz vor der Alltagstauglichkeit stehen. Der Durchbruch dieser innovativen Technologie wird weniger durch den zu erwartenden höheren Preis dieser Fahrzeuge als durch die mangelnde Verfügbarkeit eines Tankstellennetzes sowie eines hinreichenden Angebotes an Wasserstoff verhindert. Der Wasserstoff muss durch das Verfahren der Elektrolyse wiederum durch hohen Einsatz von elektrischem Strom aus Wasser gewonnen werden. Dieser Strom müsste natürlich aus regenerativen Energien wie Windkraft oder Solarenergie produziert werden, denn wenn dieser zusätzlich benötigte Strom wie bisher überwiegend aus fossilen Energieträgern stammt, dann würden die CO_2-Emissionen durch den Einsatz dieser neuen Technologie nicht vermindert. Die Fahrzeughersteller werden nur dann die erheblichen Investitionen zur Erstellung der Wasserstofffahrzeuge tätigen, wenn sie sicher sein können, dass ein Tankstellennetz besteht und der Wasserstoff in hinreichender Menge zu einem konkurrenzfähigen Preis zur Verfügung steht. Die Betreiber der Tankstellennetze werden nur dann die in die Milliarden gehenden Investitionen zur Erstellung eines Wasserstoffnetzes bereitstellen, wenn sich eine hinreichende Nachfrage nach Wasserstoff abzeichnet. Die Energieunternehmen werden wiederum nur dann Solarkraftwerke und

Elektrolyseanlagen etwa in der Sahara oder in Spanien errichten und Pipelines bzw. Spezialtankschiffe zum Transport des Wasserstoffs bauen lassen, wenn die Nachfrage nach Wasserstoff hinreichend groß ist. Wie soll all dies sich in den nächsten zehn oder 20 Jahren entwickeln, wenn nicht heute schon das Ruder in der Energiepolitik in Richtung auf eine Reduktion der CO_2-Emissionen gelegt wird. Wenn wir damit warten, werden wir technologisch auch in 20 Jahren nicht viel anders entwickelt sein als heute. Die Investoren brauchen klare Signale.

Ferner: Bei einem Wachstum der Weltwirtschaft von durchschnittlich 4 % würden wir ab 2030 einen Zuwachs der jährlichen Produktivität beim Einsatz der fossilen Energieträger von 8 % über einen langen Zeitraum benötigen. Das erscheint als völlig aussichtslos. Es gibt nur eine Alternative: Der Gipfelpunkt der weltweiten CO_2-Emissionen muss im Jahre 2015 erreicht sein. Das sind noch sieben Jahre – keine lange Zeit, wenn man bedenkt, dass nur eine weltweite Übereinkunft über die Ziele und einzusetzenden Maßnahmen zum Erfolg führen kann. Das heißt, dass sofort mit einer ernsthaften Klimapolitik begonnen werden muss. Und auch dieser Reduktionspfad ist ehrgeizig, denn er bedeutet, dass die Effizienz des Einsatzes fossiler Energieträger bei 4 % weltweitem Wirtschaftswachstum Jahr für Jahr um 5 % gesteigert werden muss. Zwar wird eine konsequente Klimaschutzpolitik auch zu Wachstumseinbußen führen, aber die sind vergleichsweise gering, wie noch später zu zeigen sein wird.

Das ist die größte Herausforderung der Menschheit im 21. Jahrhundert. Aber auch wenn dieses schwierige Vorhaben gelingt, erwartet uns aufgrund des nicht mehr vermeidbaren Klimawandels eine beträchtliche Schädigung der Natur mit erheblichen Rückwirkungen auf die menschliche Existenz.

Die Häufigkeit und Intensität von Stürmen wird zunehmen, die Gletscher werden weiter schmelzen, der Meeresspiegel steigt an. Flutkatastrophen häufen sich und nehmen an Stärke zu. Die Ozeane werden saurer, was erhebliche Konsequenzen für die Fischbestände haben wird. Sinkende Ernteerträge sind für Afrika zu erwarten. Der Regenwald im Amazonas wird durch Trockenheit schwer geschädigt. Die Auswirkungen auf die Ökosysteme bedrohen die Existenz von 15 – 40 % aller Arten auf der Erde. Die Sterblichkeit der Menschen aufgrund von Hitze-Stress wird zunehmen, Malaria und Dengue-Fieber breiten sich aus.

Die Kosten aufgrund von Schäden durch extremes Wetter wie Orkane, Taifune, Überflutungen, Dürren und Hitzewellen werden bis Mitte des Jahrhunderts pro Jahr auf 0,5 bis 1,0 % des Bruttoinlandsprodukts geschätzt. Erinnern wir uns: Allein der heftigste Sturm im Januar 2007 hat nach Auskunft von Versicherungen nur in Deutschland ca. 1 Milliarde Euro Kosten verursacht. Claudia Kemfert vom Deutschen Institut für Wirtschaftsforschung (DIW) in Berlin schätzt die Schäden, die durch den Klimawandel bis zum Jahre 2025 in Deutschland direkt entstehen werden, auf gut 120 Milliarden Euro.

Wenn es uns nicht gelingt, die Trendwende bei Energieverbrauch und CO_2-Emissionen durchzusetzen und uns stattdessen weiter auf dem in Tabelle 6 prognostizierten Pfad bewegen, sind die Folgen unabsehbar. Eine Klimaerwärmung auf 3 bis 5 Grad bis zum Ende des Jahrhunderts ist dann wahrscheinlich, deren Auswirkungen schlicht katastrophal sein werden. Zur Abschätzung der Bedeutung einer solchen Entwicklung ist hilfreich sich klarzumachen, dass der Unterschied zwischen der heutigen Temperatur und der der letzten Eiszeit gerade 5 Grad beträgt.

Eine ausführliche Diskussion der Klimaproblematik bietet in dieser Reihe das Buch von Mojib Latif.

Das mindestens bis zum Jahr 2050 anhaltende Bevölkerungswachstum in den Entwicklungsländern wird dazu führen, dass dort im Jahr 2050 etwa 50 % mehr Menschen ernährt werden müssen als heute. Eine Zunahme der landwirtschaftlichen Nutzflächen ist angesichts der Klimaproblematik wohl ausgeschlossen, denn sie würde zur Rodung der Wälder führen, die wir zur Verminderung der CO_2-Konzentration in der Atmosphäre benötigen. Außerdem ist zu befürchten, dass in den Regionen der Entwicklungsländer gerade durch den Klimawandel die Verwüstungen und Versteppungen zunehmen, sodass sich die landwirtschaftliche Nutzfläche verringern dürfte. Ferner kann es zu Konflikten zwischen der Verwendung landwirtschaftlicher Flächen für die Ernährung und für die Erzeugung von Energieträgern kommen. Das Bestreben, den Einsatz von Biomasse bei der Energieerzeugung zu steigern, wird zunehmen, weil die Biomasse der Luft zunächst das CO_2 entnommen hat, die sie bei der Verbrennung später abgibt. Sie ist also in diesem Sinne neutral. Die Verwendung von Holz beim Heizen und Äthanol als Kraftstoff erhöht also nicht die Konzentration von CO_2 in der Atmosphäre. Eine weitere Intensivierung der Landwirtschaft durch Chemikalien dürfte aber wegen der Verschlechterung der Boden- und Gewässerqualitäten ausscheiden. Der Biochemiker Klaus Hahlbrock befürchtet daher, dass ohne einen verantwortungsbewussten Umgang mit der Gentechnik die Versorgung der Bevölkerung der Erde nicht gewährleistet werden kann. Natürlich gehen wir damit wiederum Risiken ein.

Unsere Prognose für den Ressourcenverbrauch ergab bis zum Jahr 2020 einen Zuwachs von 50 % im Durchschnitt über die verschiedenen Materialarten. Die Eingriffe in die Natur steigen Jahr für Jahr exponentiell, was erhebliche Probleme mit sich bringt: Zunächst wird die Verfügbarkeit von Rohstoffen für künftige Generationen infrage gestellt. Ferner können die Abbauruinen zu einer großen Last werden, wie sich gerade im Ruhrgebiet zeigt. Der Abbau der Kohle hat zu einer Absenkung der Fläche des gesamten Ruhrgebietes geführt. Um zu verhindern, dass das Ruhrgebiet überflutet wird, muss ständig Wasser abgepumpt werden. Das Land Nordrhein-Westfalen und der Bund haben sich gerade darüber geeinigt, wer die damit verbundenen sogenannten Ewigkeitskosten zu tragen hat. Ein anderer Aspekt des Rohstoffabbaus ist die Zerstörung von Ökosystemen und die daraus folgende Beschleunigung des Artensterbens.

Die zentrale Bedeutung des Rohstoffverbrauchs liegt aber darin, dass er den Energieverbrauch einer Volkswirtschaft entscheidend bestimmt. Die Weiterverarbeitung der Rohstoffe auf verschiedenen Produktionsstufen erfordert den Einsatz von Energie, wie das Beispiel der Metalle zeigt: Aus Erzen wird Stahl gekocht, der dann unter hohem weiteren Energieaufwand gewalzt oder gegossen wird. Anschließend werden Halbfabrikate, z. B. Maschinenteile, erzeugt. In der nächsten Stufe – z. B. in der Automobilindustrie – wird durch den energieintensiven Einsatz von Maschinen das Endprodukt montiert. Zwischen den Produktionsstufen entsteht offensichtlich ein Stofffluss, der Verkehr und damit wiederum Energieverbrauch auslöst, der umso größer ist, je schwerer die verwendeten Materialien sind. Friedrich Schmidt-Bleek fordert deshalb eine konsequente Dematerialisierung der Produktion. Nur bei einer Halbierung des weltweiten Ressourcenverbrauchs könne eine nachhaltige Entwicklung erreicht werden. Die Lücke zwischen dem Ziel und der Entwicklung, die sich einstellen wird, wenn wir die Dinge treiben lassen, ist

also gewaltig. Schmidt-Bleeks Forderung nach einer Steigerung der Effizienz bei der Ressourcennutzung in den Industrieländern um den Faktor 10 kann vor dem Hintergrund dieser Lücke nur bestätigt werden.

Die Perspektiven für die künftige Entwicklung der menschlichen Zivilisation sind widersprüchlich und im Ergebnis bedrückend. Einerseits wird die anhaltend gute wirtschaftliche
Entwicklung in vielen Schwellenländern nach und nach auch
auf die besonders armen Länder übergreifen. Somit besteht die
Hoffnung, dass Armut und Elend in der Dritten Welt vermindert werden, was schließlich auch das Bevölkerungswachstum
bremsen könnte. Die Verbesserung der ökonomischen Bedingungen geht andererseits mit einer starken Zunahme des Ressourcenverbrauchs und der Schadstoffemissionen in den Ent-
wicklungs- und Schwellenländern, aber auch in wichtigen
Industrieländern wie den USA einher. Vielfach wird deshalb
das wirtschaftliche Wachstum als die Quelle des Übels ange-
prangert. Andererseits kann nur auf diesem Wege eine Verbesserung der wirtschaftlichen und sozialen Verhältnisse in
der Dritten Welt erreicht werden. Die Hoffnung, dass dies
durch Umverteilung des Reichtums der Industrieländer geschehen könnte, ist wohl unrealistisch. Probleme einer unge-
rechten Verteilung lassen sich leichter lösen, wenn der Kuchen
größer wird. Außerdem ist es völlig illusorisch anzunehmen,
dass es möglich sein wird, den Wachstumsprozess zu stoppen.
Es muss also eine dramatische Entkoppelung von Wirtschaftwachstum und Ressourcenverbrauch gelingen. Wenn wir bei
der Lösung dieser Aufgabe scheitern, wird die bereits stattfindende Klimaerwärmung ein Ausmaß annehmen, das nicht
mehr abgeschätzt werden kann, mit unabsehbaren Folgen für
die menschliche Existenz auf diesem Planeten.

3. Was sind die Ursachen und welche Lösungsansätze bieten sich?

Der Unterschied zwischen den gesellschaftlichen und individuellen Kosten der Umweltnutzung

Von der Nutzung der Umwelt kann niemand ausgeschlossen werden, jedenfalls nach herrschenden moralischen und ethischen Maßstäben. Das heißt, dass jedermann die Umwelt kostenlos konsumieren kann. Ein rational handelndes Individuum wird deshalb nicht bereit sein, die Kosten für die Erstellung dieses Gutes zu tragen, indem es etwa auf das Autofahren verzichtet. Damit ist hier das »Free Rider«- oder auch »Trittbrettfahrer«-Problem gegeben. Das Umweltgut ist typischerweise ein öffentliches Gut, für das es keinen Markt gibt. Im Ergebnis behandeln wir die Natur, als sei sie unbegrenzt in unveränderter Qualität verfügbar. Wir betrachten die Natur in der Sprache der Ökonomen als freies Gut – eben wie Sand am Meer, was sie aber tatsächlich nicht ist. Ein Abweichen von diesem Verhalten aus ethischen Gründen fällt uns schwer, denn die Schäden, die wir persönlich der Natur zufügen, sind in der Regel vernachlässigbar gering. Sie entstehen erst durch die große Zahl der Menschen. Was also bringt es, wenn nur ich mich umweltbewusst verhalte? Außerdem wirken sich diese Schäden häufig erst in einer fernen Zukunft auf den Menschen aus und betreffen möglicherweise in erster Linie andere. Dieses Profil des Problems, das wir von dem Klimaproblem kennen, verhindert bei vielen ein umweltbewusstes Verhalten und macht das Einschreiten der Politik erforderlich.

Ein Gut, das keinen Preis hat, nutzt man natürlich intensiver als andere, was schließlich zu den Umweltschäden führt. Die privaten Kosten der Umweltnutzung sind null, aber die gesellschaftlichen Kosten der Umweltnutzung sind durch ihre Intensität und die damit verbundene Qualitätsminderung immens. Bleiben wir beim Beispiel Luft: Wir nutzen die Luft zum Preise null als Schadstoffdeponie für Treibhausgase und erzielen dadurch eine Wirkung, die mit der Klimaänderung zu den bekannten gesellschaftlichen Kosten führt. Ökonomen sprechen in diesem Zusammenhang auch von externen Effekten, weil sie in den wirtschaftlichen Entscheidungen des Einzelnen nicht berücksichtigt werden.

Das Auseinanderklaffen zwischen individuellen und gesellschaftlichen Kosten ist die Ursache für die übermäßige Nutzung der Natur. Dann ist aber auch klar, dass man das Problem lösen kann, indem man dafür sorgt, dass die Kosten der Umweltnutzung in das Entscheidungskalkül des Einzelnen eingehen. Man spricht auch von der Internalisierung der externen Effekte. Wenn nun die Nutzung der Natur zunimmt und sich dadurch die Qualität der Umwelt vermindert, so muss der Preis für die Umweltnutzung steigen, wodurch sich dann die Nutzung der Natur wieder vermindert. Im Ergebnis hat dann der Anstieg des Preises für die Umweltnutzung umweltgerechtes Verhalten induziert.

Die marktwirtschaftlichen Instrumente:
Steuern, Handel mit Nutzungsrechten und Subventionen

Aber wie kann man erreichen, dass die Nutzung der Natur etwas kostet? Bei dem Gedanken allein sträuben sich bei manchem Ökologen die Nackenhaare. Da hört man Kommentare wie: »Die Ökonomen kennen den Preis von allem und den Wert von nichts!« Die Sorge dieser Kritiker ist, dass durch das Profitstreben in der Wirtschaft und den hemmungslosen Konsum der Verbraucher das Umweltproblem erst entstanden ist. Offensichtlich hat die Marktwirtschaft die Umweltprobleme verursacht. Und nun soll auch noch die totale Ökonomisierung der Umwelt beginnen?

Aber genau dies ist der Weg. Die Ökonomen sind überzeugt, dass die Umwelt geschädigt wird, weil zu wenig Marktwirtschaft und nicht etwa zu viel davon realisiert worden ist. Würde die Umweltnutzung einen Preis besitzen, der die Knappheit der Ressourcen wiedergibt, ergäben sich auch für alle anderen Güter andere Preise, weil die Ressourcen über alle Herstellungsstufen der Wertschöpfungsketten direkt und indirekt in allen Gütern enthalten sind. Unser derzeitiges ökonomisches System wird also durch die falschen Preise gesteuert und ist deshalb auch nicht in der Lage, in vernünftiger Weise mit der Natur umzugehen. Die Leitlinie bei der Bestimmung der Preise für die Naturnutzung muss sein, dass gemäß dem Verursacherprinzip die Kosten der Umweltnutzung dem Einzelnen zugerechnet werden und auf diese Weise eine Übereinstimmung oder zumindest eine Annäherung der individuellen und der sozialen Kosten der Umweltnutzung erreicht wird. Dazu bieten sich zwei Wege an. Entweder organisiert der Staat einen Wettbewerbsprozess, der diese Zuteilung vornimmt, oder der Staat erhebt Steuern auf die Umweltnutzung, die die notwendige Korrektur der Güterpreise bewirken.

Die letztere Variante der sogenannten Umweltsteuern geht auf den Ökonomen Pigou zurück, der schon vor knapp 90 Jahren die Internalisierung externer Effekte durch die Einführung von entsprechenden Steuern vorgeschlagen hat. Eine Besteuerung des Verursachers reduziert seine Aktivitäten, und aus dem Steueraufkommen können die noch betroffenen Wirtschaftssubjekte entschädigt werden. Konkret heißt dies, dass jemand, der der Natur Rohstoffe entnimmt oder Schadstoffe in die Natur emittiert, dafür Steuern zu zahlen hat. Die Steuerzahlung wird das Wirtschaftssubjekt direkt veranlassen, seine Naturnutzung zu reduzieren. Wichtiger noch sind die indirekten Effekte: Muss etwa ein Braunkohlebergwerk für die Entnahme von Kohle eine Steuer zahlen, so verteuert sich die Braunkohle und auf der nächsten Stufe natürlich auch die Stromerzeugung. Der Strompreis wird in vielen anderen Unternehmen die Produktionskosten je nach Anteil des Stroms an den Gesamtkosten erhöhen und schließlich bei allen Gütern zu Preissteigerungen führen, die je nach Betroffenheit der verschiedenen Produktionen unterschiedlich sein werden. Die Preissteigerungen beim Strom und den verschiedenen Gütern erreichen schließlich auch die privaten Haushalte. Sie und alle Unternehmen werden auf die Preissteigerungen mit ihrer Nachfrage reagieren, die schließlich bis auf die Braunkohleförderung zurückschlägt und hier zu einer entsprechenden Minderung der Förderung führt.

Natürlich stellt sich die Frage nach der Höhe des Steuersatzes, der erhoben werden muss, um ein bestimmtes ökologisches Ziel zu erreichen. Das Problem wird von manchen völlig überschätzt, denn es gibt umweltökonomische Modelle, die recht genau die Reaktion des ökonomischen Systems auf eine

Steuer und auch die Rückwirkung auf das ökologische Ziel vorhersagen können. Außerdem ist die Umweltpolitik in der Regel langfristig ausgerichtet und bedarf eh einer allmählichen Annäherung an das gesetzte langfristige Ziel. Auf dem Wege kann man dann natürlich auch eine entsprechende Anpassung der Steuersätze vornehmen. Eine weitere Frage betrifft die Verwendung des Steueraufkommens. Man kann die Staatsschuld reduzieren, das allgemeine Steueraufkommen reduzieren oder – wie etwa bei der sogenannten Ökosteuer – die Sozialabgaben vermindern.

Die Setzung der Steuer greift direkt in das Preissystem ein, die Güternachfragemengen und damit die Naturnutzung reagieren darauf. Ein Ökonom namens Coase hat vor fast 50 Jahren bereits die umgekehrte Lösung favorisiert, bei der der Staat die Mengen der Umweltnutzung vorgibt und die Preise reagieren lässt. Der Staat richtet einen Markt für die Nutzung der Umwelt ein, sodass Knappheit auch für die Umweltgüter herrscht. Zunächst muss der Staat dazu das Ausmaß der Naturnutzung, das er zulassen will, vorgeben. Beim Beispiel der CO_2-Emissionen bedeutet dies, dass er bereit ist, eine bestimmte Gesamtmenge an Emissionen für ein Jahr zuzulassen.

Bei der Einrichtung des Marktprozesses gibt es zwei Varianten: Bei der Versteigerungslösung verkauft der Staat die Emissionsrechte an einer Börse. Der Wettbewerb zwischen den Käufern wird einen Preis pro Tonne Emissionsrecht ergeben, der an den Staat zu zahlen ist. Je höher die Nachfrage ist, umso höher stellt sich der Preis ein. Die Unternehmen, die diese Emissionsrechte kaufen, haben höhere Produktionskosten und werden deshalb ihre Absatzpreise anheben. Ein Stromversorger muss für das beim Verbrennen von Kohle oder Gas entstehende CO_2 die entsprechenden Emissionsrechte an der Börse kaufen und wird die gestiegenen Kosten auf den Strompreis aufschlagen. Der höhere Strompreis hebt wiederum die Energiekosten in der Automobilindustrie, im Maschinenbau und allen anderen Wirtschaftszweigen an, bis schließlich auch die Verbraucher höhere Preise zu zahlen haben, die genau den durch ihre Nachfrage induzierten Emissionen zum herrschenden CO_2-Preis entsprechen. Wenn nun die Regierung die CO_2-Emissionen vermindern will, so muss sie nur das Angebot auf dem Markt für Emissionsrechte vermindern. Der Preis der sogenannten Emissionszertifikate wird daraufhin steigen und somit je nach direkter oder auch indirekter Beteiligung an den Emissionen alle Güterpreise. Dies löst dann Nachfragereaktionen aus. Die Haushalte werden die teurer werdenden Güter weniger nachfragen, die Unternehmen auf den verschiedenen Produktionsstufen werden bemüht sein, die teurer gewordenen Vorprodukte durch andere zu ersetzen oder durch technischen Fortschritt hier zu Einsparungen zu kommen. Der Preis der Emissionszertifikate wird jedenfalls so lange steigen, bis die Nachfragereaktionen der Unternehmen und der Verbraucher die Nachfrage nach Emissionsrechten auf das Niveau abgesenkt hat, das vom Staat als Angebot auf dem Markt vorgegeben worden ist. Die Steuerung der Naturnutzung kann also auf diese Weise durch einen Markt geschehen, den der Staat organisiert. Aber was geschieht mit den Einnahmen, die der Staat hat? Er könnte sie zur Schuldentilgung verwenden, er könnte aber auch die allgemeine Steuer- und Abgabenlast reduzieren. Im letzteren Fall würde das eingenommene Geld wieder in den Wirtschaftskreislauf zurückkehren und somit die Entwicklung von Einkommen und Beschäftigung stabilisieren, die durch den Kostenschub natürlich beeinträchtigt ist.

Manche Ökonomen mögen es allerdings gar nicht, wenn

dem Staat Einkommen zufließen, und sprechen sich für eine andere Variante der Gestaltung von Märkten für Umweltnutzungsrechte aus – das sogenannte »Grandfathering«: Der Staat spricht zunächst allen Nutzern der Umwelt eine gewisse Anfangsausstattung an Nutzungszertifikaten kostenlos zu, die sich in der Regel an dem bisherigen Niveau der Inanspruchnahme der Natur orientiert. Dann kann er in den Folgejahren die Gesamtnutzung reduzieren, indem er die zugeteilten Rechte um einen bestimmten Prozentsatz entwertet. Bleiben wir wiederum bei dem Beispiel mit den CO_2-Emissionszertifikaten. Diejenigen Unternehmen, die nicht in der Lage sind, ihre Emissionen zu reduzieren, müssen von anderen Unternehmen Zertifikate kaufen und haben deshalb höhere Kosten. Die Verkäufer von Zertifikaten haben ihren Produktionsprozess umgestellt und dadurch höhere sogenannte Vermeidungskosten, wobei es sich für diese Unternehmen lohnt, so lange die Produktion auszudehnen wie noch die zusätzlichen Vermeidungskosten niedriger sind als der Zertifikatspreis. Im Gleichgewicht entsprechen sich dann die Grenzvermeidungskosten (Änderung der Vermeidungskosten der letzten Produktionseinheit) und der Zertifikatspreis.

Wie sind nun beide Varianten zu beurteilen? Beim Grandfathering ist zunächst das Problem der Verteilung der Anfangsausstattung zu lösen. Bei der Einrichtung des auf EU-Ebene eingeführten CO_2-Emissionshandels für das Verarbeitende Gewerbe war in den letzten Jahren sehr schön zu beobachten, dass bei der konkreten Erstellung des »Nationalen Allokationsplans« große Probleme zu lösen waren. Schließlich geht es nicht nur um die Verteilung von Emissionsrechten, sondern wegen der Möglichkeit des Verkaufs dieser Rechte auch um die Zuteilung von Vermögen. Diese Vermögen sind umso größer, je mehr das betreffende Unternehmen bislang die Natur geschädigt hat. Der Vorteil ist, dass keine Umverteilung von Einkommen zwischen Staat und Unternehmen stattfindet, während bei der Versteigerungsvariante Umverteilung zwischen den beteiligten Unternehmen auf der einen Seite und dem Staat auf der anderen Seite geschieht und der Staat letztlich über die Verwendung des Umsatzes am Zertifikatsmarkt entscheidet. Wenn man allerdings etwas Zutrauen in die Vernunft des Staates und seiner Akteure hat, wird man dieses Argument nicht so sehr gewichten.

Beide Instrumente funktionieren über die Steuerung der zugelassenen Naturnutzung durch den Staat, die das Angebot der Nutzungsrechte darstellt. Es kann sich dabei um die Emission von Schadstoffen, aber auch um die Entnahme von Rohstoffen aus der Natur handeln. Das ökonomische System passt sich durch die Änderung seiner Preise und der darauf reagierenden Nachfragemengen an diese Vorgaben an. Märkte für Nutzungsrechte sind im ökonomischen System natürlich Vermögensmärkte wie andere auch, auf denen sich spekulative Prozesse abspielen können. Der Zertifikatspreis muss sich also keinesfalls stetig in eine Richtung entwickeln, sondern kann erheblichen Schwankungen unterworfen sein. Damit wären für die Unternehmen, die im Hinblick auf die Steigerung der Effizienz des Ressourceneinsatzes häufig langfristige Investitionsentscheidungen zu treffen haben, zusätzliche Risiken gegeben, die sich sehr nachteilig auf die Zielerreichung auswirken können. Diese Problematik ist bei der Steuer nicht gegeben.

Steuern und Nutzungsrechte setzen Anreize für Unternehmen und Verbraucher, die Belastung der Umwelt zu vermeiden. Man kann natürlich auch Anreize zur Verbesserung der Umweltqualität erreichen, indem man die Entwicklung von Technologien fördert, die umweltbelastende Technologien ersetzen können. Hierbei handelt es sich offensichtlich um Subventionen – ein Instrument, das die Ökonomen eigentlich gar nicht mögen, weil häufig Missbrauch mit ihm betrieben wurde. Die Unterstützung von Firmen beim Einsatz etwa einer heute noch nicht kostendeckenden Technologie, die aber den Ressourcenverbrauch effizienter gestaltet als andere, mag sinnvoll sein, wenn absehbar ist, dass sie eines Tages wettbewerbsfähig ist. Die Qualität der Maßnahme ist dann offensichtlich abhängig von der Qualität der Prognose. In Deutschland werden regenerierbare Energien wie Windanlagen durch den Staat subventioniert. Hier ist die Sicherheit der Prognose relativ hoch, denn die Alternative der Stromerzeugung durch fossile Energieträger wird wegen der Verknappung von Öl und Gas, aber auch wegen der unbedingt notwendigen Maßnahmen im Rahmen des Klimaschutzes langfristig teurer werden.

Theoretisch kann man sich eine perfekt mit Steuern und Nutzungsrechten zur Erreichung von Umweltzielen ausgestaltete Volkswirtschaft vorstellen, bei der etwa jeder, der Rohstoffe der Natur entnimmt oder importiert, sowie jeder, der Schadstoffe in die Natur emittiert, beim Staat Zertifikate erwerben muss. Zusätzlich müsste man sich Gedanken darüber machen, wie man die in den Güterimporten enthaltenen Rohstoffentnahmen und Schadstoffemissionen, die im Ausland stattgefunden haben, gleichfalls einer solchen Zertifikatspflicht unterzieht. Letzteres ist notwendig, weil sonst die inländische Produktion gegenüber den Importen diskriminiert würde. Selbst wenn dieses Problem dadurch gelöst wäre, dass man sich ein weltweit geschlossenes System vorstellt oder an den Grenzen eine entsprechende Besteuerung der Güter stattfindet, oder man den Güteraußenhandel schlicht nicht in die Betrachtung einbezieht, ergeben sich weitere Schwierigkeiten.

Wir haben bei der Darstellung des Prinzips der Zertifikatsregelung betont, dass die indirekten Effekte für das Funktionieren des Systems von besonderer Bedeutung sind. Betrachten wir z. B. einen Zertifikatsmarkt für CO_2-Emissionen. Der
Preis für CO_2-Emissionen steigt, dies verteuert den Energieeinsatz auf allen Produktionsstufen und bei den privaten
Haushalten. Entscheidend für das Funktionieren des Systems
ist, dass die Änderung der Preisrelationen zu Nachfragereaktionen führt, die die CO_2-intensiven Güter durch weniger
CO_2-intensive Güter ersetzt. Wenn dies geschieht, bleiben die
Kostenbelastungen der Haushalte und Unternehmen vergleichsweise gering, und die CO_2-Emissionen gehen auch tatsächlich deutlich zurück. Hat das ökonomische System diese
Flexibilität aber nicht, bleiben die Vorleistungsstrukturen in
der Wirtschaft und die Verbrauchsstrukturen bei den Haushalten relativ starr, so wird der CO_2-Preis und mit ihm die
Güterpreise sehr kräftig reagieren müssen, um dieselbe ökologische Wirkung zu erzielen. Die hohen Kosten bei den Unternehmen und die hohen Realeinkommensverluste bei den
Haushalten könnten dann die Akzeptanz der Maßnahme infrage stellen. Wir haben durchaus Anlass zu der Befürchtung,
dass dieses der Fall sein kann. Machen wir uns nichts vor – das
ökonomische System arbeitet nicht perfekt. Es gibt Marktunvollkommenheiten, die in mangelnder Information von Unternehmen und Verbrauchern bestehen, sodass sich die wirtschaftlich Entscheidenden nicht aller Handlungsalternativen,
die sie grundsätzlich haben, bewusst sind. Auf der anderen
Seite gibt es auf vielen Märkten Wettbewerbseinschränkun-
gen, die die notwendigen Anpassungen verhindern. Man wird
für jeden Schadstoff und für jeden Rohstoff jeweils zu prüfen
haben, welche Teilnehmer an einem Zertifikatsmarkt zusam-
menzuführen sind.

Stellen wir uns vor, die jetzige Zertifikatsregelung in Europa für das Verarbeitende Gewerbe würde auf den Verkehr ausgedehnt. Ein Zertifikatspreis von 50 Euro wäre sicherlich aus Sicht der Industrie relativ hoch, während ein privater Haushalt darauf möglicherweise relativ unelastisch reagieren würde. Sein Pkw mag pro Jahr 2 Tonnen CO_2 emittieren. Das ergibt 100 Euro pro Haushalt oder die Kosten von zwei Tankfüllungen pro Jahr. Wird er deshalb sein Fahrverhalten verändern? Wahrscheinlich nicht! Die Starrheiten im Verhalten der Verbraucher müssten dann die Unternehmen mit entsprechend höheren CO_2-Preisen bezahlen. Ein weiteres Problem von Steuern und Umweltzertifikaten liegt in der verteilungspolitischen Problematik. Ein Haushalt mit hohem Einkommen wird die Verteuerung der Güter ohne Schwierigkeiten verkraften können, während ein Haushalt mit niedrigem Einkommen in jedem Fall stärker betroffen ist. Dies gilt vor allem dann, wenn es sich um lebensnotwendige Güter handelt, wie etwa bei der Heizenergie. Auch aus diesem Grund muss man bei der Ausgestaltung des Instruments sehr genau fragen, welche Gütergruppen in welchem Ausmaß betroffen sind und gegebenenfalls Kompensationen für sozial schwache Haushalte erwägen.

Steuern und Umweltzertifikate sind zweifellos wichtig zur Ausgestaltung einer erfolgreichen Umweltpolitik, aber wir können nicht davon ausgehen, dass ihr Einsatz allein zum Ziele führt. Sie bedürfen vielmehr der Ergänzung.

Die notwendigen Ergänzungen: Kommunikations- und Informationspolitik und Kooperationslösungen

Bei der Diskussion der marktwirtschaftlichen Instrumente haben wir betont, dass der Wirtschaftsprozess keineswegs auf perfekten Märkten abläuft. Vielmehr kennen sowohl Unternehmen als auch Verbraucher nicht alle Handlungsalternativen, über die sie verfügen, und ihnen sind die ökologischen Konsequenzen ihrer Aktivitäten nicht vollständig bewusst. Ferner ist der Wettbewerb auf den Märkten häufig eingeschränkt, weil einzelne Unternehmen marktbeherrschende Praktiken durchsetzen können. Für die Wirksamkeit der marktwirtschaftlichen Instrumente ist dies außerordentlich nachteilig. Deshalb kann es ergänzend sehr hilfreich sein, wenn der Staat den Informationsstand der Marktteilnehmer verbessert und außerdem Maßnahmen zur Förderung der Kommunikation zwischen den Marktteilnehmern ergreift.

Vor allem die Verbraucher sind bei den Anschaffungen von langlebigen Gebrauchsgütern wie Waschmaschinen, Kühlschränken, Heizungsanlagen, Autos und anderen häufig im Hinblick auf die ökologische und ökonomische Dimension ihrer Entscheidung völlig überfordert. In der Regel sind es die Anschaffungskosten und die vermeintliche Qualität des Produktes, die sich in einem gewissen Image der Marke ausdrückt, entscheidend für den Kauf. Die laufenden Betriebskosten, die vor allem Energiekosten darstellen, spielen in der Regel keine Rolle. Ein marktwirtschaftliches Instrument, das diese Betriebskosten verteuern würde, bliebe dann ohne jede Wirkung. Hier kann der Staat durch Auflagen zur Kennzeichnung dieser Eigenschaften des Produktes erhebliche Wirkungen erzielen. Zum Teil geschieht dies auch schon auf freiwilliger Basis der Hersteller. Kühlschränke und Waschmaschinen verfügen über ein solches »Labelling«, das sehr übersichtlich die Energiekosten im laufenden Betrieb deutlich macht.

In den Unternehmen ist es weitverbreitete Praxis, dass das betriebswirtschaftliche Controlling, das die Unternehmensleitung als Führungsinstrument einsetzt, sehr intensiv über die Kosten des Arbeitseinsatzes, aber nur in geringem Umfang – wenn überhaupt – über den Materialeinsatz informiert, obwohl der meist die wichtigere Kostenkomponente ist. Die Folge sind insbesondere in kleineren Unternehmen zum Teil groteske Fehlentscheidungen. Auch hier würde der Einsatz marktwirtschaftlicher Instrumente wenig bringen. Der Informationsstand vor allem kleinerer Betriebe kann durch die Einrichtung von Beratungsagenturen, die mit fachlich hochkompetenten Ingenieuren besetzt sind, entscheidend verbessert werden. Eine solche Einrichtung existiert bereits mit der Effizienzagentur NRW, die bereits seit Jahren sehr wirksam arbeitet. Auch auf Bundesebene ist kürzlich eine solche Institution eingerichtet worden, die aber noch nicht in großem Stil tätig geworden ist.

Die Förderung der Koordination der Unternehmen ist im Hinblick auf die Durchsetzung des technischen Fortschritts außerordentlich wichtig. Der technische Fortschritt in Form von neuen Produktionsverfahren, die den Einsatz von Ressourcen schonen, und die Entwicklung neuer Konsumgüter, die weniger Ressourceneinsatz enthalten, ist der entscheidende Weg zur Lösung der Probleme. Nun muss man wissen, dass in den Branchen des Verarbeitenden Gewerbes, die für Deutschland im Hinblick auf die Entwicklung neuer Produktionsverfahren wichtig sind (Prozessinnovation), Kooperation zwischen dem jeweiligen Zweig des Sektors Maschinenbau und dem Produktionsunternehmen die entscheidende Quelle für das Entstehen des technischen Fortschritts ist. Findet diese

Kooperation nicht oder nur unzureichend statt, so leidet der technische Fortschritt in diesem Produktionsunternehmen. Natürlich kann der Staat selbst nicht den technischen Fortschritt befördern, aber er kann auf vielfältige Weise dazu beitragen, dass solche Kooperationen zustande kommen. Der Staat hat dann die Rolle eines Moderators, indem er z.B. durch die bereits genannten Effizienzagenturen Fachtagungen organisieren oder den Austausch von Ingenieuren veranstalten kann. In diesem Zusammenhang sind auch die umfangreichen Forschungsprojekte zu benennen, in denen das Bundesforschungsministerium Unternehmen und Forschungseinrichtungen zu konkreten Themen auf der Basis von öffentlichen Ausschreibungen zusammenführt.

Warum soll immer der Staat derjenige sein, der die einzelnen Maßnahmen initiiert? Natürlich kann es in einer Situation, in der ein gesellschaftlicher Konsens besteht, die Umweltbelastungen zu vermindern, auch für die Unternehmen sinnvoll sein, die Dinge voranzutreiben. Zweifellos haben manche Unternehmen einer Branche gegenüber dem Staat einen Informationsvorsprung, weil sie z.B. die technologischen Entwicklungen und ihre Potenziale auf ihrem Markt besser einschätzen können. Insofern mag es aus der Sicht der Unternehmen vorteilhaft sein, einer staatlichen Regulierung oder der Setzung einer Steuer zuvorzukommen. Im Dialog mit der Regierung wird dann eine Vereinbarung ausgehandelt, bei der die Unternehmen einer Branche sich für einen zukünftigen Zeitpunkt zur Erreichung eines bestimmten Ziels – z.B. der Minderung von Emissionen – verpflichten, und bei der gleichzeitig der Staat erklärt, dass er bis zum Jahr der Ereichung des Ziels in dem verhandelten Bereich keine weiteren Maßnahmen ergreift.

Die Problematik solcher Vereinbarungen liegt für die Regierung darin, dass es für sie nicht immer einfach sein dürfte abzuschätzen, ob das Angebot der Branche über den technischen Fortschritt hinausgeht, der aufgrund bereits eingeleiteter technologischer Entwicklungen und langfristiger Investitionsentscheidungen in jedem Fall realisiert werden würde. Sind die vereinbarten Ziele dagegen wirklich anspruchsvoll, dann kann es natürlich sein, dass sie nicht erreicht werden. Da die Vereinbarungen in der Regel nicht rechtlich bindend sind, bleibt dies zunächst folgenlos. Aber es entsteht für die Branche natürlich ein beträchtlicher politischer Schaden, wie man zurzeit in der öffentlichen Diskussion über die Nichteinhaltung der freiwilligen Selbstverpflichtung der Automobilindustrie über die durchschnittliche Schadstoffemission ihrer Flotte beobachten kann.

Zur Vermeidung eines solchen Ergebnisses kann die Regierung in die Verhandlung die Androhung einer Maßnahme für den Fall des Nichterreichens des versprochenen Zieles aufnehmen.

Die Alternative: ordnungspolitische Instrumente

Die ordnungspolitischen Instrumente sind aus dem juristischen Denken abgeleitet und bestehen im Wesentlichen aus Geboten und Verboten. Der Unterschied zu den marktwirtschaftlichen Instrumenten liegt im Kern darin, dass sie dem Individuum keinen Handlungsspielraum geben, sondern ihm sagen, was er zu tun oder zu unterlassen hat. Bei den marktwirtschaftlichen Instrumenten setzt der Staat dagegen lediglich Anreize und überlässt die Entscheidung dem Individuum, geht aber davon aus, dass die Verfolgung des Eigennutzes das Individuum in die Richtung lenkt, die vom Staat gewünscht wird. Häufig handelt es sich bei den ordnungspolitischen Maßnahmen um technische Standards, die von Unternehmen und Haushalten einzuhalten sind. Man denke etwa an die umfangreichen Regulierungen im Rahmen der Großfeuerungsanlagen-Verordnung, die in Deutschland installiert wurde, um die Emissionen von Schwefel zu reduzieren. In diesem Umfeld muss die Regierung die einzuhaltende Norm so setzen, dass die Unternehmen grundsätzlich auch in der Lage sind, sie einzuhalten, sie darf sie aber auch nicht zu niedrig ansetzen, weil sonst das ökologische Ziel nicht erreicht wird. In einem dynamischen Kontext bedeutet dies, dass die Regierung den voraussichtlichen technischen Fortschritt abschätzen muss. Man mag zweifeln, ob die Regierung dies wirklich leisten kann. Im Falle der Großfeuerungsanlagen-Verordnung hat es wohl funktioniert. Die Kraftwerke in Deutschland sind innerhalb weniger Jahre entschwefelt worden. Aber wir wissen natürlich nicht, ob eine marktwirtschaftliche Lösung nicht schneller und effizienter gearbeitet hätte. In jedem Fall liegt hier ein zentrales Problem der Ordnungspolitik. Sie wird in aller Regel vorsichtige technische Standards setzen, weil das Risiko der Nichterreichbarkeit natürlich vermieden werden soll.

Eine intelligente Variante der Ordnungspolitik orientiert sich mit der Vorgabe des technischen Standards an dem jeweils effizientesten Unternehmen, das die sogenannte »best practice«-Technologie einsetzt. Allen anderen Anbietern auf dem betreffenden Markt wird eine Frist von einigen Jahren gesetzt, bis zu deren Ablauf sie auch diesen Standard erreicht haben müssen. Anschließend kann das Spiel von neuem beginnen. In Japan hat man mit dieser Variante der Ordnungspolitik, die den Namen »Top-Runner«-Konzept erhielt, recht gute Erfolge erzielt. Bei einer marktwirtschaftlichen Politik –

etwa einer Steuer zur Verminderung von Schadstoffemissionen – haben die Unternehmen den Anreiz, neue technische Lösungen zu finden. Darin liegt ein grundsätzlicher Vorteil gegenüber jeder Variante der Ordnungspolitik. Der Wettbewerb wird einen Suchprozess auslösen, der am Ende zu technischen Fortschritten führen kann, die jenseits aller Erwartungen lagen.

Ein weiteres Problem der Ordnungspolitik ist der enorme bürokratische Aufwand, der geleistet werden muss. Dies bindet einerseits erhebliche Kräfte beim Staat, die etwa Genehmigungsverfahren durchführen müssen. Es führt ferner zu erheblichen Kosten bei den Unternehmen, die z. B. bei Investitionsobjekten lange Wartezeiten hinnehmen müssen und zusätzliche Risiken in ihren Entscheidungsabläufen zu akzeptieren haben.

Zusammenfassend muss festgestellt werden, dass die Ordnungspolitik im Zweifel nicht effizient ist und erhebliche Kosten verursacht. Ihr Vorteil ist, dass sie in jedem Fall greift. Deshalb ist sie immer in besonders kritischen Situationen, in denen etwa Lebensgefahr gegeben ist oder gesundheitliche Schäden drohen, anderen Instrumenten vorzuziehen. Ferner sind ordnungspolitische Maßnahmen häufig eher durchsetzbar, weil sie für Juristen und Techniker klar verständlich und die mit ihnen verbundenen Kosten für die Betroffenen der Maßnahmen nicht sofort erkennbar sind.

Die Förderung intrinsischer Motivation

Ordnungspolitische Instrumente erzwingen Verhaltensänderungen, marktwirtschaftliche Instrumente setzen Anreize in Richtung eines umweltschonenden Verhaltens. Aber müssen wir wirklich zum Schutz der Umwelt entweder gezwungen oder verführt werden? Natürlich handeln wir auch aus uns selbst heraus, aufgrund von Überzeugungen, die ethisch geprägt sind, ohne dass ein Anstoß von außen gegeben sein muss. Die Psychologen sprechen dann von intrinsischer Motivation. Es geht also um das Umweltbewusstsein, das vor allem durch die Erziehung geprägt ist, die wir genossen haben. Die Umweltpolitik muss deshalb die Erziehung als ein wichtiges Feld begreifen. Auf allen Stufen der allgemeinbildenden Schulen ist entweder der Unterricht um entsprechende Kurse zu ergänzen oder der Stoff muss in die bestehenden Curricula integriert werden.

Ferner ist die Öffentlichkeit über die Thematik durch entsprechende Medienarbeit zu informieren und über Folgen der Umweltzerstörung, aber auch über die Chancen ihrer Vermeidung, die sich bieten, aufzuklären. Dies ist ein Ziel, dem auch das vorliegende Buch verpflichtet ist.

Im Ergebnis sollten die Verbraucher über die Konsequenzen ihres Handelns für die Umwelt informiert sein und sich aus Einsicht in die Notwendigkeit für ein umweltschonendes Verhalten entscheiden, auch wenn sie daraus keinen ökonomischen Vorteil haben oder zu der Entscheidung gezwungen sind. Ebenso wird im Idealfall der verantwortungsbewusste Unternehmer sich nicht nur dem Ziel einer kurzfristigen Maximierung der Rendite auf das Eigenkapital der Unternehmung verpflichtet fühlen, sondern darüber hinaus den Umweltschutz in einer langfristigen Unternehmensstrategie berücksichtigen.

Ökologisch soziale Marktwirtschaft

In Deutschland gibt es eine lange Tradition in der Diskussion um die Notwendigkeit der Ergänzung der Marktwirtschaft durch Regelungen zur Sicherung des sozialen Ausgleichs. Während noch der von Walter Eucken vertretene Ordoliberalismus von der sehr fragwürdigen Annahme ausgeht, dass Vollbeschäftigung sich einstellt, wenn nur Währungsstabilität durch die Politik gewährleistet ist, forderte Alfred Müller-Armack eine bewusste Politik des wirtschaftlichen Wachstums und eine Konjunkturpolitik, die im Rahmen der marktwirtschaftlichen Ordnung die Vollbeschäftigung sichert. Die soziale Marktwirtschaft ist 1948 von Ludwig Erhard mit der Gründung der Bundesrepublik Deutschland politisch durchgesetzt und in ihrer Wirtschaftsverfassung verankert worden. Marktwirtschaft funktioniert durch Wettbewerb, der letztlich auch gesellschaftliche Selektion bedeutet. Der im Wettbewerb Erfolgreiche setzt sich durch die bessere Leistung durch, andere unterliegen. Da die Ausstattung der Menschen mit geistigen und körperlichen Qualitäten sehr unterschiedlich ist, kann es natürlich Marktteilnehmer geben, die wegen ihrer schlechteren Ausstattung immer unterliegen, wie auch immer sie sich bemühen mögen. Die Marktwirtschaft ist zwar effizient, aber sie kennt keine Mechanismen, die dieses ungerechte Ergebnis verhindern könnten. Es muss also zusätzliche Regeln geben, die die permanent Unterlegenen über das für sie schlechte Marktergebnis hinaus besserstellen.

Die Wirtschaftsverfassung der Bundesrepublik Deutschland ist durch eine Fülle von staatlichen Regulierungen gekennzeichnet, die diesen sozialen Ausgleich herbeiführen. Dies beginnt im fiskalischen Bereich, wo der Staat etwa durch den progressiven Tarif in der Besteuerung der Einkommen eine Umverteilung von den Leistungsfähigen hin zu den weniger Leistungsfähigen vornimmt, und ferner durch umfangreiche Transfers die am Markt entstandene Einkommensverteilung korrigiert. Ferner gibt es beträchtliche Eingriffe in die Vertragsfreiheit, die die Position des sozial Schwächeren gegenüber dem Stärkeren bei bestimmten Verträgen schützen sollen. Man denke etwa an diverse Mieterschutzbestimmungen. Andere Eingriffe orientieren sich an konkreten Zielen wie etwa der Sicherung der Familien oder der Bildung neuen Eigentums. Der Einsatz von marktwirtschaftlichen und ordnungspolitischen Instrumenten zur Erreichung sozialpolitischer Ziele ist also wesensbestimmend für unsere Wirtschaftsverfassung. Auch die Förderung intrinsischer Motivation ist ihr nicht fremd, wie wiederholte Appelle schon von Ludwig Erhard an das soziale Verantwortungsbewusstsein der Unternehmer zeigen.

Es geht nur um die Erweiterung des Zielekanons um die umweltpolitischen Ziele, die dann natürlich auch ihren formalen Niederschlag in der Verfassung finden muss. Aus dieser Perspektive ist der verstärkte Einsatz umweltpolitischer Maßnahmen als Weiterentwicklung der sozialen Marktwirtschaft zu einer ökologisch sozialen Marktwirtschaft zu verstehen.

Dies hat aber nicht etwa nur eine sprachliche Dimension, sondern eine sehr wichtige inhaltliche Festlegung. Kern bleibt immer eine dezentrale auf Märkten wettbewerblich organisierte Form des Wirtschaftens, bei der die Unternehmen und die Haushalte bestrebt sind, ihren Gewinn bzw. ihren Nutzen zu maximieren. In solchen Systemen entsteht technischer Fortschritt und Kapitalakkumulation und damit auch Wachstum, und das ist von den Wirtschaftssubjekten auch gewollt. Wenn wir uns für eine ökologisch soziale Marktwirtschaft als

Ordnungsrahmen entscheiden, entfällt somit die Option, die Welt durch Absenkung des Konsumniveaus insgesamt zu retten. Es bleibt dann die Notwendigkeit, eine Entkoppelung von Wirtschaftswachstum und Ressourcenverbrauch zu erreichen. Im Grundsatz müsste das auch zu leisten sein, denn das Preissystem, die Technologien und die Güterqualitäten sind in einer ökologisch sozialen Marktwirtschaft auch völlig andere als heute. Man hüte sich also vor Aussagen, die man häufig liest, wie etwa: »Wirtschaftswachstum und Profitstreben zerstören die Umwelt.« Die Aussage stimmt zwar bezogen auf das aktuelle Geschehen. Sie ist aber falsch, wenn sie als allgemeingültig angesehen wird. Eine ökologisch soziale Marktwirtschaft hat ein völlig anderes Preissystem und völlig andere Konsumstrukturen und Technologien als wir sie heute beobachten. Die Frage ist nur, ob es uns gelingt, derartig perfekt funktionierende Märkte zu organisieren, oder ob wir wegen nicht vermeidbarer Marktunvollkommenheiten einen sehr breiten Einsatz von weiteren Instrumenten vorsehen müssen.

Die Diskussion der verschiedenen Instrumente, die wir in diesem Kapitel nur im Überblick leisten konnten, hat gezeigt, dass es eine Festlegung auf ein Instrument nicht geben kann. Insbesondere die Vorstellung, man müsse nur ein umfangreiches System des Handels von Nutzungsrechten und Steuern einrichten, ist abzulehnen. Hinzu kommen müssen immer Koordinations-, Informations- und Kooperationsinstrumente sowie ordnungspolitische Standards und die Förderung der intrinsischen Motivation. Das Ergebnis der Suche nach der richtigen Mischung der Instrumente wird je nach Art der Rohstoffentnahme und der Schadstoffemission sehr unterschiedlich ausfallen.

Die Politik ist bei der Gestaltung dieses Umfelds allein

überfordert. Hier bedarf es einer intensiven Begleitung durch die Wissenschaft, weil die Zusammenhänge hochkomplex sind. Dabei ist eine exzellente empirische Datenbasis vorausgesetzt, weil man allein durch »scharfes Nachdenken« die Probleme nicht lösen kann, sondern nur durch die Verwendung empirisch valider Hypothesen zu tragfähigen Ergebnissen kommt. Eine solche Datenbasis existiert in Deutschland mit der Umweltökonomischen Gesamtrechnung des Statistischen Bundesamtes. Von den Vereinten Nationen wurde als eine Konvention zur Erstellung solcher Datensätze das System of Economic-Environmental Accounting (SEEA) entwickelt, auf das auch die Umweltökonomische Gesamtrechnung abgestimmt ist.

4. Das Leitbild der Nachhaltigkeit

Nachdem wir in zweifacher Hinsicht eine Positionsbestimmung vorgenommen haben – wir haben erkannt, wohin die Erde treibt, wenn nichts geschieht (Kapitel 2), und wir haben Möglichkeiten erkannt, diesen Kurs zu ändern (Kapitel 3) –, bleibt nun zu klären, welchen Kurs wir künftig steuern sollen.

Der Geist von Rio

Bereits im Jahre 1983 wurde auf der UN-Vollversammlung an die ehemalige Norwegische Ministerpräsidentin Gro Harlem Brundtland der Auftrag erteilt, ein weltweites Programm des Wandels und anspruchsvolle Ziele für die Weltgemeinschaft zu formulieren. Die von ihr geleitete Weltkommission für Umwelt und Entwicklung legte im Jahre 1987 ihre Ergebnisse in einem Bericht vor. Sie kennzeichnet darin eine Entwicklung als nachhaltig, wenn sie die Bedürfnisse der Gegenwart befriedigt, ohne zu riskieren, dass künftige Generationen ihre eigenen Bedürfnisse nicht befriedigen können. Der Begriff der Nachhaltigkeit steht seit 20 Jahren im Mittelpunkt der Umweltdiskussion, ist vielfältig interpretiert und kommentiert worden. Vor allem hat man sich um seine Konkretisierung bemüht, um der Politik klare Zielvorgaben machen zu können. Im Jahre 1992 hat der Bericht der Brundtland-Kommission die Diskussionen auf der UNCED- (United Nations

Conference on Environment and Development) Konferenz in Rio de Janeiro beherrscht. An der Konferenz nahmen die Regierungsvertreter aller 179 Mitgliedsländer der Vereinten Nationen und viele nichtstaatliche Organisationen teil. Der Konferenz war ein großer Erfolg beschieden: Erstmalig gelang es, eine weltweite Vereinbarung über anzustrebende Ziele der Entwicklung und Maßnahmen zu ihrer Erreichung zu schließen.

Die sogenannte Rio-Deklaration enthält in einer Präambel und 27 Grundsätzen auf vier Seiten eine Art Grundgesetz der Umwelt- und Entwicklungspolitik. Es ist nützlich, einen Blick auf diese von allen Staaten der Erden unterzeichnete Erklärung zu werfen, denn manches, was heute noch im Rahmen den Gestaltung der nationalen und internationalen Umweltpolitik diskutiert wird, ist hier schon längst vorgedacht worden. Dabei beschränken wir uns auf eine Betrachtung derjenigen Grundsätze, die in engem Zusammenhang mit unserer Thematik stehen.

Zunächst wird festgestellt, dass die Menschen im Mittelpunkt einer nachhaltigen Entwicklung stehen (Grundsatz 1). Man nennt ein solches Konzept auch anthropozentrisch. Es geht also nicht um Naturschutz schlechthin. Ferner wird den Staaten im Einklang mit der Charta der Vereinten Nationen und den Grundsätzen des Völkerrechts das souveräne Recht zugestanden, ihre Ressourcen zu nutzen (Grundsatz 2). Im Grundsatz 3 wird noch einmal der Ausgleich der Interessen zwischen den Generationen betont. Im Grundsatz 4 wird eine Umweltpolitik gefordert, die Bestandteil der Entwicklungspolitik ist. Die Beseitigung der Armut wird als unabdingbare Voraussetzung einer nachhaltigen Entwicklung genannt (Grundsatz 5). Vorrang gebührt in der Entwicklungspolitik den am wenigsten entwickelten Ländern und den Ländern, deren Umwelt am verletzlichsten ist (Grundsatz 6). Die Staaten sollen in einem Geist der Partnerschaft zusammenarbeiten. Die entwickelten Staaten erkennen ihre Verantwortung im Hinblick auf die ihnen zur Verfügung stehenden Technologien und Finanzmittel an (Grundsatz 7). Alle Staaten sollen nichtnachhaltige Produktions- und Verbrauchsstrukturen abbauen und eine nachhaltige Bevölkerungspolitik fördern (Grundsatz 8). Die Verbreitung und Weitergabe innovativer Technologien soll gefördert werden (Grundsatz 9). Die Staaten erleichtern und fördern die öffentliche Bewusstseinsbildung über Umweltfragen (Grundsatz 10). Die Staaten verabschieden Umweltgesetze und Bewirtschaftungsnormen. Diese können aber in Entwicklungsländern zu nicht vertretbaren wirtschaftlichen und sozialen Kosten führen (Grundsatz 11). Die Staaten sollen ein offenes Weltwirtschaftssystem fördern, das in allen Ländern zu Wirtschaftswachstum und nachhaltiger Entwicklung führt (Grundsatz 12). Die Staaten sollen zusammenarbeiten, um die Verlagerung und den Transfer von Tätigkeiten und Stoffen, die zu einer starken Umweltverschlechterung führen, zu verhindern (Grundsatz 14). Zum Schutz der Umwelt ist der Vorsorgegrundsatz anzuwenden. Drohen schwerwiegende und bleibende Schäden, dann darf ein Mangel an vollständiger wissenschaftlicher Gewissheit kein Grund sein, um kostenwirksame Maßnahmen zur Vermeidung solcher Schäden zu unterlassen (Grundsatz 15). Die nationalen Behörden sollen durch Internalisierung von Umweltkosten und den Einsatz wirschaftlicher Instrumente den Verursachern die Kosten der Verschmutzung anlasten (Grundsatz 16). Es werden Umweltverträglichkeitsprüfungen bei Vorhaben durchgeführt, die wahrscheinlich nachteilige Wirkungen auf die Umwelt haben (Grundsatz 17).

Neben der Rio-Deklaration wurde auf der Konferenz die legendäre Agenda 21 verabschiedet, die ein entwicklungs- und umweltpolitisches Aktionsprogramm für das 21. Jahrhundert darstellt. Sie umfasst 359 Seiten, die in 40 Kapitel gegliedert sind. Die Agenda 21 spricht zunächst die internationalen Organisationen und die Regierungen der einzelnen Länder an. Unter dem Motto »global denken – lokal handeln« wird diskutiert, dass viele der globalen Probleme aber auch durch lokales Handeln gelöst werden können, weshalb die Umsetzung der Agenda 21 auch eine Aufgabe der Kommunen ist.

Die Rio-Deklaration ist gelegentlich kritisiert worden, weil sie zu wenig konkret sei, um unmittelbares Handeln daraus abzuleiten. Das ist zwar richtig, aber wohl auch eine viel zu weitgreifende Forderung. Der »Geist von Rio« hat sich in einer Aufbruchstimmung manifestiert, der sich immerhin alle Länder angeschlossen haben. Auch wenn nur Absichtserklärungen abgegeben wurden, so sind doch einige Meilensteine für die weitere Entwicklung der internationalen Umweltpolitik gesetzt worden, die nicht einfach zur Seite geschoben werden können.

Als wichtigste Punkte seien die folgenden noch einmal herausgestellt: Es wird ein anthropozentrischer Ansatz gewählt, es geht also letztlich um das Wohlergehen des Menschen. Die Umweltpolitik ist immer im Zusammenhang mit der Entwicklungspolitik zu sehen, was bedeutet, dass die Entwicklungsbedürfnisse der armen Länder gewahrt sein müssen. Dabei soll ein offenes Weltwirtschaftssystem gefördert werden. Die Umweltpolitik soll am Vorsorgeprinzip ausgerichtet sein, was das Handeln auch dann schon einfordert, wenn noch nicht letzte Gewissheit über schwerwiegende Schädigungen der Umwelt besteht. Es werden die verschiedenen Instrumente der Umweltpolitik genannt und die ökonomischen Instrumente ausdrücklich eingeschlossen.

Die drei Dimensionen der Nachhaltigkeit

Der Brundtland-Bericht stellt die Sicherstellung einer dauerhaften Bedürfnisbefriedigung aller Menschen als das entscheidende Ziel dessen dar, was nachhaltige Entwicklung genannt wird. Das ist von vornherein global formuliert und erstreckt sich auf alle künftigen Generationen der Menschheit.
Dabei soll Gerechtigkeit sowohl innerhalb einer Generation
als auch zwischen den Generationen bei der Verteilung der
Ressourcen und Güter gegeben sein. Dies ist ein ethisches
Postulat, das nicht begründet werden muss. Bei einer konse-
quenten Missachtung dieses Postulats könnte eine dauerhafte
Bedürfnisbefriedigung aller Menschen nicht mehr gewährleistet werden. Gesellschaftliche Konflikte würden entstehen.
Damit wird die soziale Dimension der Nachhaltigkeit deutlich, die sowohl innerhalb einer Generation (intragenerativ)
als auch zwischen den Generationen (intergenerativ) zu beachten ist. Die wissenschaftliche Diskussion um eine Konkretisierung des Nachhaltigkeitsbegriffs hat 60 verschiedene Varianten hervorgebracht, die wir hier natürlich nicht im Detail
vorstellen wollen. Uns interessieren im Folgenden die wichtigsten Eckpunkte der Debatte.

Die ökologische Dimension der Nachhaltigkeit liegt auf der
Hand, vor allem wegen der intergenerativen Gerechtigkeit bei
der Bedürfnisbefriedigung: Es muss gewährleistet sein, dass
alle künftigen Generationen über die Ressourcen verfügen
können, die zur Bedürfnisbefriedigung notwendig sind. Dies
erstreckt sich auf die Qualität und erforderliche Quantität
von Rohstoffen, die zur Produktion von Konsumgütern benötigt werden, aber auch die Möglichkeit, die uns umgebende
Natur in derselben Weise zu nutzen, wie dies uns heute möglich ist. Das betrifft die Artenvielfalt ebenso wie die Funkti-

onsfähigkeit von Ökosystemen, die Qualität des Wassers und
der Luft.

Die ökonomische Dimension der Nachhaltigkeit ist dadurch gegeben, dass Bedürfnisbefriedigung nicht nur die Nutzung der Natur, sondern auch den Konsum von Gütern umfasst, die von Menschen hergestellt worden sind. Hier geht es
um die erzeugten Güter, die auch künftigen Generationen zur
Bedürfnisbefriedigung zur Verfügung stehen sollen. Im Mittelpunkt der ökonomischen Nachhaltigkeit steht die Verfügbarkeit des Produktionsfaktors Kapital, der aus der Infrastruktur – wie Straßen und Hafenanlagen – aber auch aus dem
Anlagekapital in Form von Gebäuden und Maschinen besteht.
Darüber hinaus ist an das sogenannte Humankapital zu denken – ein Begriff, der zu Unrecht als Unwort des Jahres von
den Germanisten verunglimpft worden ist. Hier geht es um
den Wissensbestand, der in einer Gesellschaft in den Köpfen
der Menschen gespeichert ist. Nachhaltiges Wirtschaften garantiert die Weitergabe dieses Kapitalbestandes an die Folgegeneration.

Vor diesem Hintergrund können wir den Begriff der Nachhaltigkeit etwas konkreter fassen. Sowohl bei der ökologischen Dimension als auch bei der ökonomischen Dimension
der Nachhaltigkeit geht es offenbar darum, dass der Folgegeneration ein bestimmter Kapitalstock übergeben wird, der
zum einen aus den Beständen der Natur und zum anderen aus
wirtschaftlichen Kapitalbeständen besteht. Natürlich sollten
das Naturkapital und das wirtschaftliche Kapital eine bestimmte Qualität haben. Es macht Sinn davon auszugehen,
dass jede Generation zumindest die Qualität und die Quantität der Kapitalstöcke an die nächste weitergibt, die sie selbst
empfangen hat.

Bei der sozialen Dimension der Nachhaltigkeit fällt es etwas schwerer, den Kapitalbegriff zu verwenden, denn die soziale Nachhaltigkeit kennzeichnet ja nur eine bestimmte Verteilung der Güter, die übergeben werden. Es hat sich aber auch in diesem Zusammenhang die Verwendung des Kapitalbegriffs durchgesetzt. Als »Sozialkapital« bezeichnet man das Ergebnis des Wirkens bestimmter Institutionen, die in einer Gesellschaft für den sozialen Ausgleich sorgen. Dazu gehören etwa der ordnungsrechtliche Rahmen des Sozialrechts und die Umverteilung durch das Steuersystem und die Sozialversicherungen, aber auch die Verhandlungskultur zwischen den Vertretern der verschiedenen gesellschaftlichen Gruppen. Das Vorhandensein dieser Institutionen gewährleistet ein bestimmtes Niveau des sozialen Ausgleichs und kann deshalb als das Sozialkapital einer Gesellschaft angesprochen werden.

Man kann sich nun – zugegeben etwas abstrakt – eine nachhaltige Entwicklung in der Weise vorstellen, dass eine Generation ihr Sozialkapital, Naturkapital und Wirtschaftskapital zumindest unverändert in Qualität und Quantität, wie sie selbst die Bestände empfangen hat, an die Folgegeneration weitergibt. Bei diesem Bild drängt sich sofort die Frage auf, ob jede der drei Kapitalgrößen für sich zu betrachten ist, oder ob es nicht letztlich auf die Summe ankommt. An dieser Stelle unterscheiden sich zwei Nachhaltigkeitskonzepte – das der »schwachen« und das der »starken« Nachhaltigkeit.

Die schwache Nachhaltigkeit ist eine Interpretation von neoklassischen Ökonomen, die bei ihren Analysen von dem Ideal des »homo oeconomicus« als dem handelnden Akteur ausgehen, der auf der Basis perfekter Informationen auf stets funktionierenden Märkten immer optimale Entscheidungen trifft. Natürlich hat man bei dieser Perspektive auch bei umweltökonomischen Fragestellungen gern Spielräume für wirtschaftliche Entscheidungen.

Wenn es allein um die Summe des Kapitalstocks geht, dann könnte man im Zeitablauf den einen Kapitalstock durch einen anderen ersetzen, also zum Beispiel das Naturkapital durch das Wirtschaftskapital. Natürlich ist den Vertretern dieser Richtung bewusst, dass es Grenzen für diese Substitution gibt. Das Problem besteht darin, eine gemeinsame Maßgröße für die Kapitalstöcke zu finden, weil man sie sonst nicht addieren kann. Ein Ökonom denkt natürlich an Währungseinheiten, also an Geld. Für das Wirtschaftskapital liegen solche Berechnungen ja für fast alle Länder der Erde vor. Es fehlen dann »nur« noch die für die beiden anderen Kapitalgüter.

Die Bewertung der Natur mit Preisen ist aber wohl kaum möglich. Das mag auf lokaler Ebene vielleicht näherungsweise gelingen, wenn es zum Beispiel darum geht, den Wert eines Waldes am Stadtrand zu ermitteln. Man könnte die Bewohner der Stadt befragen, welchen Preis sie bereit wären, für die Nutzung des Waldes zu bezahlen. Aus diesen Angaben könnte man dann auf den Wert des lokalen Waldes zurückschließen. Auf nationaler Ebene ist das wohl kaum möglich. Welchen Wert haben für die Bewohner Deutschlands die Flüsse, die Wälder, die Seen, die Ökosysteme in den Bergen und an den Küsten? Man kann sich allenfalls für die Rohstoffbestände eines Landes, für die es ja Marktpreise gibt, eine solche Bewertung vorstellen.

Trotz dieser Probleme berechnet die Weltbank (2006) regelmäßig für viele Länder deren Nachhaltigkeitsentwicklung auf der Basis des Konzeptes der schwachen Nachhaltigkeit. Dabei bleibt das Sozialkapital allerdings unberücksichtigt, weil hier die Bewertungsproblematik wohl noch größer als beim Naturkapital ist. Das Wirtschaftskapital wird in das bereits angesprochene Humankapital und das physische Kapital der Maschinen und Gebäude zerlegt. Die Weltbank geht dabei von der gesamtwirtschaftlichen Ersparnis des Landes aus. Das ist derjenige Teil der Gütererzeugung, der in dem betreffenden Jahr nicht verbraucht worden ist und dem Kapitalstock hinzugefügt wird. Davon abgezogen werden die Abschreibungen auf die verschiedenen Kapitalstöcke. Beim physischen Kapital ergeben sich diese aus dem Wertverlust der Anlagen durch den Verschleiß.

Bei den Abschreibungen auf das Naturkapital handelt es sich um die Rohstoffextraktionen im Lande und die Umweltbelastungen der Natur. Im Einzelnen werden die Extraktionen von Kohle, Öl und Gas sowie von Zinn, Gold, Blei, Zink, Eisen, Kupfer, Nickel, Silber, Bauxit und Phosphaten berücksichtigt. Ferner werden die über das Nachwachsen hinausgehenden Abgänge in der Forstwirtschaft erfasst. Die Extraktionen wurden mit den entsprechenden Marktpreisen bewertet. Die berücksichtigten Umweltschäden beziehen sich auf die Schäden, die durch CO_2-Emissionen hervorgerufen werden und solche, die durch Feinstaub-Emissionen entstehen. Die CO_2-Emissionen wurden mit einem Preis von 20 US-Dollar pro Tonne in Preisen von 1995 bewertet, die Schäden aus Feinstaub-Emissionen entsprechen der Zahlungsbereitschaft zur Vermeidung von solchen Schäden, die aus Befragungen ermittelt wurden.

Da die Volkswirtschaftlichen Gesamtrechnungen die Ausgaben für die Bildung nicht als Ersparnis für das Humankapital, sondern als Konsum des Staates bzw. der privaten Haushalte erfassen, werden beim Humankapital die Ausgaben für Bildung direkt als Zugang erfasst. Die Abgänge vom Humankapital, die aus dem Humankapital derjenigen Personen bestehen, die das Berufsleben in dem betreffenden Jahr verlassen, werden nicht erfasst.

In der Tabelle 7 sind die Ergebnisse der Berechnungen der

	Ersparnis	Abschrei-bungen physisches Kapital	Abschrei-bungen Natur-kapital	Zugang beim Human-kapital	Änderung des Kapital-stocks
Angola	18,4	11,5	46,4	3,1	−36,4
Brasilien	24,0	11,8	5,6	4,1	10,7
Deutschland	20,7	14,9	0,4	4,5	9,9
Indien	23,0	9,3	5,7	4,0	12,0
USA	13,4	12,2	2,0	4,8	4,0

Tab. 7 Die Änderung des Kapitalstocks nach dem Konzept der schwachen Nachhaltigkeit in v. H. des Bruttonationaleinkommens im Jahre 2004 für ausgewählte Länder. Quelle: World Bank: World Development Indicators 2006.

Weltbank beispielhaft für die Länder Angola, Brasilien, Deutschland und USA wiedergegeben. In der ersten Spalte ist die Ersparnis der Volkswirtschaftlichen Gesamtrechnung angegeben, in den weiteren Spalten befinden sich die Abschreibungen auf das physische Kapital, das Naturkapital, die Ausgaben für Bildung und die sich daraus ergebende Änderung des Kapitalstocks jeweils in Prozent des Bruttonationaleinkommens des betreffenden Landes. Auf der Basis dieser Rechnung wäre die Entwicklung in Angola im Jahre 2004 nicht nachhaltig gewesen, weil sich das Kapital des Landes dramatisch vermindert hat. In allen anderen Ländern ergibt sich dagegen ein positives Bild, denn die Änderungen des Kapitalstocks sind positiv. Im Sinne der vorgelegten Rechnungen könnte man von einer nachhaltigen Entwicklung sprechen, wobei der beste Wert von Indien (12,0) und der ungünstigste von den USA (4,0) erreicht wird.

Wenn wir uns die Ergebnisse für alle Länder in der Veröffentlichung der Weltbank anschauen, erhält man ein Bild, das dem der Tabelle 7 entspricht. In der Regel haben die Industrie- und Schwellenländer so hohe Zuwächse beim physischen Kapital und so hohe Werte bei den Bildungsausgaben, dass die Minderung des Naturkapitals überkompensiert wird. Rohstoffextraktionen spielen in diesen Ländern in der Regel keine große Rolle. Sie treten besonders bei den Entwicklungsländern auf und führen dort zu negativen Gesamtergebnissen. Die Bilanz für die Welt insgesamt ist jedoch erfreulich und unterscheidet sich grundlegend von den Aussagen, die wir eingangs bei der Beurteilung der Lage und ihrer voraussichtlichen Entwicklung getroffen haben.

Zunächst ist festzustellen, dass die Beeinträchtigung des Naturkapitals durch Umweltschäden in dieser Rechnung natürlich hoffnungslos unterschätzt wird. Es fehlen die Schäden bei Gewässern, Baumbeständen, bei der Bodenqualität, es fehlen ferner die Schädigung der Ökosysteme und die Beeinträchtigung der Biodiversität durch das Sterben der Arten. Aber auch der Preis zur Bewertung der CO_2-Emissionen ist mit 20 US-Dollar pro Tonne viel zu niedrig angesetzt. Die aus dem Klimawandel resultierenden Schäden sind wesentlich höher.

Man kann aber auch grundsätzliche Argumente gegen das Konzept der schwachen Nachhaltigkeit geltend machen, wie es die »Ökologischen Ökonomen« tun. Auf die Problematik der Bewertung des Naturkapitals haben wir schon hingewiesen. Wie auch das Beispiel der Berechnungen der Weltbank zeigt, sind die Preisansätze schlicht willkürlich. Der generelle Einwand gegen das Konzept der schwachen Nachhaltigkeit ist – wie auch die Beispiele zeigen –, dass die Gefahr besteht, dass das Wirtschaftskapital stets dominiert und die Forderung nach dem Erhalt der Natur zur Farce wird.

Die Gegenposition zu der schwachen Nachhaltigkeit ist die der starken Nachhaltigkeit, die keinerlei Substitution zwischen dem Wirtschaftskapital und dem Naturkapital zulässt.

In ihrer extremen Variante lässt sie nicht einmal Substitution innerhalb des Naturkapitals zu, sondern fordert, dass die einzelnen Arten natürlichen Kapitals strikt erhalten bleiben. Dies bedeutet, dass die nicht erneuerbaren Ressourcen – wie etwa Metalle – überhaupt nicht verbraucht werden dürfen. Die erneuerbaren Ressourcen könnten nur so weit verbraucht werden, wie sie in der betrachteten Periode wieder nachwachsen. Damit wäre auch die Entnahme der fossilen Energieträger Kohle, Erdöl und Erdgas nahezu auszuschließen, denn davon dürfte sich innerhalb eines Jahres nur sehr wenig neu bilden. Mildere Varianten der starken Nachhaltigkeit lassen innerhalb des Naturkapitals Substitution zu. Eine etwas abgeschwächte Form der starken Nachhaltigkeit erlaubt bei den nicht erneuerbaren Ressourcen Substitution durch erneuerbare Ressourcen, wobei jeder Verwendungszweck der Ressource getrennt betrachtet wird. Eine noch mildere Variante erlaubt innerhalb des Naturkapitals jede Form der Substitution. So könnten etwa Flächen durch Asphalt versiegelt werden, wenn dafür an anderer Stelle neue Landschafts- oder Naturschutzgebiete ausgewiesen werden. Gleichzeitig muss gewährleistet sein, dass die Aufnahmekapazität der Umweltmedien für Schadstoffemissionen nicht überschritten wird. Diese Variante erscheint als ethisch vertretbar und auch realisierbar. Die praktisch handelnde Umweltpolitik in Deutschland und in den meisten Ländern Europas geht von dieser Interpretation der Nachhaltigkeit aus.

Warum manche Ökonomen und Ökologen das Konzept nicht mögen

Wir haben gesehen, dass der von der Brundtland-Kommission so erfolgreich in die Diskussion gebrachte Begriff der Nachhaltigkeit einer Klärung hinsichtlich der Austauschbarkeit des Natur- und des Wirtschaftskapitals bedurfte. Wie wir bereits dargestellt haben, ist die »milde« Variante der starken Nachhaltigkeit (bei der Substitution zwischen dem Wirtschaftskapital und dem Naturkapital ausgeschlossen, aber innerhalb des Naturkapitals möglich) die in der praktischen Umweltpolitik akzeptierte Kompromiss-Variante. Wie es immer bei Kompromissen ist, sind einige damit gar nicht einverstanden. Einige Ökonomen bedauern die starre Vorgabe eines ökologischen Zieles, das in physischen Einheiten – wie Emissionen von CO_2 in Tonnen – und nicht in Wertgrößen als ein Schaden gemessen wird, den man möglicherweise mit anderen Erträgen verrechnen kann, wie es bei dem Konzept der schwachen Nachhaltigkeit geschieht.

Manche Naturwissenschaftler hingegen bedauern die Zulassung der Substitution innerhalb des Naturkapitals, die letztlich erlaubt, dass die Natur in einzelnen Bereichen beeinträchtigt wird. Diese Konzession ist nach ihrer Ansicht unzulässigerweise durch die Berücksichtigung ökonomischer Zielsetzungen in die Diskussion gekommen. Das Konzept der drei Dimensionen der Nachhaltigkeit – Ökologie, Ökonomie und Soziales – wird von ihnen abgelehnt. Ferner wird von ihnen gelegentlich der anthropozentrische Ansatz des gesamten Konzeptes, der die Nutzung der Natur durch den Menschen in den Mittelpunkt stellt, kritisiert.

Der Begriff der Nachhaltigkeit hat eine erstaunliche Karriere gemacht. Zunächst war er auf die Kommunikation unter den Umweltforschern begrenzt, die sich, wie wir gesehen haben, um seine inhaltliche Klarheit bemüht haben. In dem Maße, in dem es gelang, die Umweltproblematik in der Gesellschaft bekannt zu machen und Verständnis für die Forderungen der Umweltforscher zu erreichen, wurde auch der Begriff der Nachhaltigkeit in die Umgangssprache aufgenom-

men. Er ist zu einem Modewort geworden, mit dem man
schlicht Dauerhaftigkeit ausdrückt. So hat etwa eine Person
einen nachhaltigen Eindruck auf eine andere Person gemacht.
Manchem Wissenschaftler gefällt dies gar nicht, was in einer
Überreaktion gelegentlich dazu führt, dass man den Begriff
meidet.

Vom nachsorgenden Umweltschutz zur Nachhaltigkeitsstrategie

Der Umweltschutz klassischen Stils hat sich als ein Reparaturbetrieb verstanden, der den von Produzenten und Konsumenten in der Umwelt hinterlassenen Schmutz zu beseitigen
hat. Dort ging es vor allem um den Einbau von Filtern zur
Vermeidung von Emissionen und nicht um die Änderung unseres Verhaltens. Natürlich war diese Form der Umweltpolitik
allenfalls am Rande mit dem Nachhaltigkeitskonzept vereinbar. Ausgehend von dieser inhaltlichen Vorstellung von Umweltpolitik erschien in den achtziger Jahren des letzten Jahrhunderts, als in den Industrieländern die meisten Ministerien
für Umwelt eingerichtet wurden, die Zuweisung dieser Aufgabe an eine einzelne Behörde als sinnvoll. Man konnte die
Probleme weitgehend unabhängig von den anderen Ressorts
der Regierung lösen, weil der Umweltschutz dem Wirtschaftsprozess nachgelagert war. Ferner hat man überwiegend
die Instrumente der Ordnungspolitik benutzt und technische
Standards gesetzt, die autonom von der Umweltbehörde im
Hinblick auf ihre Effizienz vertreten werden konnten.

Das Potenzial des klassischen Umweltschutzes ist aber im
Hinblick auf die künftigen Aufgaben erschöpft. Die Steigerung der Ressourcenproduktivität verlangt die Verfolgung
technologischer Ziele, und es geht um das Verhalten der Ver-

braucher. Die Umweltpolitik muss also in den Wirtschaftsprozess integriert werden. Außerdem ist klar, dass neben das Ordnungsrecht auch ökonomische Instrumente sowie Maßnahmen zur Steigerung der intrinsischen Motivation treten müssen, wie wir im vorangegangenen Kapitel gesehen haben. Damit ist die Umweltpolitik sowohl von der Aufgabenstellung als auch vom Instrumenteneinsatz her nicht mehr klar von den anderen Ministerien zu trennen. Einige Beispiele der Gegebenheiten in Deutschland mögen das veranschaulichen: Der Klimaschutz liegt als Aufgabe beim Bundesumweltministerium, während die Energiepolitik beim Bundeswirtschaftsministerium beheimatet ist, weil Energie natürlich auch viel mit Wirtschaft zu tun hat. Das Wirtschaftsministerium ist zuständig für die Technologiepolitik, die zweifellos hier richtig zugeordnet ist, aber – wie wir gesehen haben – auch umweltökonomische Aspekte hat. Weitere Überschneidungen der Aufgaben gibt es mit dem Verkehrsministerium und dem Forschungsministerium.

Damit sind nur die im Hinblick auf den Erhalt der Natur gegebenen Überschneidungen in den Zuständigkeiten der Ressorts angesprochen. Da Nachhaltigkeit aber sowohl die ökologische, die ökonomische als auch die soziale Dimension enthält, betrifft die Gestaltung der Politik alle Ressorts. Vor diesem Hintergrund wird deutlich, dass die Entwicklung einer zielgerichteten, widerspruchsfreien Politik der Nachhaltigkeit die Lösung einer gewaltigen Koordinierungsaufgabe voraussetzt.

In Deutschland obliegt die Lösung dieser Aufgabe dem Staatssekretärausschuss für nachhaltige Entwicklung unter dem Vorsitz des Staatsministers im Bundeskanzleramt mit den Staatssekretären der folgenden Ressorts als Mitgliedern: Auswärtiges Amt, Finanzen, Wirtschaft, Verbraucherschutz und Landwirtschaft, Arbeit, Inneres, Verkehr, Umwelt, Bildung und Forschung, Gesundheit, Wirtschaftliche Zusammenarbeit und Familie, Senioren, Frauen und Jugend. Die Arbeit des Staatssekretärausschusses unterstützt der Rat für Nachhaltige Entwicklung. Die Mitglieder des Nachhaltigkeitsrates, wie er auch kurz genannt wird, sind Wissenschaftler, Vertreter der Kirchen, der Wirtschaft, der Gewerkschaften und der Umweltverbände. Der Nachhaltigkeitsrat hat in einer Fülle von Veranstaltungen einschließlich eines Internetforums die Diskussion mit der Bevölkerung gesucht und am Ende des Beratungsprozesses im Jahre 2002 unter dem Titel »Perspektiven für Deutschland« eine umfangreiche Strategie entwickelt, die 328 Seiten füllt. Der Rat bekennt sich zu der Dreidimensionalität der Nachhaltigkeit, wenn auch dieses Konzept in seinen Beratungen nicht unumstritten gewesen ist. Er hat Ziele i. d. R. für das Jahr 2020 für die ökologische, ökonomische und soziale Nachhaltigkeit benannt und insgesamt 21 Indikatoren definiert, die es gestatten, den Erreichungsgrad dieser Ziele bereits heute statistisch zu messen und die weitere Entwicklung Jahr für Jahr zu beobachten. Das Statistische Bundesamt hat bis heute zwei Berichte vorgelegt, die den jeweiligen Stand kommentieren (2004 und 2006). Die 21 Indikatoren beschreiben nicht nur Ziele an sich, sondern gelegentlich auch sogenannte Zwischenziele, deren Erreichung wiederum den Fortschritt auch bei anderen Zielen voranbringt. So bedeutet eine Verbesserung beim Indikator Energieproduktivität gleichzeitig auch eine Verbesserung des Indikatorwertes bei den Treibhausgasemissionen. Ferner gibt der Nachhaltigkeitsrat Empfehlungen für die Gestaltung konkreter Maßnahmen.

Die Komplexität der Koordinierungsaufgabe potenziert sich noch einmal dadurch, dass die Staaten der Europäischen

Union eine gemeinsame Nachhaltigkeitspolitik betreiben. Eine gemeinsame Umweltschutzpolitik wurde von der EG bereits 1970 begonnen, zum Beispiel in den Bereichen Gewässerschutz, Luftreinhaltung und Abfallentsorgung – den Gebieten des klassischen nachsorgenden Umweltschutzes. Im Juni 2001 hat sich der Rat der EU in Göteborg zu einer Nachhaltigkeitsstrategie verpflichtet, die auf mehreren Folgekonferenzen aktualisiert worden ist. Im März 2006 sind unter der deutschen Präsidentschaft die Ziele zum Klimaschutz konkretisiert worden. Die EU will bis zum Jahr 2020 den Anteil der regenerativen Energien auf 20 % steigern und gleichzeitig die Energieproduktivität um 20 % anheben. Die CO_2-Emissionen sollen bis zum Jahre 2020 um 20 % unter dem Niveau des Jahres 1990 liegen.

Die eingangs geschilderte Entwicklungsperspektive ist bedrückend: Der Menschheit droht eine Klimakatastrophe, die nicht nur zu schweren wirtschaftlichen Schäden führen kann, sondern bei unverändertem Verhalten von Konsumenten und Produzenten die Grundlagen des menschlichen Lebens zerstört. Insofern haben wir keine Wahl. Wir müssen unsere Technik revolutionieren und unseren Lebensstil verändern, was nicht bedeutet, dass wir auf Wohlstand verzichten müssen. Wir brauchen die Bereitschaft zur Veränderung und somit eine Aufbruchstimmung, denn letztlich muss die gesamte Gesellschaft die erforderlichen Veränderungen nicht nur erdulden, sondern aktiv gestalten. Dazu gehört die Akzeptanz einer Neuausrichtung des technischen Fortschritts, der die Reduktion des Ressourceneinsatzes gegenüber dem Arbeitseinsatz stärker betont, ferner die Bereitschaft, Konsumgewohnheiten zu überdenken und manch lieb gewonnene Verhaltensweise aufzugeben. Diese Veränderungen werden nicht allein durch Einsicht der Betroffenen gelingen. Es wird der Einsatz politischer Maßnahmen nötig sein, um die gesteckten Ziele zu erreichen. Eine Alternative gibt es grundsätzlich nicht. Insofern kann Schwarzmalerei keine Chance haben.

Der Umbau der Wirtschaft durch Steigerung der Ressourcenproduktivität

Das Ergebnis der Diskussion zur Nachhaltigkeit kann so zusammengefasst werden: Eine nachhaltige Entwicklung einer Gesellschaft liegt dann vor, wenn ihr Naturkapital, ihr Wirtschaftskapital und ihr Sozialkapital zumindest erhalten bleibt, wobei sich die Zusammensetzung der einzelnen Kapitalstöcke verändern kann, aber keine Substitution zwischen den drei Kapitalstöcken stattfindet.

Es sei noch einmal betont: Nachhaltigkeit ist ein normatives Konzept, das die gesamte gesellschaftliche Entwicklung im Blickfeld hat. Die Perspektive dieses Buches ist zwar eingebettet in diesen Gesamtzusammenhang, greift aber die Frage heraus, wie eine weitere Zerstörung der Natur durch einen Umbau der Wirtschaft verhindert werden kann. Über eine Minderung des Ressourcenverbrauchs entscheidet der gesamte volkswirtschaftliche Prozess der Produktion der Güter und ihres Konsums. Wir beginnen mit unseren Überlegungen bei der Wirtschaftsentwicklung, weil dieses Teilsystem eine Dynamik aufweist, die wir akzeptieren müssen. Natürlich könnte man auch die Forderung erheben, das wirtschaftliche Wachstum einzustellen. Dann wäre der Weg zur ökologischen Nachhaltigkeit einfacher zu finden. Aber wirtschaftliches Wachstum ist in einer Marktwirtschaft, die durch dynamischen Wettbewerb gekennzeichnet ist, kaum vermeidbar. Es wird technischer Fortschritt realisiert, und entstehende Gewinne suchen nach neuen Anlagemöglichkeiten. Aber wie sollten die Volkswirtschaften sonst organisiert sein? Die Alternative der Zentralverwaltungswirtschaften hat jedenfalls sowohl in ökonomischer als auch in ökologischer Hinsicht versagt.

Die westlichen Industriegesellschaften, deren Lebensstil und wirtschaftliche Organisation zunehmend von den Schwellen- und Entwicklungsländern übernommen wird, streben eine wirtschaftliche Entwicklung an, bei der ein angemessenes Wirtschaftswachstum erzielt wird, möglichst Vollbeschäftigung herrscht und die Preise im Durchschnitt stabil bleiben. Weil die gleichzeitige Erfüllung aller drei Ziele durchaus nicht einfach ist, spricht man auch vom »Magischen Dreieck« der Wirtschaftspolitik.

Wenn wir von der oben dargestellten milden Variante der starken Nachhaltigkeit ausgehen, dann ist innerhalb des Naturkapitals eine Substitution möglich, sodass Rohstoffe verbraucht werden können. Die Ressourcenerschöpfung ist dann nicht so sehr im Fokus, sondern die Beeinträchtigung der Natur durch die Emissionen von Schadstoffen, die durch die Verarbeitung von Rohstoffen in die Natur gelangen. Diese Emissionen sind nur in dem Umfang möglich, wie sie von der Natur absorbiert werden. Man spricht in diesem Zusammenhang auch von »Senken«. Betrachten wir das Beispiel CO_2-Emissionen. Die Natur absorbiert vor allem durch die Fotosynthese der Pflanzen pro Jahr CO_2 im Umfang von 20 % der Emissionen des Jahres 1990. Nachhaltigkeit erfordert also eine Begrenzung der jährlichen weltweiten CO_2-Emissionen auf diesen Wert. Solange die Emissionen darüber liegen, steigt die Konzentration von CO_2 in der Atmosphäre. Je später also der absorbierte Wert erreicht wird, umso höher steigt die Temperatur der Erde. Wenn wir uns in Abstimmung mit den Klimaforschern für eine bestimmte Erwärmung entschieden haben, können uns die Klimaforscher sagen, bis zu welchem Jahr die Emissionen auf welchem Pfad auf den kritischen Wert zu reduzieren sind.

Nun sind wieder die Ökonomen an der Reihe. Wie bringen wir die erforderliche Reduktion der CO_2-Emissionen und das Wirtschaftswachstum zusammen? Die folgende Gleichung hilft uns, diese Verbindung herzustellen. Auf der linken Seite des Gleichheitszeichens steht E für die Emissionen. Rechts davon steht auch E, aber

$$E = (E/R) * (R/Y) * (Y/B) * B$$

es ist zerlegt in vier einzelne Ausdrücke, die jeweils miteinander multipliziert werden. Wenn man die Multiplikation durchführt, kürzt sich R im ersten Ausdruck gegen das R im zweiten Ausdruck, das Y im zweiten gegen das Y im dritten und das B im dritten gegen das ganz rechtsstehende B, sodass offensichtlich auch rechts vom Gleichheitszeichen nichts anderes als E steht. Die Gleichung ist also eine Identität. In der Gleichung steht R für den Ressourceneinsatz, Y für das Bruttoinlandsprodukt und B für die Zahl der Bevölkerung. Folglich ist dann E/R die Emission pro Einheit der eingesetzten Ressource, in unserem Beispiel die CO_2-Emissionen pro Energieeinheit. R/Y gibt den Ressourceneinsatz pro Einheit des Bruttoinlandsprodukts an, Y/B das Bruttoinlandsprodukt pro Kopf der Bevölkerung.

Wenn E fallen soll, obwohl auf der rechten Seite der Gleichung die Bevölkerung B und das Einkommen pro Kopf Y/B weltweit steigen, dann müssen die Emissionen pro Ressourceneinheit E/R und der Ressourceneinsatz pro Einheit des Bruttoinlandsprodukts R/Y eben umso stärker fallen. Rein logisch ist also Wirtschafts- und Bevölkerungswachstum und ein gleichzeitiger Rückgang der Emissionen vorstellbar.

Um eine Konkretisierung des Nachhaltigkeitszieles zu er-

reichen, sind entsprechende Überlegungen für alle Schadstoffe anzustellen. In einem gesellschaftlichen Diskurs, der
auf der Basis der Informationen der Naturwissenschaftler
über Folgen von Schadstoffemissionen geführt wird, werden
Ziele für den Zeitpfad der Emissionen festgelegt. Man denke
etwa an die aktuelle Entscheidung der EU, die Emissionen von
CO_2 im Alleingang bis zum Jahre 2020 um 20 % gegenüber
dem Wert von 1990 zu reduzieren und im Falle des Mitwir-
kens anderer Staaten diese Reduktion auf bis zu 30 % auszudehnen. Vor dem Hintergrund von Prognosen für das Wirtschaftswachstum und die Bevölkerungsentwicklung sind
dann die Konsequenzen für die Emissionen pro Ressourceneinsatz E/R und den Ressourceneinsatz pro Einheit des Bruttoinlandsprodukts R/Y abzuleiten. Die sogenannte nachsorgende Umweltpolitik hat sich an der Zielgröße E/R orientiert
und versucht, die Emissionen bei gegebenem Ressourceneinsatz zu minimieren. Die Umweltpolitik alten Stils ging davon
aus, dass die Menschen sich verhalten wie immer und dass am
Ende Kläranlagen, Filter und Katalysatoren die Schadstoffe
auffangen. Wir wollen die Sinnhaftigkeit dieser Politik nicht
grundsätzlich schmälern. Sie hat Wesentliches zur Reinhal-
tung der Luft von Schwefel und anderen Stoffen sowie zur
Verbesserung der Qualität der Gewässer in Deutschland geleistet, aber bei der Lösung der Zukunftsaufgaben ist sie überfordert. Das Potenzial der sogenannten end-of-pipe-Technolo-
gien zur Minderung der Schadstoffemissionen ist weitgehend
ausgeschöpft. Die einzige interessante Option bietet allerdings die Abscheidung von CO_2 bei der Verbrennung von
Kohle (CCS: Carbon Capture and Storage). Nach der Abscheidung soll das Gas tief im Erdboden gelagert werden, wobei
natürlich sichergestellt sein muss, dass es nicht wieder an die
Oberfläche entweicht. Erste Pilotanlagen werden gerade in

Betrieb genommen. Es sind längst noch nicht alle technischen Probleme gelöst, und die Rentabilität der Technik ist bei den gegenwärtigen Energiepreisen noch nicht gegeben. Experten rechnen nicht vor 2020 mit der Realisierung. Wenn diese Technik zur Verfügung stehen sollte, würden die Probleme bei der Stromerzeugung vor allem für Länder mit großen Kohlereserven – wie China – gelöst sein.

Friedrich Schmidt-Bleek, der ehemalige Leiter der Abteilung »Stoffströme« im Wuppertal Institut hat schon vor 20 Jahren gefordert, dass die entscheidende Zielgröße der Ressourceneinsatz pro Einheit des Bruttoinlandsprodukts sein muss. Die Entwicklung dieser Relation hängt zunächst einmal davon ab, welche Güter in dem Land produziert und verbraucht werden. Bleiben wir wieder beim CO_2 bzw. Energiebeispiel. Welchen Anteil haben z. B. Verkehrsleistungen am Konsum der Bevölkerung? Wird mehr Auto gefahren oder benutzt man stärker öffentliche Verkehrseinrichtungen? Es ist also die Zusammensetzung des Konsums, die eine wichtige Rolle spielt. Ferner hängt der Energieeinsatz pro Einheit des Bruttoinlandsprodukts von der Produktionstechnik ab. Welchen Verbrauch haben Fahrzeuge und eingesetzte Maschinen? Wie intensiv ist die Wärmedämmung der Gebäude? Wie viel Energie ist notwendig, um die Bleche herzustellen, die Bestandteil eines Fahrzeugs sind, und mit welcher Technologie wird der Stahl erzeugt?

Das Beispiel zeigt, dass eine Fülle von Stellschrauben Einfluss auf den Ressourcenverbrauch pro Einheit des Bruttoinlandsprodukts nehmen. Diese Größe muss im Ergebnis fallen. Das bedeutet, dass der Kehrwert – das Bruttoinlandsprodukt pro Ressourceneinheit – steigen muss. Bleiben wir bei dieser Betrachtung, weil sie anschaulicher ist. Es handelt sich um die Anzahl der Einheiten des Bruttoinlandsprodukts, die pro Ressourceneinheit erzeugt werden kann. Man spricht auch von der Ressourcenproduktivität. Die Steigerung der Ressourcenproduktivität ist die entscheidende Größe, auf die die Maßnahmen der Umweltpolitik abzielen müssen. Die Reduktion der Emissionen erfolgt dann von selbst. Damit ist aber nicht gemeint, dass es nur auf technologische Zusammenhänge ankommt. Unsere täglichen Entscheidungen über die Art der Güter, die wir konsumieren, und die Entscheidungen der Unternehmer über die bei ihrer Produktion verwendete Technologie bestimmen die Entwicklung der Ressourcenproduktivität.

Welche Wirkungen hat ein solches Konzept für die Wirtschaft? Die Zielrichtung der Politik ist offensichtlich, technischen Fortschritt zu beschleunigen, der sowohl neue Konsumgüter erbringt als auch neue Produktionsverfahren begünstigt, die weniger rohstoffintensiv sind. Solche Veränderungen sind immer mit Investitionen in neue Maschinen, Gebäude und sonstige Anlagen verbunden. Es sind damit Wirtschaftszweige angesprochen, die für die deutsche Volkswirtschaft – wie wir im Kapitel 2 gesehen haben – außerordentlich bedeutsam sind. Wenn die Steigerung der Ressourcenproduktivität die einzige plausible Reaktion auf die globale Herausforderung des Klimawandels ist, dann ist Deutschland einerseits ein wichtiger Akteur, der die erforderlichen Technologien entwickeln und bereitstellen kann, und andererseits ein Land, das von dieser Entwicklung wirtschaftlich gewinnen kann.

5. Welche Potenziale zur Steigerung der Ressourcenproduktivität gibt es?

Im vorangegangenen Abschnitt haben wir festgestellt, dass die Verfolgung des Zieles der Nachhaltigkeit einen integrierten Politikansatz erfordert, der den gesamten volkswirtschaftlichen Prozess im Hinblick auf die Steigerung der Ressourcenproduktivität zu beeinflussen versucht. In diesem und dem folgenden Kapitel geht es darum, diesen Befund angesichts der im Kapitel 2 geschilderten globalen Herausforderung im Hinblick auf die vorhandenen Potenziale zu konkretisieren. Die Strategien haben zwei unterschiedliche Stoßrichtungen: Zum einen geht es um das Verhalten der Produzenten, die materialsparende Technologien in der Produktion einsetzen sollen, zum anderen sind die Verbraucher angesprochen, die ihren Lebensstil in Richtung eines geringeren Ressourcenverbrauchs anzupassen haben. In diesem Abschnitt geht es noch nicht um zu ergreifende Maßnahmen. Hier soll zunächst nur abgeschätzt werden, welche Möglichkeiten der Ressourceneinsparung es bei den heutigen Technologien gibt. Ferner wollen wir abzuschätzen versuchen, welche technologischen Entwicklungen es gestatten werden, diese Potenziale in der Zukunft verstärkt zu nutzen.

Die Suffizienzstrategie: die Rolle des Verbrauchers

Wir haben im letzten Kapitel die These vertreten, dass eine nachhaltige Entwicklung auch bei anhaltendem Wirtschaftswachstum möglich sein muss. Wenn unter dieser Voraussetzung nach den Potenzialen einer Strategie gefragt wird, die beim Verhalten der Verbraucher ansetzt, dann ist klar, dass mit der Suffizienzstrategie nicht gemeint ist, dass wir alle »den Gürtel enger schnallen« und weniger verbrauchen sollen. Die Frage richtet sich auf die Struktur des Konsums, nicht auf sein Gesamtvolumen. Welche Güter fragen wir nach? Suffizienz bedeutet Erhaltung durch Enthaltung. Das bedeutet nicht unbedingt Verzicht auf Konsum, sondern ist im Hinblick auf den Ressourcenverbrauch zu verstehen.

Ein Potenzial zur Ressourceneinsparung durch Änderung der Struktur des Konsums ist dann gegeben, wenn sich die Ressourcenverbräuche auf möglichst wenige Gütergruppen konzentrieren. Wenn wir dann diese Gütergruppen weniger und dafür andere mehr nachfragen, ergibt sich bei gleichbleibendem Gesamtniveau des Konsums ein geringerer Rohstoffverbrauch. Wichtiger noch ist die dynamische Perspektive: Bei hoher Konzentration der Ressourcenverbräuche auf wenige Gütergruppen sind die Wirkungen von Produktinnovationen mit geringeren Rohstoffintensitäten weitaus wirksamer auf das Ziel als dies bei einer Gleichverteilung der Fall wäre.

In einer Studie für die Aachener Stiftung Kathy Beys habe ich zusammen mit Martin Distelkamp und Marc Ingo Wolter eine solche Untersuchung der Konsumausgaben der privaten Haushalte in Deutschland für das Jahr 2000 durchgeführt, wobei wir 43 Verwendungszwecke der Konsumnachfrage unterschieden haben. Es wurde berechnet, um welchen Betrag sich der Rohstoffverbrauch in Deutschland verändert, wenn für den betrachteten Konsumverwendungszweck die Ausgaben um jeweils 1 Milliarde Euro fallen. Dabei wurden alle direkten und indirekten Zusammenhänge, auch die durch Güterimporte im Ausland erzeugten Entnahmen von Rohstoffen aus der Natur berücksichtigt. Dazu ein Beispiel: Eine Minderausgabe der privaten Haushalte für Pauschalreisen führt zunächst zu weniger Nachfrage von Dienstleistungen der Reisebüros und von Verkehrsdienstleistern wie Fluggesellschaften, Bahn etc. und zu Nachfrage im Hotel- und Gaststättengewerbe. Die Verkehrsbetriebe fragen weniger Kraftstoffe bzw. elektrischen Strom nach, was zu Nachfragereduktionen bei der Mineralölverarbeitung und bei der Elektrizitätserzeugung führt, was wiederum die Nachfrage von Öl, Gas und Kohle mindert, die zum Teil in Deutschland (Kohle), zum Teil im Ausland (Öl, Gas) der Natur entnommen werden. Das Gaststättengewerbe produziert weniger Mahlzeiten und fragt deshalb weniger Vorprodukte bei der Nahrungsmittelindustrie nach, die wiederum die Nachfrage bei der Landwirtschaft senkt. Die Landwirtschaft entnimmt dann schließlich entsprechend weniger Biomasse aus der Natur. Ferner wird ein beträchtlicher Teil der Pauschalreisen in das Ausland gehen, wodurch dieselbe Rechnung auch für in den Auslandsreisen enthaltene und auch im Ausland stattfindende Extraktion von Biomasse und fossilen Energieträgern anzustellen ist.

Wenn die privaten Haushalte in Deutschland ihre Ausgaben für Pauschalreisen um 1 Milliarde Euro vermindern, dann nimmt die Entnahme von Rohstoffen aus der Natur insgesamt um 679 500 Tonnen ab, wovon mit 328 600 fast die Hälfte auf das Ausland entfällt. Die Rechnungen wurden für fossile Energieträger (Öl, Gas, Kohle), Metalle, industrielle Mineralien, Baumineralien (Kies, Steine, Sand), Biomasse,

Bodenaushub und Erosion getrennt durchgeführt. In der Tabelle 8 sind die Ergebnisse nach der Bedeutung des Verwendungszwecks geordnet für den Ressourcenverbrauch insgesamt dargestellt.

Die Vergleichbarkeit der Ergebnisse liegt in der gemeinsamen Ausgabenbasis von 1 Milliarde Euro. Allerdings bleibt bei dieser Darstellung unberücksichtigt, welchen Anteil der betrachtete Verwendungszweck am Gesamtbudget hat. Dies gilt in besonderer Weise für den Verwendungszweck »Feste Brennstoffe inklusive Fernwärme«, der sich an erster Stelle mit 59 589 000 Tonnen Minderung befindet. Dieser Verwendungszweck hatte im Jahre 2000 ein Gesamtvolumen von gerade 1 Milliarde Euro. Insofern betrachten wir die Wirkung einer völligen Abschaffung von Fernwärme und festen Brennstoffen, die nur einmalig in dieser Höhe erfolgen kann. Hier handelt es sich einerseits um die direkte Nachfrage der privaten Haushalte nach Kohle, andererseits um den Input von fossilen Energieträgern bei der Produktion von Fernwärme und auch den Einsatz von Biomasse mit 2 826 000 Tonnen. Da nur sehr geringe Importmengen ausgewiesen sind, handelt es sich bei der Erzeugung von Fernwärme wohl überwiegend um solche, die aus der Verwendung von Braunkohle gewonnen worden ist.

An zweiter Stelle befindet sich der elektrische Strom, der vorwiegend zur Entnahme von fossilen Energieträgern in Deutschland führt. Die Reduktion um 1 Milliarde Euro entspricht der Verminderung des Stromverbrauchs der privaten Haushalte um etwa 5 %. Das ist eine Größenordnung, die durch etwas mehr Rationalität der Haushaltsführung ohne Verlust von Lebensfreude z. B. durch grundsätzliches Abschalten von elektrischen Geräten ohne Nutzung der Stand-by-Funktion, durch den Einsatz von Sparlampen und die Nut-

Rang	Rückgang des Privaten Konsums im Verwendungszweck ... um 1 Mrd. €	Δ TMR in 1000 t	davon	
			inländischer Materialverbrauch	importierte Materialien
1	Feste Brennst. (inkl. Fernw.)	−62 964,4	−58 099,2	−4865,1
2	Strom	−28 109,6	−25 133,3	−2976,3
3	Gartenerzeugnisse etc.	−4383,2	−3540,6	−842,6
4	Glaswaren u. a.	−3241,1	−2361,7	−879,4
5	Inst. / Rep. der Wohnungen	−3215,7	−2512,8	−702,9
6	Nahrungsmittel	−3016,8	−2051,4	−965,4
7	Alkoholische Getränke	−2896,5	−1929,2	−967,3
8	Alkoholfreie Getränke	−2689,3	−1716,0	−973,4
9	Andere langl. Gebrauchsgüter	−2403,7	−1125,2	−1278,5
10	VerkehrsDL	−2046,3	−1207,4	−838,9
11	Haushaltsgeräte	−1998,0	−969,6	−1028,4
12	VerpflegungsDL	−1927,2	−1145,9	−781,4
13	BeherbergungsDL	−1912,3	−1134,3	−778,0
14	Gas (inkl. Flüssiggas)	−1809,8	−872,8	−937,0
15	Schuhe	−1804,2	−804,8	−999,5
16	Foto- u. EDV-Geräte	−1799,4	−735,7	−1063,7
17	Inst. / Rep. von priv. Kfz	−1656,9	−991,8	−665,1
18	Pers. Gebrauchsgegenstände	−1652,5	−907,5	−745,0
19	Kauf von Fahrzeugen	−1549,2	−329,2	−1219,9
20	Flüssige Brennstoffe	−1482,7	−676,6	−806,0
21	Kraftstoffe	−1482,4	−676,4	−805,9
22	Werkzeuge und Geräte	−1361,5	−413,1	−948,4
23	Möbel u. Ä.	−1225,3	−521,9	−703,4
24	Körperpflege	−1061,8	−493,4	−568,4
25	Zeitungen, Bücher etc.	−1056,2	−418,4	−637,8
26	Wasserversorgung etc.	−1021,3	−801,2	−220,1
27	Medizinische Erzeugnisse	−889,8	−322,4	−567,4
28	Waren u. DL f. d. Haushaltsführung	−852,3	−300,3	−552,0
29	FinanzDL	−840,7	−604,8	−235,9
30	Bekleidung	−826,4	−235,7	−590,7

Tab. 8 Die Wirkung der Senkung der Ausgaben um 1 Milliarde auf den Ressourcenverbrauch (TMR: »Total Material Requirement«) in 1000 Tonnen für die in dieser Hinsicht wichtigsten Konsumverwendungszwecke im Jahre 2000 in Deutschland. Quelle: Distelkamp, M., Meyer, B., Wolter, M. I. (2005).

zung von Waschmaschinen und Geschirrspülern nur bei voller Belegung durchaus erreicht werden kann. Die Ersparnis beim Ressourcenverbrauch beträgt aber 28 109 600 Tonnen, was knapp 20 % derjenigen Einsparung ausmacht, die man erhält, wenn man den gesamtwirtschaftlichen Konsum in allen Verwendungszwecken um 1 Milliarde Euro – also insgesamt um 43 Milliarden Euro – reduziert. Lassen wir die festen Brennstoffe wegen ihres geringen Anteils am Gesamtbudget der Haushalte aus dem Vergleich heraus, so erbringt die Einsparung von 1 Milliarde Euro beim Strom 30 % der gerade definierten Gesamteinsparung, für die man den gesamten Konsum um 42 Milliarden Euro vermindern müsste. Auch der Bezug auf die Niveaus von Konsum und Ressourcenverbrauch im Jahre 2000 ist eindrucksvoll: Die betrachtete Konsumminderung von 1 Milliarde Euro ist weniger als 0,9 Promille (0,00087) des gesamten Konsums der privaten Haushalte. Die Ressourceneinsparung macht aber 0,49 % (0,0049) des gesamten Ressourcenverbrauchs der privaten Haushalte und der Unternehmen in Deutschland aus. Damit haben wir die Nachfrage der privaten Haushalte nach elektrischem Strom als die wichtigste Einflussgröße des Ressourcenverbrauchs in Deutschland identifiziert.

Mit weitem Abstand folgen auf Platz 3 die Gartenerzeugnisse mit 4 383 000 Tonnen, die zu 1 732 700 Tonnen auf fossile Energieträger, zu 1 560 000 Tonnen auf Biomasse, 608 300 Tonnen auf Erosion und zu 249 600 Tonnen auf Baumineralien entfallen. Auf Platz 4 stehen die Glaswaren mit 3 241 100 Tonnen. Davon werden 1 433 400 Tonnen zu den Baumineralien, 373 700 Tonnen zu den Metallen und 248 100 Tonnen zu den industriellen Mineralien gezählt. Die Aufzählung soll nur verdeutlichen, dass hinter der Tabelle 8 ein sehr viel umfassenderer Datensatz steht.

Wenn wir die Verwendungszwecke »Verkehrsdienstleistungen«, »Instandhaltung und Reparatur von Kraftfahrzeugen«, »Kauf von Fahrzeugen« und »Kraftstoffe« zusammenfassen, erhalten wir die Gesamtausgaben der privaten Haushalte für Mobilität. Auch hier sei eine Rechnung angeführt, die uns Größenrelationen verdeutlichen soll. Wie beim Strom berechnen wir auch hier die Wirkung einer Nachfrageminderung um 5 %. Also auch hier eine Größenordnung, die keineswegs fundamentale Verhaltensänderungen erfordert, sondern die eine oder andere Kaffeefahrt streicht. Eine Nachfrageminderung der Mobilität um 5 % ergibt aber immerhin schon einen Betrag von 8 Milliarden Euro. Verteilen wir diesen Betrag so auf die einzelnen Verwendungszwecke, wie deren Struktur im Jahre 2000 gewesen ist, so ergibt sich eine Reduktion des Rohstoffverbrauchs um 12 971 000 Tonnen. Bei dieser Rechnung sehen wir eine Senkung des privaten Verbrauchs um 0,7 % und eine Minderung des Rohstoffverbrauchs der privaten Haushalte und der Unternehmen um 0,2 %. Die im Vergleich zum Strom deutlich schwächere Wirkung liegt offensichtlich an der großen Bedeutung der Braunkohle bei der Stromerzeugung in Deutschland. Ein wichtiger Unterschied zwischen beiden Wirkungen besteht ferner darin, dass die Änderung der Mobilität zu etwa zwei Drittel die Rohstoffentnahme im Ausland verändert, während dies beim Strom nur zu gut 10 % der Fall ist.

Tabelle 8 selbst bestätigt die Hoffnung, dass sich der Rohstoffverbrauch in der Tat auf bestimmte Verwendungszwecke und dahinterstehende Gütergruppen konzentriert. Wenn wir nur die ersten zehn Konsumverwendungszwecke um jeweils 1 Milliarde Euro vermindern, erhalten wir 76,6 % derjenigen Minderung beim Ressourcenverbrauch, der sich bei einer Reduktion aller Konsumverwendungszwecke um jeweils 1 Milliarde Euro ergäbe. Eine Änderung der Konsumstruktur hat also bedeutsame Wirkungen auf den gesamten Ressourcenverbrauch.

Tabelle 8 gibt noch eine weitere wichtige Information. Bei einigen Verwendungszwecken sind die Wirkungen einer Minderung des Konsums in Deutschland auf die Ressourcenentnahme im Ausland deutlich stärker als im Inland. Dies zeigt sich zum Beispiel bei den Kraftfahrzeugen, die im Jahre 2005 mit 65,5 Milliarden Euro einen Anteil von 5,2 % am gesamten Konsum der privaten Haushalte gehabt haben. Eine Minderung des privaten Konsums um 1 Milliarde Euro würde eine Minderung des Rohstoffverbrauchs um 1 549 200 Tonnen erbringen, von denen 1 219 900 Tonnen weniger im Ausland anfallen würden. Das liegt zum einen daran, dass ein Teil der Fahrzeuge importiert ist. Zum anderen entfallen 650 000 Tonnen der Gesamtminderung allein auf Metalle, die natürlich auch bei im Inland erstellten Fahrzeugen vollständig importiert sind.

Die Rechnungen sollen nur verdeutlichen, dass eine Änderung der Konsumstruktur zu erheblichen Wirkungen auf die Ressourcenverbräuche führen kann. Das heißt, dass selbst ohne jede technologische Änderung der Produkte, allein durch eine Verhaltensänderung der Verbraucher entsprechende Erfolge zu erzielen wären. Es wird darauf ankommen, den Verbrauchern Anreize zu geben, damit sie entsprechende Änderungen ihrer Konsumstruktur vornehmen. Wenn dies geschehen ist, werden die Unternehmen ihre Innovationspotenziale in die Richtung lenken, die durch das Verbraucherverhalten belohnt wird.

**Die Effizienzstrategie: Faktor X-Innovationen und Investitionen
zur Steigerung der Ressourcenproduktivität**

Friedrich Schmidt-Bleek hat in dieser Buchreihe und in vielen weiteren Veröffentlichungen eine Fülle von Beispielen sehr genau beschrieben, die deutlich machen, dass der Ressourcenverbrauch um den Faktor 10 vermindert werden kann, wie der Name des »International Factor 10 Club« verspricht, der von Schmidt-Bleek geleitet wird. Im Mittelpunkt stehen Technologien, die in den verschiedensten Bereichen des volkswirtschaftlichen Prozesses eingesetzt werden. In einer weiteren Studie für die Aachener Stiftung Kathy Beys habe ich zusammen mit Martin Distelkamp und Marc Ingo Wolter versucht, die für die Verringerung des Ressourcenverbrauchs wichtigen Branchen und Technologien auf der gesamtwirtschaftlichen Ebene zu identifizieren.

Die Technologie einer Volkswirtschaft kann durch die Gegenüberstellung der Einsätze von Arbeit, Kapital und Vorleistungen (Inputs) auf der einen Seite und des Produktionsergebnisses auf der anderen Seite (Output) dargestellt werden. Bei den Vorleistungen handelt es sich um Güter, die von anderen Unternehmen erzeugt wurden. Das Produktionsergebnis unterscheidet man aus Sicht eines liefernden Sektors wiederum in Vorleistungen, die von anderen Unternehmen im Produktionsprozess eingesetzt werden, und Fertigprodukte. Letztere werden als Konsumgüter von den Haushalten nachgefragt, als Investitionsgüter dem Kapitalstock hinzugefügt und gelangen als Exporte ins Ausland.

Im Hinblick auf den Ressourceneinsatz sind die Vorleistungen interessant, weil in ihnen der physische Ressourceneinsatz enthalten ist. Über den Vorleistungseinsatz ist die Produktion aller Branchen untereinander vernetzt. In der

Tiefengliederung von 59 Branchen, die das Statistische Bundesamt in der statistischen Darstellung der Produktionsstruktur in den sogenannten Input-/Output-Tabellen unterscheidet, liefert jede Branche an jede andere Vorleistungen, sodass man auch von einem Kreislauf der Vorleistungen sprechen kann.

Von den 59 Branchen entnehmen nur acht (Landwirtschaft, Forstwirtschaft, Fischerei, Kohlenbergbau und Torf, Erdöl- und Erdgasbergbau, Uranbergbau, Erzbergbau, Steine und Erden) direkt Rohstoffe aus der Natur und speisen sie in den Vorleistungskreislauf ein. So entnimmt etwa der Erzbergbau Eisenerze der Natur und liefert sie an die Stahlindustrie, die daraus Stahl produziert, der wiederum zu Metallerzeugnissen weiterverarbeitet wird, die dann schließlich Bestandteil der verschiedensten Investitions- und Konsumgüter werden. In jeder der Produktionen werden dem jeweiligen Vorprodukt Arbeits- und Maschinenleistungen hinzugefügt. Die Rohstoffe kommen nicht nur über die genannten acht extrahierenden inländischen Branchen in den Wirtschaftskreislauf, sondern können auch importiert werden, was im Falle von Deutschland besonders wichtig ist. Darüber hinaus macht es Sinn, bei der Ermittlung des Rohstoffverbrauchs eines Landes auch die indirekt in den importierten Fertigprodukten enthaltenen Rohstoffe zu erfassen. Friedrich Schmidt-Bleek spricht in diesem Zusammenhang sehr anschaulich von »Rucksäcken« an Rohstoffen, die die importierten Fertigprodukte quasi mitbringen. Wir können also ausrechnen, wie viel inländische und importierte Rohstoffeinsätze sich ergeben, wenn eine Produktionseinheit einer Branche erzeugt wird.

In Modellrechnungen, die die geschilderten Vernetzungen berücksichtigen, haben wir nun zwei Experimente durchgeführt. Das erste Experiment besteht darin, dass hintereinander in jeder der 59 Branchen jeder Vorleistungsinput um 1 % vermindert und bei jeder der Rechnungen die Wirkung auf den gesamtwirtschaftlichen Rohstoffverbrauch bestimmt wurde. Die 1 % Senkung der Vorleistungsinputs mag auf einen technischen Fortschritt zurückzuführen sein, den wir nicht näher spezifizieren wollen. Im Fokus unserer Betrachtung liegen die gesamtwirtschaftlichen Wirkungen auf den Rohstoffverbrauch. Entscheidend für unsere Analyse war dabei, dass wir alle direkten und indirekten gesamtwirtschaftlichen Wirkungen der Effizienzsteigerung in einem Sektor durch die Verwendung des Input- / Output-Ansatzes bestimmen können. Zum Beispiel wird der Einsatz aller Vorleistungen im Fahrzeugbau um 1 % vermindert. Dies führt u. a. dazu, dass die Lieferungen der Stahlindustrie an den Fahrzeugbau sich vermindern, die wiederum weniger Koks und weniger Erz einsetzt. Dies bedeutet eine Minderung von Kohleförderung im Inland und Erzförderung im Ausland. Eine andere Wirkung geht davon aus, dass der Fahrzeugbau weniger Kunststoffe einsetzt, was die Produktion der Kunststoffverarbeitung mindert und schließlich die Lieferungen der chemischen Industrie an die Kunststoffindustrie sowie den Einsatz von Energie und Rohöl in der chemischen Industrie reduziert. Auch hier sind es am Ende fossile Energieträger, die weniger der Natur im Inland und Ausland entnommen werden. Die Beispiele zeigen, dass in der Tat die Effizienzsteigerung in einem Sektor die Produktion aller anderen Sektoren und damit auf breiter Front den Rohstoffverbrauch beeinflusst.

Die Tabelle 9 stellt für ausgewählte Branchen die Ergebnisse der Rechnungen in einer Rangfolge für den gesamten Rohstoffverbrauch dar. Auch hier wurde getrennt für fossile Energieträger, Baumineralien, industrielle Mineralien, Biomasse,

Rang	Rückgang aller Inputkoeffizienten des Produktionsbereichs … um 1 %	Δ TMR in 1000 t	davon	
			domestic	imported
1	Energie etc.	−15 165,9	−13 568,6	−1597,3
2	Bauarbeiten	−8625,8	−6949,8	−1676,0
3	Metalle und Halbzeug	−7465,2	−1549,1	−5916,1
4	Nahrungs / Futtermittel / Getränke	−6283,7	−4316,2	−1967,5
5	Glas, Keramik etc.	−5743,7	−5149,9	−593,8
6	Kraftwagen und Kraftwagenteile	−4375,7	−1465,5	−2910,3
7	Metallerzeugnisse	−3472,2	−866,0	−2606,2
8	Kohle und Torf	−3184,7	−1688,9	−1495,9
9	Chemische Erzeugnisse	−3070,8	−1749,0	−1321,8
10	Maschinen	−2688,0	−803,9	−1884,1
11	Kokereierz., Mineralölerz.	−2287,5	−1193,3	−1094,2
12	DL Öffentl. Verwaltung etc.	−1445,5	−1109,6	−335,9
13	Papier, Pappe und Waren	−1424,1	−704,8	−719,3
14	Erz. der Landwirtschaft / Jagd	−1416,4	−1117,5	−298,9
15	DL Grundstücks / Wohnungsw.	−1379,4	−1144,9	−234,4
16	Geräte d. Elektrizitätserzeug.	−1286,3	−405,5	−880,8
17	Beherbergungs / GaststättenDL	−1251,7	−775,6	−476,1
18	Einzelhandelsleist. etc.	−1122,6	−790,0	−332,6
19	Gesundheits / VeterinärDL etc.	−1121,6	−775,2	−346,5
20	DL Kreditinstitute	−947,0	−722,4	−224,5
21	Landverkehrs / Transportleist.	−828,9	−605,4	−223,5
22	Handelsverm. / Großhandelsleist.	−810,3	−553,0	−257,3
23	Gummi- und Kunststoffwaren	−780,6	−477,9	−302,7
24	Holz; Holz-, Kork-, Flechtwaren	−762,4	−545,1	−217,2
25	Unternehmensbez. DL	−725,3	−488,8	−236,4
26	Verlags- und Druckerz. etc.	−633,8	−279,2	−354,6
27	Handelsleist. m. Kfz; Rep. etc.	−620,9	−367,5	−253,4
28	Nachr. / Rundf. / Fernsehger. u. Ä.	−588,2	−204,1	−384,1
29	Erziehungs- und UnterrichtsDL	−522,6	−389,0	−133,7
30	Möbel, Schmuck, Spielw. u. Ä.	−518,1	−214,6	−303,5

Tab. 9 Die Wirkung einer Reduktion aller Inputkoeffizienten eines Produktionsbereichs um 1 % auf den gesamtwirtschaftlichen Rohstoffverbrauch (TMR: »Total Material Requirement«) in 1000 Tonnen für die 30 in dieser Hinsicht wichtigsten Branchen im Jahre 2000 in Deutschland. Quelle: Distelkamp, M., Meyer, B., Wolter, M. I. (2005).

Aushub und Erosion gerechnet, aber auf die Darstellung der Details verzichtet. Natürlich erwarten wir nach den Ergebnissen beim privaten Verbrauch, dass die Stromerzeugung oben steht. Hier wird direkt der Einsatz von fossilen Energieträgern durch die Effizienzsteigerung vermindert. An zweiter Stelle findet sich die Bauwirtschaft, die durch die Effizienzsteigerung direkt den Einsatz von Baumineralien reduzieren kann. Bei Metallen und Halbzeug sind auf Position 3 die Stahlindustrie und die NE-Metallindustrie (Kupfer, Aluminium) angesprochen, die durch die Effizienzsteigerung sowohl direkt Metalle als auch fossile Energieträger einsparen. Ferner wird bei der Herstellung von Aluminium und Kupfer auch Strom eingesetzt, dessen Reduktion wiederum den Einsatz von fossilen Energieträgern in der Energiewirtschaft vermindert.

Auf den weiteren Plätzen finden wir noch einige wenige Branchen der Grundstoffindustrie, bei denen wir starke direkte Wirkungen haben, wie etwa bei Glas / Keramik und Kohle und Torf. Die anderen wichtigen Branchen bis Platz 10 sind Investitionsgüterhersteller wie Fahrzeugbau, Maschinenbau und Metallerzeugnisse, die chemische Industrie und die Nahrungs- und Genussmittelindustrie.

Eine Effizienzsteigerung der zehn wichtigsten Branchen um 1 % erbringt bereits 59 566 000 Tonnen oder 70 % der Reduktion des Rohstoffverbrauchs, der sich bei einer Effizienzsteigerung um 1 % bei allen 59 Branchen erzielen lässt. Etwa 37 % der Reduktionen des Rohstoffverbrauchs werden im Ausland erzielt. Die Bemühungen um die Erzielung technischer Fortschritte zur Reduktion des Rohstoffverbrauchs müssen sich also auf die Grundstoffindustrien und die Investitionsgüterindustrien konzentrieren.

Man mag sich fragen, ob die soeben angestellte Betrachtung, die sich an den einzelnen Branchen orientiert, hinrei-

chend genau ist. Sicherlich werden nicht alle Vorleistungsinputs einer wichtigen Branche gleich bedeutsam für den
Rohstoffverbrauch sein. Umgekehrt können auch als für den
Rohstoffverbrauch unwichtig identifizierte Branchen einzelne bedeutsame Vorleistungsinputs enthalten.

Um dies genauer identifizieren zu können, reduzierten wir
in dem zweiten Experiment hintereinander (sukzessive) jeden
der $59 * 59 = 3481$ Vorleistungsinputs (59 liefernde und emp-
fangende Branchen) um wiederum 1 % und berechneten
die Wirkungen auf den gesamtwirtschaftlichen Rohstoffverbrauch getrennt für fossile Energieträger, Baumineralien, industrielle Mineralien, Biomasse, Aushub und Erosion. Die Ergebnisse der Rechnungen zeigen, dass nur ein kleiner Teil der
Lieferbeziehungen wirklich bedeutsam für den Ressourcenverbrauch ist.

Abbildung 4 bietet eine graphische Darstellung der 40
wichtigsten technologischen Verflechtungen im Hinblick auf
den gesamten Rohstoffverbrauch in Deutschland. Die Branchen sind als Kasten gekennzeichnet, die Pfeile zwischen
ihnen geben die Lieferbeziehungen an. Es gibt auch Lieferungen einer Branche an sich selbst, weil in einer Branche eine
größere Anzahl von Unternehmen zusammengefasst ist, die
auch durch Lieferströme verbunden sein können. Häufig deu-
tet dies – wie z. B. bei der Branche Metalle – auf die Zusam-
menfassung von hintereinander liegenden Produktionsstufen
hin. Die Branche Metalle umfasst die Herstellung von Stahl,
NE-Metallen und Kupfer sowie die Weiterverarbeitung zu
Blechen und anderen Halbfabrikaten. Die Stärke der Pfeile repräsentiert ihre relative Bedeutung im Hinblick auf den gesamtwirtschaftlichen Rohstoffverbrauch, der direkt und indirekt durch diese Lieferung generiert wird. Werden die hier
dargestellten Lieferbeziehungen, die nur etwa 1 % aller Lie-

ferbeziehungen ausmachen, um 1 % reduziert, so ergibt sich zwei Drittel der Wirkungen, die man erzielt, wenn man alle 3481 Lieferbeziehungen um 1 % vermindert.

Bei dieser Darstellung ist zu beachten, dass nur die Vorleistungsverflechtung innerhalb der Unternehmen betrachtet wird. Deshalb sind z. B. die Haushalte als Abnehmer von elektrischem Strom nicht erfasst.

Abbildung 4 lässt vier wichtige zusammenhängende Bereiche erkennen. Man könnte hier von Clustern sprechen. Am bedeutendsten erscheint zunächst der Einsatz von Kohle in der Stromerzeugung sowie in der Koksherstellung, die dann zur Metallerzeugung führt. Auch die Stromerzeugung liefert einen wichtigen Input an die Metallerzeugung. Dabei handelt es sich um die Aluminium- und Kupferproduktion sowie die Elektrostahlerzeugung. Die Metalle finden wiederum Verwendung in der Produktion von Fahrzeugen, Maschinen und Metallerzeugnissen. Das dritte Cluster gruppiert sich um die Bauwirtschaft. Hier werden direkt Steine und Erden – also Baumineralien – und in bereits verarbeiteter Form als Glas und Keramik eingesetzt. Ferner ist Baustahl als Input in der Bauwirtschaft wichtig, der wiederum das Baucluster mit dem Metallcluster verbindet. Das Zentrum für die Entnahme von Biomasse ist das Cluster Nahrung und Genuss. Die Landwirtschaft entnimmt die Biomasse aus der Natur und liefert sie an die Nahrungs- und Genussmittelindustrie. Hier ist Energie ein weiterer wichtiger Input. Das Produktionsergebnis wird an das Gaststättengewerbe geliefert.

Nicht in der Konzentration wie die soeben identifizierten industriellen Cluster, aber offenbar als dennoch wichtig er-

Abb. 4 Technologische Verflechtungen und Ressourcenverbrauch.

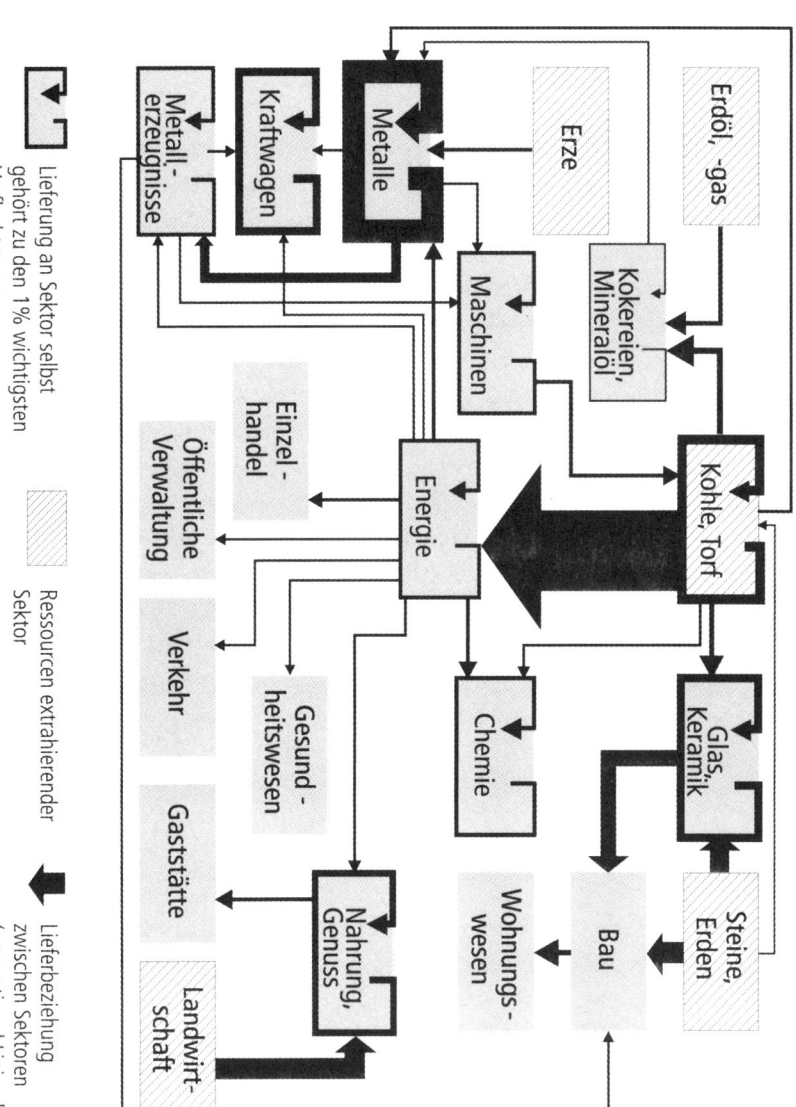

Lieferung an Sektor selbst gehört zu den 1% wichtigsten

Ressourcen extrahierender Sektor

Lieferbeziehung zwischen Sektoren

weisen sich die großen Dienstleistungsbranchen wie Handel, Verkehr, Gesundheitswesen und öffentliche Verwaltung als Nachfrager von Energie.

Zusammenfassend kann festgestellt werden, dass die Energieherstellung und -versorgung die Stoffströme offensichtlich dominiert. Die anderen Cluster unterscheiden sich hinsichtlich ihrer Rolle im volkswirtschaftlichen Produktionsprozess beträchtlich. Auf der einen Seite erkennen wir die Metallverarbeiter Fahrzeugbau, Maschinenbau, Metallerzeugnisse als Investitionsgüterhersteller und die Chemie als diejenigen Branchen, die im internationalen Wettbewerb stehen und ihre Produktion überwiegend exportieren (Kapitel 2). Die beiden anderen Cluster – Bau / Steine, Erden / Wohnungswesen und Nahrungs- und Genussmittel / Gaststätten – sind dagegen deutlich auf den inländischen Markt fixiert. Auch die Dienstleister Handel, Verkehr, Gesundheitswesen und öffentliche Verwaltung bieten auf dem Inlandsmarkt an. Diese Unterschiede werden bei den Überlegungen zur Gestaltung einer effizienten Politik im Hinblick auf die Wahl der einzusetzenden Instrumente, die wir im nächsten Kapitel diskutieren werden, noch von großer Bedeutung sein.

Die Rolle der Schlüsseltechnologien

Die Helmholtz-Gemeinschaft der Forschungsinstitute hat unter der Leitung des Physikers und Philosophen Armin Grunwald in einer umfassenden Studie über Nachhaltigkeitsprobleme in Deutschland alle Aspekte des Themas kompetent beleuchtet. Unter anderem wurde festgestellt, dass besondere Potenziale für eine nachhaltigere Gestaltung der Technik bei vier Schlüsseltechnologien liegen. Es handelt sich um die Na-

notechnologie, die Biotechnologie, die Regenerative Energietechnik und die Informations- und Kommunikationstechnologie, deren weitere Entwicklung bei der Gestaltung der Pro-
duktionsverhältnisse in grundsätzlich allen Bereichen der
Wirtschaft von herausragender Bedeutung sein werden.

Neue Techniken durchlaufen mehrere Stadien, bis sie
schließlich in Betrieben und Haushalten installiert sind. Der
Innovationsprozess beginnt mit der Grundlagenforschung,
die sich häufig an den Universitäten und großen Forschungs-
instituten, aber auch in den Forschungsabteilungen von Unternehmen abspielt. In der nächsten Phase ist die Umsetzung
der Erkenntnisse der Grundlagenforschung in konkrete Pro-
duktideen und neue Produktionsprozesse zu leisten. Dabei
spielt die Frage der Wirtschaftlichkeit der Entwicklung eine
zentrale Rolle. In der letzten Phase geht es um die Marktein-
führung der neuen Produkte und Prozesse. Die Durchführung von Innovationen setzt also immer eine Kombination
von naturwissenschaftlich-technischer und ökonomischer
Forschung voraus. Die angesprochenen Schlüsseltechnologien befinden sich in unterschiedlichen Phasen des Innovati-
onsprozesses. Die Aussagen über ihre Einsatzmöglichkeiten
sind deshalb auch sehr unterschiedlich präzise.

Die Nanotechnologie ist nicht eine spezifische Technik in
einem eng definierten Produktionszusammenhang. Es ist allgemein der Vorstoß der Technik in die Welt der Atome und
Moleküle, die der Physiker Richard Feynman bereits 1959 als
Zukunftsperspektive erkannt hat. Der Japaner Norio Tanigu-
chi hat sie erstmals 1974 als eine Technik der Trennung, Ver-
einigung und Deformation von Materialien durch ein Atom
oder Molekül definiert. Wenn man Materialien auf der Ebene
der Atome und Moleküle bearbeiten kann, ist es möglich, den

Materialien völlig neue Eigenschaften zu geben. Ferner lassen sich Produkte und Produktionsverfahren in einem bislang nicht für möglich gehaltenen Ausmaß verkleinern, was wiederum völlig neue Anwendungsmöglichkeiten schafft. Die Vertreter der Nanotechnologie sprechen deshalb gern von einer dritten industriellen Revolution.

Die Entwicklung neuer Materialien und Werkstoffe ist für alle industriellen Produktionsprozesse von herausragender Bedeutung. Wie wir gesehen haben, sind Stahl, Aluminium, Kupfer und Keramiken wichtige industrielle Vorprodukte, die einen großen Anteil der Stoffströme ausmachen. Wenn es hier z. B. gelingt, bei gleicher Festigkeit das Gewicht der Materialien zu reduzieren, lassen sich beim Einbau in Fahrzeugen und Maschinen bisher nicht abschätzbare Reduktionen beim Energieverbrauch erzielen. Zu erwarten ist, dass durch die Entwicklung leistungsfähigerer Dämmmaterialien und Fenstergläser, die Wärme- und Kühlfunktionen übernehmen können, auch im Wohnbereich unabsehbare Energieeinsparungen möglich sein werden. Ferner mögen Konstruktionen von Produkten und Produktionsprozessen möglich werden, die mit den bisherigen Materialien nicht erreichbar waren. Die Entwicklung von Maschinen auf der Nanoebene könnte völlig neue diagnostische Anwendungen und Steuerungsmöglichkeiten in vielen Bereichen, zum Beispiel in der Medizin, ermöglichen. Für die Informations- und Kommunikationstechnologie, die in starkem Maße Motor des technischen Fortschritts ist, bieten sich völlig neue Wege z. B. in der Informationsspeicherung. Die Nanotechnologie erschließt für die Informations- und Kommunikationstechnologie neue Anwendungsmöglichkeiten. Bereits heute bringt die Nanotechnologie eine Fülle neuer Produkte hervor, wie z. B. Oberflächenbeschichtungen, die es erlauben, auf die sehr materialintensive Reinigung von Oberflächen zu verzichten. Sonnencremes zur Schutz vor ultravioletter Strahlung enthalten Nanopartikel, moderne Prozessoren enthalten bereits Strukturen auf der Nanoebene.

Der Begriff Biotechnik geht auf den Botaniker und Mikrobiologen Raoul H. Francé zurück (*Die Pflanze als Erfinder*, 1920). Die grundlegende Idee besteht darin, die Natur als Vorbild für technische Lösungen zu nutzen. Heute verfolgt die sehr dynamische Wissenschaftsdisziplin Bionik (engl.: *bionics, biomimetics*) dasselbe Konzept. Der Begriff Bionik setzt sich zusammen aus Biologie und Technik. Von der Bionik zu unterscheiden ist die Biotechnologie, die sich hauptsächlich mit biochemischen Vorgängen und deren industriellen Umsetzungstechnologien beschäftigt. Wiederum ein anderer Zweig ist die Gentechnik, unter der man alle Verfahren im Bereich der Molekularbiologie und Genetik versteht, bei denen das Erbgut der Organismen verändert wird.

Die Anwendungsfelder der Bionik sind ausgesprochen vielfältig. Im Hinblick auf die Steigerung der Ressourcenproduktivität sind die modernen Werkstoffe für Leichtbaukonstruktionen besonders interessant. Die Natur hat das Prinzip des Leichtbaus zum Beispiel im Evolutionsprozess der Pflanzen über viele Millionen Jahre optimiert. Die von ihr verwendeten Konstruktionsprinzipien können in der industriellen Fertigung adaptiert werden.

Ein anderes Beispiel der Anwendung der Bionik hat mit der Benetzbarkeit von Oberflächen beim Aufprall von Tropfen zu tun, die in der Technik in vielen Bereichen für die Effizienz von Prozessen von großer Bedeutung ist. Dabei spielt für die endgültige Wirkung des Tropfens und dessen Inhalt auch die Hydromechanik eine sehr entscheidende Rolle. Die Natur bietet interessante Methoden zur Beeinflussung der Benetzbarkeit. Ein Beispiel ist das Lotosblatt, dessen Formgebung Flüssigkeiten abweist.

Die Gentechnik und hier insbesondere die sich mit der Veränderung des Erbguts von Pflanzen beschäftigende Grüne Gentechnik können Chancen für eine nachhaltigere Entwicklung liefern. Im Mittelpunkt der Forschung stehen Züchtungen, die resistent gegenüber Krankheitserregern sind und deshalb mit wesentlich geringeren Pestizid-Dosen behandelt werden müssen. Ferner geht es um Arten mit höheren Erträgen, was für die Bekämpfung des Hungers in weiten Teilen der Welt von großer Bedeutung sein kann. Die Anwendung der Gentechnik wird sehr kontrovers geführt. Natürlich muss ihr Gefährdungspotenzial in jedem Einzelfall vorurteilsfrei wissenschaftlich untersucht werden. Eine pauschalisierende Argumentation hilft nicht weiter und könnte dazu führen, dass Chancen nicht genutzt werden.

Erneuerbare Energien sind schon Jahrhunderte lang ein wichtiger Pfeiler der Energieversorgung gewesen. Das Korn wurde schon im Mittelalter durch Wind- und Wassermühlen gemahlen, und in Holland wäre ohne die Kraft der Windmühlen die Landgewinnung durch Trockenlegung der Polder nicht möglich gewesen. In der Frühzeit der Industrialisierung war die Metallverarbeitung überall dort möglich, wo – wie etwa im Siegerland und im Sauerland – in Gebirgstälern Wassermühlen von Bächen angetrieben wurden. In neuerer Zeit waren die Wind- und Wassermühlen dann nur noch idyllische Zeugen einer »guten alten Zeit« und wurden überall durch die leistungsstärkeren Anlagen ersetzt, die von fossiler Energie angetrieben wurden. Mit der ersten Ölkrise im Jahre 1973 und der damals beginnenden Diskussion um die Grenzen des

Wachstums durch den Club of Rome und andere, erinnerte man sich wieder an diese Technik.

Erneuerbare Energien nutzen entweder direkt die Sonnenkraft, die Bewegungen des Windes oder des Wassers oder die in der Tiefe der Erde enthaltene Wärme. Außerdem zählt die Verbrennung von Biomasse zur Gewinnung erneuerbarer Energien. Alle Verfahren sind dadurch gekennzeichnet, dass sie keine CO_2-Emissionen verursachen. Dies gilt auch für die Verbrennung von Biomasse, denn die Pflanze, die verbrannt wird, enthält nur so viel Kohlenstoff, wie die lebende Pflanze zuvor der Atmosphäre entnommen hat.

Eine Fülle von Techniken zur Erzeugung regenerativer Energien ist bereits im Betrieb: Staudämme speichern die Wasserkraft, und der Wasserablauf treibt Generatoren zur Stromerzeugung an. Gezeitenkraftwerke nutzen die durch den Mond ausgelösten Meeresströmungen an der Küste zum Antrieb der Turbinen. Windmühlen erzeugen elektrischen Strom durch die Bewegung der Rotoren. Halbleitermaterialien in Solarzellen erzeugen durch Bestrahlung mit dem Sonnenlicht elektrischen Strom. In solarthermischen Kraftwerken wird durch eine Vielzahl von Leichtbauspiegeln das Sonnenlicht konzentriert und zur Erzeugung von Wasserdampf verwendet, der dann Turbinen antreibt. Es gibt Pläne, in besonders sonnigen Gegenden der Erde mit dem auf diese Weise sauber erzeugten elektrischen Strom durch das Verfahren der Elektrolyse aus Wasser Wasserstoff zu erzeugen. Der könnte dann durch Tankschiffe oder Pipelines dorthin verfrachtet werden, wo er als Brennstoff für den Antrieb von Fahrzeugen verwendet werden könnte. Die Verbrennung im Motor des Fahrzeugs verliefe dann »sauber« und hätte als Emission lediglich einige Tropfen Wasser. In Prototypen sind Wasserstoffantriebe in Autos bereits in der Erprobung.

Der Physiker Joachim Nitsch geht davon aus, dass der Stromverbrauch Deutschlands vollständig durch erneuerbare Energien gedeckt werden könnte, wobei auch Stromimporte aus solarthermischen Kraftwerken in den Mittelmeerländern berücksichtigt sind. Die zurzeit entwickelten Technologien sind allerdings noch nicht wettbewerbsfähig mit denen, die auf dem Einsatz fossiler Energieträger beruhen. Hier mag technischer Fortschritt noch einiges verändern. Vor allem wird der durch die zunehmende Knappheit der fossilen Energieträger sich weiter verschärfende Preisauftrieb die regenerativen Energien tendenziell begünstigen.

Die Informations- und Kommunikationstechniken (IuK-Techniken) haben in den vergangenen 20 Jahren weltweit sowohl die betrieblichen Arbeitsprozesse als auch das Konsumverhalten dramatisch verändert. Ohne Computer, Internet und Mobiltelefon wäre die Globalisierung der wirtschaftlichen Entwicklung nicht möglich gewesen, gleichzeitig basiert auf der Verwendung dieser Techniken eine Änderung des Bewusstseins, die Lebensstile neu gestaltet.

Die Wirkungen auf die Entwicklung der Rohstoffproduktivität sind nicht ganz eindeutig. Das von manchen einmal prognostizierte papierfreie Büro hat sich durch das Vordringen der IuK-Technologien jedenfalls nicht ergeben. Im Gegenteil ist eher festzustellen, dass der schier unbegrenzte Zugang zu Informationen und die Möglichkeit, diese unmittelbar auf Papier zu drucken, ganz alte Sammlerleidenschaften neu belebt haben. Auch der Elektronikschrott, der durch den technischen Fortschritt in beträchtlichem Umfang und in rascher Folge entsteht, hat neue Probleme geschaffen. Dasselbe gilt für den mit dem Einsatz der IuK-Technologien verbundenen Anstieg des Stromverbrauchs.

Gleichwohl sind die Stoffströme auch in positiver Hinsicht

beeinflusst worden: Der E-Commerce, der sicherlich noch ein beträchtliches Steigerungspotenzial hat, spart Ressourcen, weil z. B. Fahrten vermieden werden. Die Möglichkeit, E-Mails mit Anhängen zu versenden, hat die Kommunikation revolutioniert. Viele Reisen zur Durchführung von Gesprächen erübrigen sich, und die wirtschaftlichen Prozesse haben insgesamt eine dramatische Effizienzsteigerung erfahren. Die elektronische Steuerung von Produktionsprozessen hat ressourcensparende Technologien ermöglicht. Telematik-Systeme werden in Zukunft verstärkt zur ressourcenschonenden Lenkung des Straßenverkehrs eingesetzt werden können. In der Umweltpolitik werden künftig verstärkt Systeme zur Erhebung von Abgaben genutzt werden, wie dies zum Beispiel schon bei der Straßenmaut für Lkw geschieht. Der Einsatz von Informations- und Kontrollsystemen kann in der Landwirtschaft und der Industrie zur effizienteren Gestaltung der Produktionsprozesse genutzt werden.

6. Was muss konkret in Deutschland und Europa geschehen, damit eine Steigerung der Ressourcenproduktivität möglich ist?

Nachdem wir im Kapitel 4 die Zielrichtung eines Umbaus der Wirtschaft in Richtung auf eine Steigerung der Ressourcenproduktivität festgelegt und dieses Vorgehen in den Gesamtzusammenhang einer Politik zur Steigerung der Nachhaltigkeit gestellt haben, geht es nun um die Frage, welche Maßnahmen zu ergreifen sind. Dabei werden wir auf die Ergebnisse des Kapitels 5 zurückgreifen können, in dem wir festgestellt haben, dass bei geeigneter Strategiewahl sowohl im Bereich der Konsumenten als auch bei den Entscheidungen der Unternehmen über die einzusetzenden Technologien erhebliche Potenziale für eine nachhaltigere Entwicklung bestehen. Eine Minderung der zehn rohstoffintensivsten Konsumverwendungszwecke um 1 Milliarde Euro (Minderung des Gesamtkonsums um 10 Milliarden Euro) erbringt bei gegebenen Technologien bereits mehr als drei Viertel der Wirkungen, die wir erzielen würden, wenn wir alle Konsumverwendungszwecke um 1 Milliarde Euro vermindern würden, was einem Gesamtvolumen der Minderung des Konsums um 43 Milliarden Euro entspräche. Bei den Unternehmen ist die Konzentration auf die beteiligten technologischen Cluster, die wir identifiziert haben, sogar noch größer: Auf die Energieerzeugung, die Metallerzeugung und -verarbeitung, die Bauwirtschaft und die Nahrungsmittelerzeugung konzentriert sich der Rohstoffverbrauch. Betrachten wir die Verflechtungen aller Branchen der Volkswirtschaft untereinander, so erbringt bei den heute gegebenen Technologien die Reduktion von dem einen Prozent der rohstoffintensivsten Lieferbeziehungen bereits zwei Drittel der Wirkungen, die erzielt werden, wenn alle Lieferbeziehungen um einen bestimmten prozentualen Betrag reduziert würden. Diese Ergebnisse lassen hoffen, dass der erforderliche Umbau der Wirtschaft auch gelingen kann, weil sich der Rohstoffverbrauch auf bestimmte Güter und Technologien konzentriert. Dieser Eindruck hat sich noch dadurch verstärkt, dass ein Blick auf die Entwicklungspotenziale der wichtigen Schlüsseltechnologien Nanotechnologie, Biotechnik, erneuerbare Energien, Informations- und Kommunikationstechnologie gezeigt hat, dass sie dramatische Reduktionen des Rohstoffverbrauchs ermöglichen werden. Es bleibt also nun noch zu fragen: Wie können wir die Unternehmer in den rohstoffintensiven technologischen Clustern dazu bringen, in Zukunft diese Potenziale zu nutzen? Wie können wir die Konsumenten veranlassen, beim täglichen Kauf der Güter die mit ihnen direkt, aber vor allem auch indirekt verbundenen Rohstoffverbräuche zu berücksichtigen? Es ist die Frage nach den Instrumenten, deren Einsatz uns eine nachhaltigere Entwicklung erschließen soll, die uns im folgenden Abschnitt beschäftigen wird. Dabei knüpfen wir an die bestehenden gesetzlichen Regelungen an und fragen nach notwendigen Veränderungen.

Nachhaltigkeit ist nicht teilbar

Wenn wir das Verhalten von Konsumenten, Produzenten und Investoren durch umweltpolitische Maßnahmen beeinflussen, dann hat dies immer auch wirtschaftliche und soziale Wirkungen. Eine Steuer auf den Energieverbrauch reduziert zum Beispiel den Energieverbrauch und die Schadstoffemissionen, aber der Staat nimmt damit auch Einkommen der Konsumenten und verwendet sie in irgendeiner anderen Weise. Für Bezieher niedriger Einkommen ist eine solche Besteuerung immer schmerzhafter als für die Angehörigen der reicheren Einkommensschichten. Diese Feststellungen sind trivial, aber im Rahmen eines normativen Konzeptes, das drei Dimensionen der Nachhaltigkeit – die ökologische, die wirtschaftliche und die soziale – postuliert, bei der Gestaltung der Politik ganz entscheidend. Natürlich würde eine Politik, die den Konsum halbiert, die ökologische Nachhaltigkeit dramatisch verbessern, aber gleichzeitig würde ein wirtschaftlicher Absturz erfolgen, der von einer katastrophalen Arbeitslosigkeit begleitet wäre. Es wäre also die Nachhaltigkeit in ihrer wirtschaftlichen und sozialen Dimension verschlechtert.

Wettbewerblich organisierte Volkswirtschaften sind durch Wachstum gekennzeichnet, weil der dynamische Wettbewerb technischen Fortschritt generiert und Gewinne entstehen lässt, die nach einer neuen Anlage suchen. Die westlichen Industriegesellschaften sind inzwischen auch auf eine dynamische wirtschaftliche Entwicklung angewiesen, denn sie stehen im intensiven Wettbewerb mit den Schwellenländern, die längst wesentliche Elemente der westlichen Wirtschaftsverfassung adaptiert haben. Wirtschaftliche Nachhaltigkeit bedeutet für die westlichen Industrieländer, also auch Europa und Deutschland, dass sie in diesem Wettbewerb bestehen können. Die soziale Dimension der Nachhaltigkeit fordert für Europa unter anderem, dass Vollbeschäftigung erreicht wird und die Einkommensverteilung sich nicht zuungunsten der unteren Einkommensschichten verschlechtert. Wenn wir es ernst meinen mit dem Konzept der Nachhaltigkeit, dann dürfen wir unsere Überlegungen zur Gestaltung der Politik nicht auf die Steigerung der Ressourcenproduktivität beschränken, sondern müssen auch fragen, welche Wirkungen von den Maßnahmen auf die Wettbewerbsfähigkeit ausgehen und wie die soziale Balance durch sie beeinflusst wird. Insofern ist nicht nur die Umweltpolitik, sondern letztlich doch wieder die gesamte Gestaltung unserer Wirtschafts- und Sozialpolitik auf dem Prüfstand. Wir werden das hier nicht in voller Breite tun können, aber die wichtigsten Themen diskutieren müssen. Ein Umbau der Wirtschaft zur Steigerung der Ressourcenproduktivität wird nur möglich sein in einem dynamischen und innovativen wirtschaftlichen Umfeld, das sich wiederum nur einstellen wird, wenn ein sozialer Konsens herrscht und Wettbewerbsfähigkeit gegeben ist. Insofern müssen einige Themen angesprochen werden, die über den engen Rahmen des Ressourcenmanagements hinausgehen. Zentrale Bedeutung hat dabei der demographische Wandel, der Änderungen in unserem System der sozialen Sicherung, in der Bildungspolitik und für den Arbeitsmarkt erzwingt.

Die Rolle der ökonomischen Instrumente

Nach Ansicht der Ökonomen (vgl. die ausführliche Darstellung in Kapitel 3) besteht die Ursache des Umweltproblems darin, dass wir die Natur kostenlos nutzen können und sie deshalb in einem Maße »verbrauchen«, das ihren Bestand gefährdet. Wir behandeln die Natur fälschlicherweise als ein Gut, das unbegrenzt verfügbar ist und deshalb den Preis null hat. Tatsächlich aber ist die Natur ein knappes Gut. Da die Ressourcen in vielfältiger Weise in den Gütern, die wir erzeugen und konsumieren, enthalten sind, sind die Preise aller Güter falsch. Die ökonomischen Entscheidungen, die wir als Verbraucher und Produzenten auf der Basis dieser Preise treffen, sind dann natürlich auch fehlerhaft und führen uns immer weiter in das Elend der ökologischen Katastrophen. Der Therapievorschlag ist aus dieser Perspektive ganz einfach: Man muss den Ressourcenverbrauch nur mit denjenigen Preisen bewerten, die seiner Knappheit entsprechen. Der Staat muss zu diesem Zweck Märkte etablieren, auf denen die Umweltgüter gehandelt werden, und dabei das Angebot an Naturgütern so weit begrenzen, dass die Ziele des Erhalts der Natur erreicht werden. Ein Beispiel ist dafür der Handel mit CO_2-Emissionsrechten im Bereich des produzierenden Gewerbes in Europa. Eine Alternative besteht darin, dass der Staat solche Märkte nicht einrichtet, sondern das bestehende Preissystem durch eine Besteuerung des Ressourcenverbrauchs oder eine Subventionierung von ressourcensparenden Technologien korrigiert.

Wir hätten damit eine perfekte Lösung unseres Problems gefunden, wenn eine wesentliche Voraussetzung immer erfüllt wäre – die Funktionsfähigkeit unserer Gütermärkte. Wir haben in Kapitel 3 diesen Punkt ausführlich betrachtet und wollen an dieser Stelle nur das Ergebnis kurz in Erinnerung rufen: Die Märkte sind leider nicht immer voll funktionsfähig, das heißt, dass die Produzenten und Konsumenten nicht immer ihre Entscheidungen an den Preissignalen ausrichten, weil die Marktteilnehmer eben nicht die mit perfekter Information ausgestatteten Rechenautomaten sind, die von der ökonomischen Theorie unterstellt werden. Ferner mangelt es auf manchen Märkten auch an Wettbewerb, weil es nur wenige Anbieter oder Nachfrager gibt. Wir müssen also im konkreten Fall genau hinschauen. Es gilt somit ein Primat der ökonomischen Instrumente, aber ohne Ordnungspolitik und das Ansprechen der intrinsischen Motivation der Bevölkerung wird es nicht gehen.

Weiterentwicklung des Instruments der handelbaren Emissionsrechte

Vor dem Hintergrund der im Kyoto-Protokoll eingegangenen Verpflichtungen zur Reduktion der Treibhausgasemissionen hat die Europäische Union am 13. Oktober 2003 die Einrichtung eines Systems zum Handel mit Treibhausgasemissionen (Emissionshandelsrichtlinie) beschlossen. Die Mitgliedstaaten stellen für einen bestimmten Zeitraum einen sogenannten Nationalen Zuteilungsplan (NAP) auf, der festlegt, wie viele Zertifikate sie insgesamt für diesen Zeitraum zuzuteilen beabsichtigen und wie die Zertifikate auf die Unternehmen zu verteilen sind. Der Emissionshandel ist auf Grundstoffindustrien beschränkt, wie Stromerzeugung, Eisen- und Stahlerzeugung, Papier- und Pappeerzeugung, Steine und Erden, Glas und Keramik sowie Mineralölverabeitung und Kokereien. Die Zuteilung orientiert sich an den aktuellen Emissionen der Anlagen. Dabei muss sich die Gesamtmenge der von einem Land verteilten Berechtigungen daran orientieren, dass das Land die im Kyoto-Protokoll eingegangenen Verpflichtungen für den Zeitraum 2008 bis 2012 auch erreichen kann. Bei dieser Zuteilungsregel wird den Ländern ein erheblicher Ermessensspielraum eingeräumt, denn die Länder haben sich für bestimmte Emissionsziele für das Land insgesamt verpflichtet, nicht aber für ihre Grundstoffindustrien. Die EU-Verordnung sah im Kern eine freie Abgabe der Berechtigungen vor, erlaubte aber bis zu 10 % des Gesamtvolumens auch eine Versteigerung durch den Staat. In Deutschland sind alle Rechte frei vergeben worden. Die EU-Richtlinie spricht von der Emission von Treibhausgasen als Gegenstand des Handels, in den ersten Phasen betrifft es aber nur die CO_2-Emissionen.

Der Handel begann im Jahre 2005. Die Zuteilungen gelten

für die Zeiträume 2005 bis 2007 und für eine weitere Periode
2008 bis 2012, die auch dem Kyoto-Protokoll zugrunde liegt.
Für die weitere Zukunft sind jeweils Fünfjahresschritte vorgesehen. Nach dem Beginn des Handels erreichte der Preis der
Zertifikate wohl aufgrund von Unsicherheiten über die Einschätzung dieser neuen Institution in der Spitze 30 Euro pro
Tonne CO_2, fiel dann aber bis 2007 auf einen Wert unter
einem Euro. Der Markt ist also zusammengebrochen, was auf
eine zu reichliche Zuteilung schließen lässt. Die Idee des
Marktes ist ja, dass diejenigen Unternehmen, die mehr Zertifikate benötigen als ihnen zugeteilt wurde, als Nachfrager
auftreten, während andere, die Emissionen einsparen, entsprechende Zertifikatsmengen anbieten. Je nach Knappheit
der Zertifikate bildet sich ein Preis heraus, der Anreiz zur Vermeidung von CO_2-Emissionen ist.

Eine Weiterentwicklung dieses Instruments ist in mehreren Dimensionen denkbar. Zunächst könnte man fragen, ob
nicht weitere Wirtschaftszweige oder gar die Verbraucher
dem Zertifikatshandel unterliegen sollten. Ferner bleibt zu
fragen, ob die Art und Weise der Zuteilung so bleiben sollte.
Außerdem, ob nicht größere Teile des Gesamtangebotes oder
gar das gesamte Angebot versteigert werden sollten. Wenden
wir uns zunächst der letzteren Frage zu.

Bei freier Zuteilung der Emissionsrechte – man spricht
auch von »grandfathering« – entstehen einem Unternehmen
lediglich dann tatsächliche Kosten, wenn es Zertifikate zukau-
fen muss. Bleibt das Unternehmen mit den Emissionen unterhalb der Schwelle, die den Zukauf von Zertifikaten notwendig
macht, so entstehen keine tatsächlichen Kosten. Für die Ange-
botsentscheidung der Unternehmung spielen die Zertifikate
aber dennoch eine wichtige Rolle. Wer produziert, nutzt die
vorhandenen Zertifikate und verzichtet auf die Alternative

ihres Verkaufs. Dem Unternehmen entgeht also ein Gewinn, was als Kosten interpretiert werden kann. Die Ökonomen sprechen von Opportunitätskosten. In welchem Umfang diese Opportunitätskosten bei der Preiskalkulation der Unternehmen berücksichtigt werden, hängt von der Intensität des Wettbewerbs und der Preiselastizität der Nachfrage – Reaktion der Nachfragemenge auf Preisänderungen – ab. In Deutschland haben jedenfalls die Produzenten von elektrischem Strom – von denen es vier gibt – ihre deutlichen Anhebungen des Strompreises in den Jahren 2005 und 2006 unter anderem mit den Opportunitätskosten des Zertifikatsmarktes begründet.

Solche Preissteigerungen führen zu außerordentlichen Gewinnen bei denjenigen Unternehmen, die in der Lage sind, die Opportunitätskosten »einzupreisen«, wobei die Ursache letztlich darin besteht, dass ein Vermögenszuwachs durch die kostenlose Abgabe der Zertifikate geschaffen wird. Die Erfahrungen über das Ausmaß der Preiswirkungen auf den folgenden Produktionsstufen sind noch keineswegs abgeschlossen, weil der Zertifikatsmarkt zurzeit (2007) selbst noch nicht voll funktionsfähig ist. Aber wir können eine Abschätzung der beiden Extremfälle diskutieren.

Betrachten wir zunächst den Fall, in dem alle Unternehmen, die an dem Zertifikatsmarkt teilnehmen, ihre Opportunitätskosten vollständig »einpreisen«. Im Falle des EU-Emissionshandels würde dies bedeuten, dass wir in Europa beträchtliche Preissteigerungen für Grundstoffe wie elektrischen Strom, Stahl, Keramik usw. erhielten. Für die Unternehmen, die diese Stoffe als Vorprodukte einsetzen, ergäben sich erhebliche Kostensteigerungen, die sie je nach Marktlage im internationalen Wettbewerb nicht vollständig weitergeben könnten, was zu entsprechenden Gewinneinbußen führt. Lässt der internationale Wettbewerb die Überwälzung dieser Kosten zu, so tragen schließlich die Verbraucher die Last. Aus ökonomischer Sicht würden sich Probleme wegen des internationalen Wettbewerbs ergeben, aus ökologischer Sicht wäre das Ergebnis auf den ersten Blick wünschenswert, denn diejenigen Güter, die direkt oder indirekt in besonderer Weise Energieinputs und Grundstoffe wie Stahl, Keramik usw. enthalten, würden in Europa erheblich teurer und entsprechend weniger nachgefragt. Allerdings darf man nicht vergessen, dass dann außerhalb Europas diese Produkte entsprechend mehr produziert und von Europa importiert würden, sodass sich die globale ökologische Bilanz keineswegs verbessern würde. Was bliebe, wäre lediglich der Wettbewerbsnachteil für die europäische Wirtschaft.

In dem anderen Fall unterstellen wir, dass die Unternehmen, die am Emissionshandel beteiligt sind, nur ihre tatsächlichen Kosten, die durch eventuellen Zukauf von Emissionsberechtigungen entstehen, bei der Preiskalkulation berücksichtigen. Die Preiswirkungen sind dann erheblich schwächer, denn es wird nur ein geringer Prozentsatz des gesamten Bestandes an Zertifikaten tatsächlich gehandelt. Der Kostendruck, der in der Wertschöpfungskette der nachfolgenden Unternehmen entsteht, ist sehr schwach, Probleme der internationalen Wettbewerbsfähigkeit dürften kaum gegeben sein. Andererseits fehlt es dann auch an den eigentlich gewünschten ökologischen Effekten einer Zurückdrängung der Nachfrage nach rohstoffintensiven Produkten.

Bei einer Versteigerung der Zertifikate durch den Staat haben die Unternehmen für den Erwerb der Zertifikate den vollen Betrag zu zahlen. Insofern haben wir denselben starken Preisanstieg für die Grundstoffe zu erwarten wie im Fall der vollen Überwälzung der Opportunitätskosten bei der freien

Vergabe der Zertifikate. Auch alle anderen Effekte für die nachfolgenden Produktionsstufen und die Verbraucher sind identisch – inklusive des erwünschten ökologischen Effekts. Der einzige Unterschied besteht darin, dass nun der Staat die Erträge des Emissionshandels erhält. Die sollte er natürlich nicht behalten, sondern an die Wirtschaft zurückerstatten. In der Literatur werden Senkungen der Einkommensteuer oder der Sozialversicherungsbeiträge diskutiert. Das hilft der Wirtschaft allgemein, aber die Grundstoffindustrien würden nur sehr indirekt daran teilhaben. Es ergäbe sich immer noch eine Umverteilung von der Grundstoffindustrie an alle anderen Produktionsbereiche und die privaten Haushalte, was schließlich langfristig zu Standortverlagerungen dieser Industrien führt. Ökologisch wäre damit nichts gewonnen, denn die Verlagerung dieser Produktion in die Schwellenländer, die mit weniger Rohstoffproduktivität erzeugen, würde sogar die CO_2-Emissionen weltweit steigern. Auf der anderen Seite verlören wir Wertschöpfung in Deutschland. Ferner braucht die deutsche Industrie mit ihrem Schwerpunkt in der Herstellung von Investitionsgütern in jedem Fall Grundstoffe wie Stahl und Keramik. Für die technologische Weiterentwicklung ist es sehr wichtig, die Wertschöpfungsketten möglichst am Ort vollständig zu haben.

Es ist deshalb – so meine ich – notwendig, das Aufkommen aus der Versteigerung der Zertifikate direkt an die einzelnen Wirtschaftszweige zurückzuführen. Dazu ein Beispiel: Die Unternehmen der keramischen Industrie verwenden Öfen zum Brennen ihrer Erzeugnisse. Für die beim Brennen entstehenden CO_2-Emissionen müssen sie entsprechende Zertifikate erwerben. Der Gesamtumsatz an Zertifikaten, die der Staat von der Keramikindustrie eingenommen hat, wird nach meinem Vorschlag dann anteilig nach dem Umsatz oder mit der Produktionsmenge als Schlüssel wieder an die Unternehmen der Keramikindustrie rückvergütet. Im Ergebnis ist der Sektor insgesamt nicht belastet, aber diejenigen Unternehmen mit hohen CO_2-Emissionen zahlen, während die effizienteren Unternehmen von der Regelung profitieren. Der Lenkungseffekt auf die CO_2-Emissionen bliebe aber erhalten, denn es lohnt sich für die Unternehmen, ihre Technologie zu verbessern. Die Industrie insgesamt würde aber nicht belastet. Auf jeder Produktionsstufe bliebe also der Anreiz zum technischen Fortschritt und zur Energieträgersubstitution erhalten, ohne dass Nachteile im internationalen Wettbewerb zu erwarten wären. Bei der Rückvergütung des Auktionsaufkommens für die Hersteller von elektrischem Strom müsste man natürlich die Anbieter erneuerbarer Energien einbeziehen, die entsprechend begünstigt würden. Man könnte dann für Neuanlagen in diesem Bereich auf die Förderung der erneuerbaren Energien durch das umstrittene Erneuerbare Energien Gesetz (EEG) verzichten, auf das wir noch näher eingehen werden.

Eine Weiterentwicklung des Emissionshandels sollte also darin bestehen, möglichst schnell zu einer Auktion der Zertifikate überzugehen. Allerdings müsste als vertrauenschaffende Maßnahme die Rückführung des Auktionsumsatzes in die Wirtschaft gesetzlich garantiert werden.

Eine andere Weiterentwicklung könnte darin bestehen, weitere Wirtschaftszweige in den Zertifikatsmarkt einzubeziehen. Allerdings stellt sich dann die Frage, ob die Überlagerung verschiedener ökonomischer Instrumente sinnvoll ist. Die sogenannte Ökosteuer auf Benzin, Diesel, Heizöl, Strom und Gas, die 1999 eingeführt worden ist, betrifft mit einigen Ausnahmen alle Unternehmen und die privaten Haushalte. Die Ausnahmen sind mehr oder weniger diejenigen Wirtschaftszweige, die im Emissionshandel erfasst sind. Es sind dies die energieintensiven Wirtschaftszweige, die deutlich geringere effektive Steuersätze zu zahlen haben. Bislang unberührt sowohl von der Ökosteuer als auch von dem Emissionshandel ist das Kerosin. Insofern könnte man den Emissionshandel auf die Fluggesellschaften ausdehnen, was zurzeit auch schon diskutiert wird.

Gegen eine Erfassung der privaten Haushalte im Emissionshandel spricht das bereits angeführte Argument der Doppelbelastung. Allerdings sollte nicht unerwähnt bleiben, dass es einen interessanten Vorschlag von David Fleming gibt, die Konsumenten bezüglich ihrer Energienachfrage unter das Dach eines eigenen Emissionshandels zu bringen. Wir werden sehen, dass dieser Vorschlag eine echte Alternative zur Besteuerung des Energieverbrauchs der Haushalte ist.

Unter dem Stichwort »Personal Carbon Trading« hat das Tyndall Centre for Climate Change Research den folgenden konkreten Vorschlag gemacht: Jeder Konsument erhält kostenlos Emissionsberechtigungen für CO_2. Die für eine bestimmte Periode zugeteilte Berechtigung wird auf einer Karte gespeichert und von dort beim Kauf von Kraftstoff, Fahrscheinen für öffentliche Verkehrsmittel sowie Gas, Heizöl und Strom abgebucht. Verbraucht ein Konsument weniger als ihm zugewiesen wurde, so kann er die entsprechenden Berechtigungen verkaufen. Die technischen Voraussetzungen für ein solches System sind bei den Kraftstoffen schon mehr oder weniger gelöst, weil die Tankstellen elektronische Buchungssysteme für den Verkauf mit Kreditkarten bereits besitzen. Die noch notwendigen Ergänzungen seien minimal. Falls jemand den Umgang mit Karten vermeiden möchte, kann er die Berechtigungen auch direkt an der Tankstelle kaufen.

Die Befürworter eines solchen Systems betonen, dass auf

diese Weise ein bewusster Umgang mit der Energienachfrage geübt wird, was die Rationalität des Verbraucherverhaltens steigern würde. Der Verbraucher erhält ferner unmittelbar die Information, welche Konsequenzen sein Verhalten für die CO_2-Emissionen hat. Entscheidend ist vor allem, dass eine wichtige Komponente der Energienachfrage durch die Gesamtzahl der Emissionsberechtigungen gesteuert werden kann, ohne dass sich negative wirtschaftliche Konsequenzen ergeben. Außerdem wäre das Private Carbon Trading einer Energiesteuer für Haushalte überlegen, weil eine gerechte Zuteilung pro Kopf gewährleistet wäre. Jeder kann also Energie ohne Zusatzkosten nachfragen, wenn er innerhalb seiner Pro-Kopf-Zuteilung bleibt. Man kann sich sogar gegenüber dem Status quo besserstellen, wenn man weniger verbraucht und die Berechtigungen verkauft. Nur wer übermäßig Energie konsumiert, muss draufzahlen. Im Hinblick auf die soziale Nachhaltigkeit ist also ein CO_2-Emissionshandel der Haushalte einer Besteuerung vorzuziehen, weil die Besteuerung die armen Haushalte stärker trifft als die reichen Haushalte.

Auch die ökologische Wirkung eines CO_2-Emissionshandels für die privaten Haushalte dürfte denen einer Energiebesteuerung überlegen sein. Die Haushalte reagieren relativ schwach auf Änderungen der Preise, die sie für die Energie zu zahlen haben, sodass die Energienachfrage und damit die CO_2-Emissionen der Haushalte sich nur wenig vermindern. Dagegen kann man durch die Höhe der Gesamtzuteilung die von den Haushalten verursachten CO_2-Emissionen genau steuern. Sollte Personal Carbon Trading nicht durchsetzbar sein, müssten allerdings die Steuersätze der Haushalte für Strom, Gas, Heizöl und Kraftstoffe heraufgesetzt werden.

Die ökologische Steuerreform

Unter dem Stichwort »Ökologische Steuerreform« versteht man eine Änderung des gesamten Abgabensystems, die den Produktionsfaktor Arbeit entlastet und den Produktionsfaktor »Natürliche Ressourcen« belastet. Der Schweizer Ökonom Binswanger verspricht sich von dieser Reform eine »doppelte Dividende« in Form einer Entlastung der Umwelt und einer Steigerung der Beschäftigung. Die schon erwähnte 1999 eingeführte Energiebesteuerung ist als Einstieg in die ökologische Steuerreform deklariert worden. Sie besteht aus einer Besteuerung des Energieverbrauchs für Kraftstoffe, Heizöl, Strom und Gas, deren Aufkommen an die Rentenversicherung gezahlt wird. Durch diese Rückführung des Steueraufkommens werden die Beitragszahlungen der Arbeitgeber und der Arbeitnehmer zur Rentenversicherung entlastet. Damit kann in der Tat von einem Einstieg in die ökologische Steuerreform gesprochen werden. Allerdings hat sie einige Schönheitsfehler, weil die Steuersätze sich nicht an den CO_2-Emissionen der Energieträger orientieren und weil nicht allein eine Ressourcenbesteuerung bei den Unternehmen vorgenommen wurde. Es handelt sich im Wesentlichen um eine Belastung der Haushalte, denn diejenigen Unternehmen, die besonders energieintensiv produzieren, erhielten großzügige Ausnahmeregelungen. Wenn wir nun – wie im vorherigen Abschnitt vorgeschlagen – die Energiebesteuerung der Haushalte durch ein Private Carbon Trading ersetzen, bleibt nicht mehr viel Substanz von der sogenannten Ökosteuer.

Gleichwohl hat der Gedanke einer Belastung des Ressourceneinsatzes bei einer gleichzeitigen Entlastung des Arbeitseinsatzes etwas Faszinierendes: Es kann das ökologische Lenkungsziel durch die Belastung der Unternehmen bei dem einen Produktionsfaktor erreicht werden, gleichzeitig wird das Unternehmen kompensiert durch die Senkung der Arbeitskosten, und der Faktor Arbeit wird attraktiver. Dies geschieht durch eine Senkung der Beiträge zur Sozialversicherung, die die sogenannten Lohnnebenkosten mindert. Die entstehenden Lücken in der Finanzierung der Sozialversicherung werden durch das Aufkommen aus der ökologischen Steuer aufgefüllt.

Wenn das Ziel der Rückvergütung der Steuer die Kompensation der negativen Effekte für die Branche insgesamt ist, dann sollte sie direkt an die Unternehmen der betroffenen Branchen gezahlt werden, wie wir das soeben auch für eventuelle Einnahmen des Staates aus der Auktionierung von Zertifikaten schon vorgeschlagen haben. Schlüssel der Rückzahlung des Steueraufkommens der Branche an die einzelnen Unternehmen könnte ihr Umsatz oder die Produktionsmenge sein. Im Ergebnis wären nur die Unternehmen mit der ökologisch »schlechten« Technologie belastet, während die anderen Unternehmen der Branche profitieren würden und die Branche insgesamt unbelastet bliebe.

Zu denken wäre an eine Weiterentwicklung der ökologischen Steuerreform durch eine Besteuerung des Rohstoffverbrauchs. Allerdings müssen wir sehr überlegt vorgehen, wenn wir negative Effekte auf die internationale Wettbewerbsfähigkeit der europäischen Wirtschaft vermeiden wollen. Die Besteuerung müsste an dem Einsatz von Metallen in den metallverarbeitenden Industrien und am Einsatz von Mineralien in der Bauwirtschaft und in der Branche Glas, Keramik – gemessen in Tonnen – ansetzen. Ein Blick auf die Abbildung 4 zeigt, dass dann der gesamte Rohstoffeinsatz mit Ausnahme der Biomasse einer Besteuerung unterliegen würde. Die Kohle braucht nicht explizit an dieser Stelle besteuert zu werden, weil sie ja durch den Emissionshandel der energieintensiven Branchen des produzierenden Gewerbes bereits erfasst ist.

Das Steueraufkommen könnte dann an dieselben Branchen wieder mit dem Umsatz als Schlüssel zurückverteilt werden, um eine Kompensation für den Preisanstieg der Rohstoffe zu finden. Die Wirkung von Besteuerung und Kompensation wäre im konkreten Beispiel die folgende: Durch die Besteuerung von Metallinputs würden im Fahrzeugbau die Produktionskosten steigen. Durch die Rückvergütung des Steueraufkommens würden diejenigen Unternehmen, die technischen Fortschritt realisieren und leichtere Fahrzeuge bauen, begünstigt und nur diejenigen, die übermäßig viel Metall einsetzen, benachteiligt. Es ergäbe sich somit ein Anreiz, den Metallverbrauch zu reduzieren, ohne dass die Branche im Durchschnitt gegenüber dem nichteuropäischen Ausland benachteiligt wäre.

Die Rückvergütung des Steueraufkommens an die durch die Zahlung belastete Branche ist einer Reduktion der Sozialabgaben aus drei Gründen vorzuziehen. Zum einen kann nur bei der direkten Rückvergütung des Steueraufkommens an die zahlende Branche eine Belastung der Branche insgesamt vermieden werden und gleichzeitig der Steuerungseffekt auf die CO_2-Emissionen erhalten bleiben. Zum anderen ist mit der Reduktion der Sozialabgaben und der gleichzeitigen Erhöhung der Steuerfinanzierung der Sozialversicherung ein schleichender Systemwechsel in der Finanzierung der Sozialversicherung verbunden. Nur wenn man den auch will, macht diese Form der ökologischen Steuerreform auch Sinn. Dann sollte man den Systemwechsel aber auch unabhängig vom Aufkommen der Umweltsteuern gestalten. Drittens ist in einigen Ländern Europas Arbeitslosigkeit kein Problem, weshalb die Reduktion der Lohnnebenkosten nicht notwendig ist.

Der Staat als Betreiber von Effizienzagenturen

Es besteht ein großer Konsens in der Literatur, dass Material und Energie in beträchtlichem Ausmaß verschwendet werden. Die Gründe sind unnötig schwere Maschinen und Fahrzeuge, Materialverschwendung bei der Produktion von Gütern in der Industrie, z. B. in der Bauwirtschaft und zu wenig Recycling von gebrauchten Materialien.

Es gibt eine Abschätzung der Größenordnung dieser Ineffizienzen durch die Erfahrung von namhaften Beratungsfirmen: Der Unternehmensberater Hartmut Fischer und andere Vertreter der Branche haben im Verarbeitenden Gewerbe ein Sparpotenzial in Höhe von 20 % der gesamten Materialkosten identifiziert. Eine solche permanente Kostensenkung könnte durch zusätzliche Beratungsleistungen und den Einsatz von zusätzlichem Kapital im Umfang der Materialersparnis eines Jahres erreicht werden. Ein Drittel dieser Zusatzkosten bestünde aus Beratungsleistungen, zwei Drittel sind zusätzliche Kapitalkosten.

Man mag fragen, warum sich Firmen so weit von ihrem Optimum entfernt befinden. Die Antwort ist, dass die Anreizmechanismen der Management-Systeme im Hinblick auf den Materialverbrauch nicht effizient sind. Die Controlling-Systeme erfassen Materialverluste in der Regel nicht explizit, sondern stellen den Faktor Arbeit und die Reduktion der Arbeitskosten in den Mittelpunkt. Der Hintergrund ist der, dass in der Vergangenheit die Arbeitskosten permanent gestiegen sind, während die Rohstoffpreise zwar durchaus heftige Schwankungen in ihrem zeitlichen Ablauf aufweisen, aber zumindest bisher keine deutlich ansteigenden Trends. Außerdem sind die Investitionsentscheidungen bei der Auswahl von Maschinen häufig dominiert von den Anschaffungskosten, während die Betriebskosten über die gesamte Lebensspanne der Anlage nicht hinreichend beachtet werden. Häufig kennt das Management auch nicht alle technischen Alternativen und ihre Kostenimplikationen. Gelegentlich fehlt es an institutionellen Voraussetzungen für den Austausch von Informationen, was insbesondere auf kleinere Unternehmen zutrifft.

Aus dieser Perspektive betrachtet sind die Märkte offenbar nicht in der Lage, den optimalen Ressourceneinsatz zu erreichen. Die soeben diskutierte Steuer auf den Materialeinsatz wird Anreize zur Überwindung dieser Schwäche geben. Darüber hinaus mag es sinnvoll sein, dass der Staat als Moderator eines Informationsprogramms auftritt, das die Bedeutung des Materialmanagements betont und Wege zu seiner Verbesserung aufweist. Natürlich müssten die Beratungsleistungen selbst von Unternehmen erbracht werden.

Was wären die Wirkungen eines solchen Programms, wenn man die Erfahrungen der Beratungsfirmen als generell gültig für alle Firmen des Verarbeitenden Gewerbes unterstellt? Zusammen mit Martin Distelkamp und Marc Ingo Wolter habe ich diese Frage für die deutsche Wirtschaft zu beantworten versucht und mit Blick auf den Auftraggeber der Studie (Aachener Stiftung Kathy Beys) vom »Aachener Scenario« gesprochen. Um solche Effekte abzuschätzen, braucht man ein Modell, ein Abbild der Wirtschaft, das möglichst realistisch mit dem für die Fragestellung erforderlichen Detailgrad die Funktionsweise der Wirtschaft beschreibt. Ein solches Modell ist das von der Gesellschaft für Wirtschaftliche Strukturforschung (GWS) in Osnabrück entwickelte System PANTA RHEI, das die Entwicklung der Wirtschaft in der Tiefengliederung von 59 Branchen, ihre technologischen Verflechtungen untereinander, ihre Rohstoff- und Energieverbräuche und die Koppelung mit der gesamtwirtschaftlichen Entwicklung be-

schreibt. Ferner sind das Verhalten der privaten Haushalte
und das des Staates sehr detailliert abgebildet. Der Name des
Modells ist nicht wie sonst häufig eine Abkürzung, sondern
zitiert einen Ausspruch des griechischen Philosophen Hera-
klit (ca. 535–475 v. Chr.) und besagt in Deutsch »alles fließt«.
Damit soll zum Ausdruck gebracht werden, dass das Modell in
der Lage ist, die Änderungen der Produktions- und Nachfra-
gestrukturen und ihrer Verflechtungen mit der Umwelt zu erfassen.

Mit diesem Modell wurde zunächst eine Prognose der Entwicklung bis zum Jahre 2020 erstellt, bei der dieses Informationsprogramm noch nicht berücksichtigt wurde. In einer
zweiten Rechnung wurde dann das Informationsprogramm
modelliert, wobei die folgenden Annahmen in Anlehnung an
die bereits zitierten Erfahrungen der Beratungsfirmen entstanden: In den Prognoserechnungen, die nun schon einige
Jahre zurückliegen, wurde unterstellt, dass beginnend im Jahr
2005 pro Jahr etwa 9 % der Unternehmen des Verarbeitenden
Gewerbes an dem Informations- und Beratungsprogramm
teilnehmen würden, sodass das Programm nach elf Jahren,
also im Jahr 2015, abgeschlossen ist. Die Unternehmen des
Verarbeitenden Gewerbes haben in einem Jahr höhere Beratungskosten und Kapitalkosten für den Einsatz neuer Maschinen, die gerade der Materialkostensenkung von 20 % entsprechen. In allen Folgejahren bleibt die Senkung der Materialkosten erhalten, während die zusätzlichen Kosten für Beratung
und Kapitaleinsatz natürlich entfallen. Im Fall der Energiekosten ist der Beratungs- und Kapitalaufwand höher: Es werden
die Materialersparnisse von sechs Jahren benötigt.

Ein Vergleich der ersten Prognoserechnung mit der zweiten
zeigt nun alle direkten und indirekten Wirkungen, die von
dem Informations- und Beratungsprogramm ausgehen, denn

beide Rechnungen unterscheiden sich in den Vorgaben nur in diesem Punkt.

Die Maßnahmen haben zwei direkte Wirkungen auf die gesamtwirtschaftliche Entwicklung. Zum einen gibt es eine Kostenentlastung im Verarbeitenden Gewerbe, in der Bauwirtschaft und in der öffentlichen Verwaltung. Zum zweiten werden die Umsätze der Sektoren, die Materialgüter produzieren, reduziert. Es gibt somit Gewinner und Verlierer. Aber die Gewinner sind allesamt inländische Firmen, während die Verlierer sowohl inländische als auch ausländische Firmen sind. Folglich muss der direkte Effekt einen Anstieg des Bruttoinlandsprodukts bewirken.

Es gibt eine Menge indirekter Effekte, die ein solches Programm zur Dematerialisierung der Produktion mit sich bringt. Abbildung 5 stellt die wichtigsten Zusammenhänge

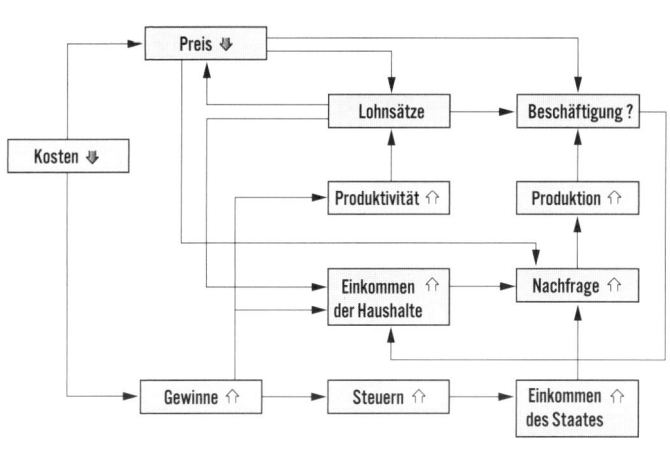

Quelle: Meyer, B., Distelkamp, M., Wolter, M. I. (2007)

Abb. 5 Indirekte makroökonomische Effekte der Dematerialisierung.

graphisch dar. Zunächst reduzieren die Senkungen der Stückkosten die Preise. Falls die Preise weniger fallen als die Kosten,
was normalerweise der Fall ist, werden die Gewinne der Unternehmen steigen.

Dadurch steigen die Einkommen der Haushalte, an die die
Gewinne letztendlich ausgeschüttet werden, und die Steuer-
einnahmen des Staates. Beide Effekte beleben die Güternachfrage, Produktion und Beschäftigung.

Höhere Gewinne bedeuten höhere Wertschöpfung und
steigende Arbeitsproduktivität, das heißt, dass die Wertschöpfung pro Arbeitsstunde zunimmt. Diese Größe und die Preis-
entwicklung sind die wichtigsten Einflussgrößen der Lohnverhandlungen. Der Preisrückgang vermindert auch den
Lohnsatz, aber die Zunahme der Arbeitsproduktivität wirkt
sich bei den Lohnverhandlungen positiv auf den Lohnsatz aus.
Beide Effekte kompensieren sich, sodass der Lohnsatz in etwa
unverändert bleibt. Bei fallenden Preisen nimmt die Relation
zwischen Lohnsatz und Preisniveau somit zu. Man spricht
auch vom Reallohnsatz, weil er uns sagt, wie viele Gütereinheiten ein Beschäftigter für eine Arbeitsstunde kaufen kann
und wie viele Gütereinheiten der Produktion ein Unternehmen für eine Arbeitsstunde aufwenden muss. Wenn der Reallohnsatz steigt, wird der Produktionsfaktor Arbeit teurer und
weniger durch die Unternehmen nachgefragt. Da aber gleichzeitig in unserer Analyse die Produktion deutlich kräftiger als
der Reallohn steigt, nimmt die Beschäftigung per saldo zu.
Die steigende Beschäftigung erhöht das Einkommen der
Haushalte und somit abermals die Güternachfrage.

Die wirtschaftlichen Effekte des Programms sind eindeutig
positiv: Die Wachstumsrate des Bruttoinlandsprodukts ist
während der Laufzeit des Programms in jedem Jahr um ca.
1 % Punkt höher als in der Basisprognose. Wir hätten also an-

stelle von etwa 1,7 % durchschnittlicher Wachstumsrate nunmehr 2,7 % pro Jahr. Die Beschäftigung nimmt während des gesamten Zeitraums zu und liegt im letzten Jahr des Programms um ca. 1 Million Personen höher als in der Basisprognose.

Auch die ökologische Wirkung ist eindeutig positiv. Die Abbildung 6 zeigt die Entwicklung des gesamten Ressourcenverbrauchs inklusive des in den Güterimporten enthaltenen indirekten Ressourcenverbrauchs in Tonnen. Die Entwicklung im Basislauf zeigt, dass ohne das Aachener Szenario der Ressourcenverbrauch weiter ansteigt. Eine große Rolle für diese Entwicklung spielt der Verbrauch von Metallen, der vor allem mit der durch die Exportnachfrage getriebenen Investitionsgüterproduktion ansteigt. Mit Beginn des Aachener Sze-

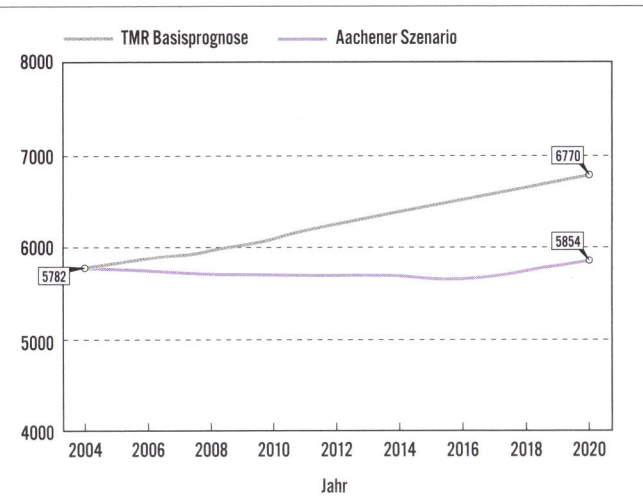

Quelle: Meyer, B., Distelkamp, M., Wolter, M. I. (2007)

Abb. 6 Prognosen der Entwicklung des Ressourcenverbrauchs in Deutschland bis zum Jahr 2020 in Millionen Tonnen.

narios im Jahre 2005 koppelt sich die Entwicklung von der Basisprognose deutlich ab. Der Ressourcenverbrauch fällt und steigt erst nach Beendigung der Maßnahmen im Jahre 2016 wieder an.

Der Nachhaltigkeitsrat hat für die Entwicklung der Materialproduktivität – also für die Relation zwischen dem Bruttoinlandsprodukt und dem gesamten Materialeinsatz – für das Jahr 2020 das Ziel einer Verdoppelung gegenüber dem Wert von 1994 formuliert. In der Abbildung 7 sind diese Entwicklung sowie die Prognose der Materialproduktivität mit dem Modell PANTA RHEI im Basislauf und für das Aachener Szenario wiedergegeben. Wir sehen, dass ohne die Maßnahmen sich eine breite Schere zwischen der Ziellinie und dem Basislauf öffnet. Aber auch das Aachener Szenario ist noch weit da-

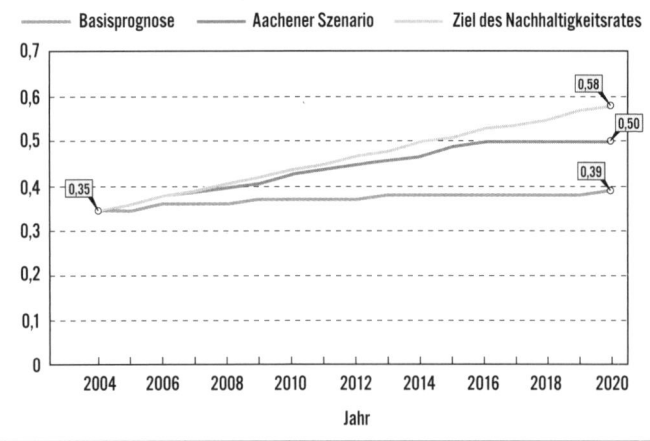

Quelle: Meyer, B., Distelkamp, M., Wolter, M. I. (2007)

Abb. 7 Zielvorgaben des Nachhaltigkeitsrates und Prognosen der Materialproduktivität für Deutschland bis zum Jahr 2020 in Euro pro kg in konstanten Preisen.

von entfernt, die Zielvorgabe zu erreichen. Insofern ist klar, dass das Informations- und Beratungsprogramm durch weitere Maßnahmen ergänzt werden muss.

Mit dem Beratungs- und Informationsprogramm geht es zunächst nur darum, die heute bereits bekannten Technologien möglichst effizient zu nutzen. Wie wir gesehen haben, reicht dies bei weitem nicht aus, um die Ziele des Nachhaltigkeitsrates, geschweige denn die von Friedrich Schmidt-Bleek formulierten, zu erreichen. Deshalb wird es notwendig sein, die Innovation zu beschleunigen. Auch hier könnten die Effizienzagenturen als Moderator wirken, indem sie den Austausch von Wissenschaftlern und Unternehmen zur Lösung technischer Probleme fördern. Die Wirkungen von technologischen Änderungen, die auf Innovationen beruhen, entsprechen in qualitativer Hinsicht denen, die wir soeben diskutiert haben. Sie dürften aber beträchtlich stärker sein.

Subventionen für den Einsatz innovativer Techniken

Subventionen sind Zuwendungen des Staates an Unternehmen, denen keine Gegenleistungen gegenüberstehen. Die Ökonomen mögen die Subventionen nicht, weil sie das Preissystem verändern und insofern Produktionsstrukturen schaffen, die von der durch den Markt geschaffenen effizienten Struktur abweichen. Wenn es nur darum geht, durch die Vergabe von Subventionen Arbeitsplätze zu erhalten, so muss man in der Tat kritisch Stellung nehmen. Die Subventionen sind durch Steuern finanziert, die letztlich aus Bereichen der Volkswirtschaft stammen, die leistungsfähiger sind als der Bereich, der die Subvention zur Sicherung seiner Arbeitsplätze erhält. Somit sind Arbeitsplätze an anderer Stelle gefährdet, allerdings wird deren Streichung nicht auffallen, weil sie sich über die ganze Volkswirtschaft verteilt.

Die Vergabe von Subventionen ist also nur zu rechtfertigen, wenn weitere Argumente hinzukommen, die sich manchmal als fadenscheinig erweisen. So kann man fragen, ob die langjährige Subventionierung der Arbeitsplätze im deutschen Steinkohlebergbau wirklich mit dem Argument der Energiesicherheit hinreichend begründet ist. Eine ganz andere Qualität hat da die Förderung erneuerbarer Energien. Hier ist klar, dass die Erzeugung von elektrischem Strom durch Windkraft, Solaranlagen, Fotovoltaik, Geothermie und Biomasse (zur Beschreibung der Technologien vgl. Kapitel 5) heute noch nicht wettbewerbsfähig gegenüber dem konventionell hergestellten Strom ist. Auf der anderen Seite ist zu erwarten, dass die Verteuerung der fossilen Energieträger durch zunehmende Knappheit, vor allem aber durch den Emissionshandel fortschreiten wird, während die technischen Fortschritte bei den erneuerbaren Energien und die mit den zunehmenden Stückzahlen erreichbaren Effizienzgewinne die Kosten der erneuerbaren Energien senken werden, sodass langfristig die Vorteilhaftigkeit sich umkehren wird. Im Übrigen hat sich die Politik bereits festgelegt, bis zum Jahr 2020 den Anteil der erneuerbaren Energien an der Energieversorgung in Europa auf 20 % anzuheben. Wenn dieses Ziel erreicht werden soll, muss natürlich heute schon eine entsprechende Förderung stattfinden.

In Deutschland haben die erneuerbaren Energien einen Anteil von knapp 5 % (2005) am gesamten Primärenergieverbrauch und 10,4 % am Stromverbrauch, womit Deutschland weltweit führend im Einsatz erneuerbarer Energien ist. Diese Position ist maßgeblich durch das Erneuerbare Energien Gesetz (EEG) aus dem Jahre 2000 erreicht worden. Das Gesetz garantiert dem Betreiber von Stromerzeugungsanlagen für Windkraft, Solarstrahlung, Biomasse, Geothermie und Grubengas langfristige Abnahmepreise, die die Kosten decken. Der nächstgelegene Betreiber eines geeigneten Netzes ist zur Abnahme und zur Vergütung des erzeugten Stroms verpflichtet. Dasselbe gilt für den nächstgelegenen Übertragungsnetzbetreiber auf der Hochspannungsebene. Die Differenz zwischen dem Vergütungssatz und dem Marktpreis des Stroms wird unter den Energieversorgungsunternehmen gleichmäßig aufgeteilt und auf den Strompreis aufgeschlagen. Die Kosten tragen also die Stromverbraucher. Insofern handelt es sich nicht um eine echte Subvention, weil der Staat nicht die Kosten trägt, sondern nur durch seinen Eingriff die über den Marktpreis hinausgehende Finanzierung durch andere garantiert. Das Volumen dieser Förderung beträgt zurzeit etwa 2,6 Milliarden Euro.

Die Förderung durch das EEG sollte beibehalten werden, wenn die von uns vorgeschlagene Begünstigung der erneuerbaren Energien im Rahmen des Emissionshandels nicht realisiert wird (siehe S. 142). Das EEG ermöglicht heute bereits Innovationen in einem Bereich, in dem sonst erst vielleicht in zehn Jahren Wettbewerbsfähigkeit gelten würde. Die sonst bei Innovationsförderung gegebenen Risiken sind hier nicht vorhanden, weil die zu erwartende langfristige Änderung der Preise für fossile Energieträger über kurz oder lang zur Rentabilität beitragen wird und außerdem weitere kostensenkende technologische Verbesserungen der Anlagen zu erwarten sind.

Ein wichtiger Baustein im Gesamtgefüge der Klimaschutzpolitik ist seit vielen Jahren die Sanierung des Wohnungsbestandes im Hinblick auf die CO_2-Emissionen. Immerhin fällt hier etwa ein Drittel des gesamten Endenergieverbrauchs in Deutschland an. Durch innovative Gebäudedämmung, Dreifachverglasung, hocheffiziente Heizungsanlagen, Vermeidung von Wärmebrücken, Einsatz von Lüftungstechnik mit Wärmerückgewinnung können Energiekosten- und CO_2-Emissionen um bis zu 50 % und mehr eingespart werden. Die Förderung richtet sich an die Eigentümer von Wohnungen und Häusern, die in der Vergangenheit Zinszuschüsse durch die Kreditanstalt für Wiederaufbau (KfW) beantragen konnten, das aktuelle Programm gewährt Tilgungszuschüsse. Der Zuschnitt der Programme ist dabei einem gewissen Wandel unterworfen. Im Jahr 2006 standen Fördermittel im Umfang von 1,5 Milliarden Euro zur Verfügung. Zweifellos muss dieser Bereich der Subventionierung von innovativen Verhaltensänderungen fortgeführt und weiter ausgebaut werden.

Forschungsförderung

Warum fördert der Staat die Forschung von Unternehmen? Ist diese Form der Subventionierung der Unternehmen nicht problematisch, weil im Falle des Forschungserfolgs die geförderten Unternehmen den Gewinn verbuchen? Die Rechtfertigung zu einem Engagement des Staates in diesem eigentlich in der Verantwortung der Unternehmen liegenden Bereich besteht einerseits darin, dass Innovationen positive externe Effekte haben. Das heißt, dass der Erfolg, den ein Unternehmen über die Einführung neuer Produkte und Produktionsverfahren erzielt, nicht auf dieses Unternehmen beschränkt bleibt, sondern auch auf andere Unternehmen ausstrahlt. Die Zunahme des Wissens in den Köpfen der Mitarbeiter, die gestiegene Qualität der Produkte und Maschinen, die wiederum in anderen Unternehmen eingesetzt werden, steigern die Wettbewerbsfähigkeit der gesamten Volkswirtschaft. Andererseits unterbleiben die notwendigen Entwicklungsvorhaben häufig, weil der Erfolg der betrieblichen Forschung sehr ungewiss ist oder aber innerhalb des Planungshorizonts der Unternehmen nicht mit der notwendigen Wahrscheinlichkcit erreicht werden kann.

Der Rat der Staats- und Regierungschefs der Europäischen Union hat im Jahre 2000 in Lissabon beschlossen, die EU bis 2010 zum wettbewerbsfähigsten wissensbasierten Wirtschaftsraum zu machen. Das im Jahre 2007 angelaufene und bis 2013 reichende siebte Rahmenprogramm dient mit einem Budget von 50 Milliarden Euro diesem Ziel. Damit wurden die Mittel gegenüber dem sechsten Rahmenprogramm um 40 % aufgestockt. Unter dem Titel »Zusammenarbeit« sind 32 Milliarden Euro für eine Verstärkung der Forschungskooperation vor allem kleiner und mittlerer Unternehmen vorgesehen. Im Mittelpunkt stehen dabei die schon angesprochenen Schlüsseltechnologien Informations- und Kommunikationstechnologie, Nanotechnologie, Energie, aber auch die Bereiche Gesundheit und Verkehr sollen in besonderem Maße gefördert werden. Weitere 12,1 Milliarden Euro sind für die Förderung der Grundlagenforschung vorgesehen. Mit 4,2 Milliarden Euro soll das Innovationspotenzial von Forschungseinrichtungen gestärkt werden.

Innovationsförderung ist in Deutschland traditionell Aufgabe des Bundesministeriums für Bildung und Forschung. Neben der Grundlagenforschung ist auch die Umsetzung der Ergebnisse der Grundlagenforschung in konkrete marktfähige Produkte und Technologien Gegenstand der Förderung. Wir betrachten in unserem Kontext nur Letzteres.

Die Bundesregierung hat im Jahr 2006 ein Programm zur

Förderung von Innovationen beschlossen, das die sogenannten Schlüsseltechnologien, deren Potenziale wir im Kapitel 5 beschrieben haben, in besonderer Weise für den Zeitraum 2006 bis 2009 mit 14,6 Milliarden Euro fördert. Es handelt sich um die Nanotechnologie, die Biotechnologie sowie die Informations- und Kommunikationstechnologie. Die vierte im Abschnitt 5 diskutierte Schlüsseltechnologie – die erneuerbaren Energien – werden bereits, wie soeben dargestellt, durch das EEG direkt gefördert. Das Programm zielt vor allem auf die Anwendung der Schlüsseltechnologien in den verschiedenen Branchen der Wirtschaft. Insbesondere werden die exportintensiven Branchen Fahrzeugbau und Maschinenbau sowie die Umwelt- und Energietechnik genannt.

Wichtigstes Instrument sind die themenspezifischen Programme zur FUE-Förderung. (FUE: Forschung und Entwicklung.) Hier wird das Forschungsfeld in viele Einzelthemen aufgelöst und in Form von Forschungsfragestellungen, die von Vertretern aus Wissenschaft, Wirtschaft und Politik entworfen werden, in Förderprogrammen zusammengestellt. Die einzelnen Projekte werden dann zur Förderung ausgeschrieben. Gewünscht ist vor allem, dass Wissenschaft und Wirtschaft in Verbundprojekten kooperieren. Deutschland hat in diesem Punkt des sogenannten Technologietransfers von Hochschulen in die Wirtschaft noch einiges nachzuholen. Gleichzeitig erhofft man sich eine Förderung der Klein- und Mittelunternehmen (KMU) durch solche Projekte zu erreichen. Beide Seiten können davon sehr profitieren. Für die Wissenschaft ist die Konfrontation mit der Problemlage in der Wirtschaft unmittelbar zu erfahren, die Wirtschaft hat einen direkten Zugang zur Spitzenforschung. Dadurch, dass die Vergabe der Projekte unter Begutachtung von unabhängigen Wissenschaftlern erfolgt und die Durchführung der Projekte jeweils von Sachverständigen begleitet wird, ist ein Missbrauch öffentlicher Mittel weitgehend auszuschließen.

Eine vollständige Liste aller Forschungsförderungsmaßnahmen der anderen Ministerien kann hier natürlich nicht präsentiert werden. Von großer Bedeutung ist zweifellos das Programm »Wasserstoff- und Brennstoffzellentechnologie«. Hier sollen in zehn Jahren insgesamt 1 Milliarde Euro investiert werden, die von der Bundesregierung und 24 Unternehmen jeweils zur Hälfte getragen werden.

Zertifizierung von Konsumgütern, langlebigen Gebrauchsgütern und Gebäuden

Die bisher diskutierten ökonomischen Instrumente zur Steigerung der Ressourcenproduktivität können nur dann funktionieren, wenn Verbraucher, Produzenten und Investoren auch die ökologischen Konsequenzen ihrer Handlungsalternativen kennen. Vor allem die privaten Haushalte, aber auch Unternehmen verfügen häufig nicht über die Informationen, die benötigt werden, um bei Kaufentscheidungen über Konsumgüter, Investitionsentscheidungen über Fahrzeuge, Haushaltsgeräte, Maschinen und Gebäude die ressourcenschonende Alternative zu erkennen. Insofern sind Politikmaßnahmen zur Steigerung des Informationsstandes zwar auf den ersten Blick die »weichsten« ökonomischen Instrumente, aber möglicherweise im Verein mit den anderen Instrumenten die wirkungsvollsten.

Die sogenannten produktbezogenen Umweltinformationen sind einerseits für die Unternehmen ein wichtiges Instrument, um Beziehungen zu ihren Kunden durch eine positive Kennzeichnung ihres Produktes aufzubauen und dadurch die Glaubwürdigkeit des Unternehmens zu erhöhen. Andererseits können die Nachfrager sicher sein, dass das Produkt die genannten Eigenschaften besitzt, weil international akzeptierte Normen die Grundlage bei einer Zertifizierung sind, die im Übrigen auch im Einklang mit dem Gesetz gegen den unlauteren Wettbewerb stehen. Wer heute in Deutschland einen Kühlschrank kauft, kann erwarten, dass er im Laden alle Informationen erhält, die ihn vollständig über die ökologischen Konsequenzen seiner Kaufentscheidung informieren. Es liegt an uns selbst, ob wir es akzeptieren, dass uns wichtige Informationen nicht gegeben werden.

Die freiwillige Selbstverpflichtung der Unternehmen nach der Norm DIN EN ISO 14020 garantiert, dass die folgenden neun Grundsätze eingehalten wurden: Die Angaben über die Umwelteigenschaften des Produktes müssen genau, zutreffend, überprüfbar und dürfen nicht irreführend sein. Es dürfen durch die Vergabe von Umweltzeichen keine Handelshemmnisse geschaffen werden. Die Aussagen über die Umwelteigenschaften des Produktes müssen auf wissenschaftlich nachprüfbaren Methoden basieren, die allgemein akzeptiert sind. Die dabei angewandten Methoden und die Beurteilungskriterien müssen zugänglich sein. Bei der Bestimmung der Umwelteigenschaften des Produktes muss der ganze Lebensweg des Produktes erfasst werden. Nach Möglichkeit sollten Ökobilanzen bei der Analyse verwendet werden. Umweltzeichen dürfen kein Hemmnis bei der Entwicklung eines verbesserten Produktes darstellen. Der Verwaltungsaufwand muss im Rahmen des Zertifizierungsverfahrens auf das Mindestmaß beschränkt sein. Das gesamte Vergabeverfahren sollte offen sein. Alle Informationen, die im Zusammenhang mit den Umweltaussagen über das Produkt wichtig sind, müssen für einen potenziellen Käufer des Produktes erfahrbar sein.

Eine vom Bundesumweltministerium (BMU), vom Bundesumweltamt (UBA) und vom Bundesverband der Deutschen Industrie (BDI) herausgegebene Broschüre, die sich an die Unternehmen wendet, unterscheidet fünf verschiedene Typen von produktbezogenen Umweltinformationen: Umweltkennzeichnungen nach Typ II (DIN EN ISO 14021) wenden sich meist an Endverbraucher und konzentrieren sich auf einen Umweltaspekt. Die Angaben liegen in der alleinigen Verantwortung des Produzenten. Umweltkennzeichnungen nach Typ I (DIN EN ISO 14024) wenden sich an private und gewerbliche Endverbraucher, weisen ein oder auch mehrere Umweltmerkmale auf und werden von unabhängigen Stellen vergeben. Deklarationen nach Typ III (ISO TR 14025) sind für Gewerbe, Handel und Konsumenten gedacht. Sie enthalten umfangreiche Informationen, die auf Ökobilanzen beruhen, wobei Bewertungen unterbleiben. Die Angaben liegen in der Verantwortung des Herstellers. Ökobilanzen (DIN EN ISO 14040–14043) sind für Experten aus Wirtschaft, Wissenschaft und Politik entwickelt. Die Angaben liegen in alleiniger Verantwortung des Auftraggebers, müssen aber von unabhängigen Dritten überprüft werden. Informationen aus Umweltmanagementsystemen (DIN EN IOS 14001 und EU-Öko-Audit) sind für Entwickler, Einkäufer, Marketingexperten sowie Behörden gedacht. Der Hersteller macht die Angaben, die aber durch einen Umweltgutachter überprüft werden müssen.

Beispiele für den Umweltkennzeichnungstyp I sind der »Blaue Engel« in Deutschland, der »Nordische Schwan« in Skandinavien und das Europäische Umweltzeichen. Der »Blaue Engel« ist das erfolgreichste und älteste Umweltzeichen der Welt. Bis zum Jahr 2007 wurden 3364 Produkte aus 126 Produktgruppen zertifiziert, die von Farben und Lacken über PC und Drucker bis hin zu Heizungsanlagen und Hochseeschiffen reichen. Als der »Blaue Engel« im Jahre 1977 ins Leben gerufen wurde, gab es in Deutschland noch kein Umweltministerium, sodass der Urheber das damalige Bundesinnenministerium war. Die Vergabe erfolgt durch eine unabhängige Jury, die aus Vertretern von Umwelt- und Verbraucherverbänden, Gewerkschaften, Industrie, Handel, Handwerk, Kommunen, Medien, Kirchen und jeweils zwei Bundesländern besteht. Die fachliche Vorbereitung im Hinblick auf die Vergabekriterien leistet das Umweltbundesamt, die vertragliche Abwicklung der Zeichennutzung liegt beim Deutschen Institut für Gütersicherung und Kennzeichnung.

Eine wesentliche Eigenschaft eines Gebäudes ist seine Energieeffizienz. Für Neubauten ist die Ausstellung eines Energieausweises deshalb schon seit 1995 vorgeschrieben. Im Zuge der Umsetzung der EU-Richtlinie 2002 / 91 / EG ist die Erstellung eines Energieausweises auch für den Gebäudebestand geplant, wenn die Immobilie auf dem Markt zur Miete oder zum Kauf angeboten wird. Zunächst ist die Dokumentation der Energieeffizienz des Gebäudes sowohl für einen potenziellen Mieter als auch für einen potenziellen Käufer eine außerordentlich wichtige Eigenschaft des Gebäudes. Ferner wird damit für den Vermieter bzw. Verkäufer ein Anreiz zur Investition in Energiesparmaßnahmen geschaffen.

Vorgabe technischer Normen bei Fahrzeugen, Gebäuden und Geräten

Die technischen Eigenschaften unserer Fahrzeuge, Gebäude und langlebigen Gebrauchsgüter wie Waschmaschinen, Kühlschränke und Herde bestimmen den Ressourcenverbrauch maßgeblich. Durch den Einsatz der ökonomischen Instrumente beeinflusst der Staat direkt die Nutzungsintensität dieser Anlagen. Die auf dem Kraftstoff liegende Steuer nimmt zum Beispiel Einfluss auf die gefahrenen Kilometer, vielleicht noch auf den Fahrstil – auf das Fahrzeug selber mit seinen technischen Eigenschaften zunächst noch nicht. Die Verteuerung des Kraftstoffs wird erst bei der Ersatzbeschaffung Einfluss auf die technische Ausstattung nehmen. Der Konsument kann nun ein sparsameres Fahrzeug wählen und somit auch bei gegebenem Mobilitätsverhalten seinen Kraftstoffverbrauch reduzieren. Wir haben in der Vergangenheit gesehen, dass dies nur im begrenzten Maße stattgefunden hat. Woran hat es gelegen? Zumindest hat wohl keine Umorientierung in der Weise stattgefunden, dass der Halter eines Oberklassen-Fahrzeugs sich bei der Ersatzbeschaffung in die Mittelklasse begeben und der Mittelklasse-Halter sich mit einem Kleinwagen begnügt hat. Stand in der gewünschten Kategorie kein sparsameres Auto zur Verfügung oder hat der Verbraucher unverändert Wert auf Leistung gelegt? Um diesen Punkt kreist die Diskussion um die Nichteinhaltung einer Zielvereinbarung der Automobilindustrie über den Flottenverbrauch. In der Debatte kommt auch gelegentlich die verbindliche Vorgabe eines Flottenverbrauchs zur Sprache. Man wirft der Automobilindustrie vor, sie habe den technischen Fortschritt nicht in die Richtung der Ressourcenschonung gelenkt. Die Automobilindustrie verteidigt sich mit dem Argument, sie könne letztlich nur diejenigen Fahrzeuge produzieren, die die Verbraucher nachfragen.

Das Beispiel macht die Problematik des Ordnungsrechts deutlich. Eine Automobilfirma bietet sinnvollerweise eine Palette unterschiedlicher Fahrzeugtypen an. Selbst wenn sie in jeder Fahrzeugklasse den Kraftstoffverbrauch senkt, kann der Flottenverbrauch steigen, wenn die Verbraucher das Segment der leistungsstärkeren Fahrzeuge vermehrt nachfragen.

Man sollte doch darauf setzen, dass bei einer konsequent fortgeführten Politik der Verknappung von Kraftstoffen die Fahrzeughersteller die richtigen Signale für ihre Produktentwicklung aufnehmen. Spätestens im Falle eines CO_2-Emissionshandels für die privaten Haushalte dürfte dieses funktionieren. Im Übrigen wird der Wettbewerb unter den Fahrzeugherstellern, der weltweit sehr intensiv ist, die Weichen richtig stellen.

Die Aussagen gelten nicht nur für den Kraftfahrzeugmarkt, sondern letztlich für alle Anlagen, deren Gebrauchseigenschaften für den Ressourcenverbrauch von Bedeutung sind. Wir sprechen uns hier noch einmal für die Dominanz marktwirtschaftlicher Regelungen aus. Ihr konsequenter Einsatz setzt aber auch Mut und Durchsetzungskraft voraus. Sollten sie deshalb nicht konsequent weiter entwickelt werden, um die gesetzten Ziele zu erreichen, dann muss das Ordnungsrecht für die entsprechende Produktentwicklung sorgen. Für den Bereich der energiebetriebenen Produkte ist von der EU bereits die sogenannte Ökodesign-Richtlinie (Richtlinie 2005/32/EG des Europäischen Parlaments und des Rates vom 6. Juli 2005) entwickelt worden. In den Durchführungsverordnungen dieser Richtlinie sollen konkrete Produkteigenschaften hinsichtlich der Energieeffizienz der Produkte und sonstiger Umwelteigenschaften festgelegt werden, die einzuhalten sind. Die ersten Durchführungsmaßnahmen für Kessel und Warmboiler, Warmwasserbereiter, PC, bildgebende Geräte, Fernsehgeräte, Batterieladegeräte, Bürobeleuchtung, Straßenbeleuchtung, Klimatechnik, Elektromotoren, gewerbliche Kühl- und Tiefkühlgeräte, Haushaltsgeschirrspül- und Waschmaschinen sind heute (Frühjahr 2007) bereits in Arbeit.

Es ist daran gedacht, dem in Japan mit großem Erfolg eingeführten »Top Runner«-Ansatz zu folgen: Das effizienteste am Markt befindliche Produkt wird zum Standard erklärt, den alle anderen Produkte dieser Gütergruppe in einer bestimmten Frist, z. B. in fünf Jahren, erreichen müssen. Dabei wird das Produkt sehr eng definiert, z. B. unterscheidet man bei Waschmaschinen solche für 4 kg, 5 kg und 6 kg Wäsche. Man könnte sich vorstellen, dass bei einer so differenzierten Vorgehensweise auch für die Schadstoffemissionen von Kraftfahrzeugen technische Normen Sinn machen, die dann eine größere Anzahl von Fahrzeugklassen unterscheiden würden.

Der Top Runner-Ansatz fördert den technischen Fortschritt, weil einerseits die Unternehmen mit anspruchsvollen, aber realisierbaren Zielen konfrontiert werden und diese Ziele sich im Wettbewerb weiterentwickeln. Der Vorteil gegenüber Emissionshandel und Steuern liegt darin, dass internationale Wettbewerbsverzerrungen vermieden werden, weil inländische Firmen und Importeure denselben Bedingungen unterliegen. In Japan hat man bei Klimaanlagen 63 % und bei Computern 83 % Effizienzsteigerungen im Hinblick auf den Energieverbrauch erzielt.

Bildung für nachhaltige Entwicklung

Wir haben bislang darüber nachgedacht, wie wir die Wirtschaft durch Anreize (ökonomische Instrumente) und Zwang (Ordnungsrecht) zu einer die Ressourcen schonenden umbauen können. Der ethisch sauberste Weg ist natürlich der, Änderungen des Verhaltens durch Überzeugung zu erreichen. Es geht um die intrinsische Motivation zur Steigerung der Ressourcenproduktivität, die aus Einsicht in die Notwendigkeit aus uns selbst heraus kommt. Dies bei einem großen Teil der Bevölkerung zu erreichen, ist natürlich schwer. Auf der anderen Seite liegt hier ein gewaltiger Hebel, denn wenn die Konsumenten etwas wirklich wollen, sind die Unternehmen gezwungen zu folgen.

Natürlich muss eine nachhaltigere Lebensweise erlernt werden. Der Schutz der Umwelt muss einen entsprechenden Platz in unserem Wertekanon haben, aber wir müssen auch sehr viel über technische, soziale und biologische Zusammenhänge wissen, wenn wir uns einer nachhaltigeren Lebensweise zuwenden wollen. Von daher ist klar, dass wir uns bereits als Kinder – am besten schon im Kindergarten – und weiter in allen Schulformen bis hin zur Erwachsenenbildung mit dem Thema auseinandersetzen müssen. Schon 1992 wurde in der Agenda 21 der Rio-Konferenz eine Neuausrichtung der Bildung auf eine nachhaltige Entwicklung gefordert. Die Vereinten Nationen haben die Jahre 2005 bis 2014 zur Weltdekade »Bildung für nachhaltige Entwicklung« ausgerufen. Die Umsetzung in Deutschland betreibt ein Nationalkomitee bestehend aus Vertretern der Bundesministerien, des Bundestages, der Länder, von Nichtregierungsorganisationen, Medien, Wirtschaft und Wissenschaft. Der vom Nationalkomitee erarbeitete Aktionsplan setzt die strategischen Ziele für die Dekade und die zu ergreifenden Maßnahmen.

Unter anderem setzt man sich folgende Ziele: Beginnend bei den Kindertagesstätten soll das Thema Nachhaltigkeit an allen Schultypen vermittelt werden. Ferner soll es ein fester Bestandteil der Lehrerausbildung werden. Dabei will man bestrebt sein, die bestehenden lokalen Netzwerke zur Agenda 21 unter Einbeziehung von Kommunen, Vereinen, Stiftungen und kulturellen Einrichtungen zu nutzen. Außerdem ist an Partnerschaften mir der Wirtschaft gedacht. Internationale Kooperationen sollen weiter verstärkt werden.

Nachhaltigkeit und Unternehmensführung

Unternehmen müssen auf ihren Absatz- und Beschaffungs-
märkten operieren und haben dabei den ökonomischen Effi-
zienzanforderungen folgend ihren Gewinn im Rahmen der
bestehenden Rechtsordnung zu maximieren. Es stellt sich die
entscheidende Frage nach der Fristigkeit, nach dem zeitlichen
Rahmen, innerhalb dessen die Gewinnmaximierung erfolgen
soll. Gelegentlich wird folgende Zuordnung vorgenommen:
Die kurzfristige Gewinnmaximierung dient dem Interesse der
Kapitalgeber, und man spricht deshalb auch von der Maximierung des Share Holder Value, während die langfristige Orientierung einer Unternehmung eher dem Interesse der Stakeholder dient. Stakeholder sind Personen oder auch Gruppen
von Personen, die Ansprüche an das Unternehmen haben wie
die Beschäftigten, der Staat oder die Gesellschaft insgesamt.
Natürlich ist Nachhaltigkeit ein langfristiges Konzept, weshalb aus dieser Sicht ein Konflikt zwischen der Orientierung
an den Interessen der Kapitaleigner und der Verfolgung einer
nachhaltigen Unternehmenspolitik gegeben sein mag.

Man mag zweifeln, ob diese Zuordnung trägt. Zunächst ist
nicht einzusehen, warum die Verfolgung der Interessen der
Kapitalgeber zu einer kurzfristigen Orientierung der Unternehmung führt. Entscheidend für diese Einordnung ist die
Frage, ob die Kapitalgeber eine langfristig erfolgreiche Anlage
suchen oder nur innerhalb einer gegebenen kurzen Frist ein
Maximum an Ertrag wünschen. Sind Kapitalsammelstellen
die Eigner, die von Fondsmanagern geleitet werden, deren Erfolg wiederum Jahr für Jahr vom Börsenwert der im Fonds gehaltenen Firmen abhängt? Oder sind die Kapitalgeber der betrachteten Unternehmung Einzelpersonen und Familien, die
eine langfristige Anlage ihres Kapitals wünschen? Letztlich ist

für den Fondsmanager die Bewertung des Unternehmens an der Börse die entscheidende Größe, die natürlich von den kurzfristigen jährlichen und gar unterjährlichen Erfolgsziffern bestimmt ist. In diesem Umfeld hat das Konzept der Nachhaltigkeit nur dann einen Platz, wenn es durch gesetzliche Rahmenbedingungen erzwungen wird. In dem anderen Fall der eher mittelständisch strukturierten Eigentümerschaft bringt die langfristige Anlageorientierung den für die Berücksichtigung des Nachhaltigkeitskonzeptes erforderlichen Spielraum mit sich. In diesem Umfeld kann der Versuch, die intrinsische Motivation der Kapitaleigner für nachhaltigeres Wirtschaften zu stärken, erfolgreich sein. Sicherlich ist bei dieser Eignerstruktur auch die Verantwortung für das Unternehmen und seine Mitarbeiter ausgeprägt.

Man denke auch daran, dass Artikel 14, Absatz 2 des Grundgesetzes der Bundesrepublik Deutschland fordert: »Eigentum verpflichtet. Sein Gebrauch soll zugleich dem Wohle der Allgemeinheit dienen.« Dies gilt natürlich auch für diejenigen börsennotierten Aktiengesellschaften, die von Fonds beherrscht werden. Insofern ist es an der Zeit, über eine inhaltliche Ausgestaltung dieses Grundgesetzartikels in Richtung der Nachhaltigkeitsziele nachzudenken und in die umfassende Diskussion über »Corporate Governance« einzubringen. Unter Corporate Governance versteht man die Gesamtheit aller Werte, die eine verantwortungsbewusste Unternehmensführung ausmachen. Es wird in der Zukunft darauf ankommen, dass namhafte Vertreter der Unternehmerschaft sich für diesen Gedanken öffentlich einsetzen und beispielgebend wirken.

7. Was muss auf dem Arbeitsmarkt und bei der sozialen Sicherung geschehen?

Arbeitsmarkt und demographischer Wandel – eine Status quo-Prognose

Wir haben uns für eine dynamische Strategie des Umbaus der Wirtschaft ausgesprochen, die Europa und insbesondere auch Deutschland als Motor des Wandels vorsieht. Wir haben im Einzelnen dargelegt, durch welche Maßnahmen die Innovationsbereitschaft der Unternehmen gefördert werden soll. Dabei ist klargeworden, dass dieses Konzept nur im Rahmen eines offenen internationalen Wettbewerbs realisiert werden kann. Wie wir bereits im ersten Kapitel gesehen haben, bedeutet technologischer Wandel auch immer, dass gesellschaftliche Strukturen sich verändern, was immer mit Unsicherheit einhergeht. Die Bevölkerung in Deutschland ist einerseits bereits verunsichert, weil im internationalen Standortwettbewerb die Risiken für die Arbeitsplätze zunehmen. Andererseits eröffnen die Erfolge der deutschen Exportwirtschaft auch stets neue Chancen für gutausgebildete und flexible Arbeitnehmer. Das Problem liegt darin, dass unsere Strategie zwar die Chancen für die Erfolgreichen verbessert, aber auch die Risiken für die Geringqualifizierten erhöht.

Auf welche Veränderungen in den Qualifikationsanforderungen an die Arbeitskräfte werden wir uns in den kommenden Jahrzehnten einzustellen haben? Welche Wirkungen gehen in diesem Punkt vom demographischen Wandel aus, der sich in den nächsten Jahrzehnten ereignen wird, und welche

Rolle spielt der wirtschaftliche Strukturwandel in diesem Zusammenhang? Zusammen mit Marc Ingo Wolter bin ich dieser Frage nachgegangen. Uns ging es zunächst nur um die voraussichtliche Entwicklung im »Status quo«, das heißt ohne Berücksichtigung eines Programms zur Steigerung der Ressourcenproduktivität und ohne Änderung des Bildungssystems.

Die Tabelle 10 stellt die 10. koordinierte Bevölkerungsprognose des Statistischen Bundesamtes bis zum Jahr 2050 nach Altersgruppen dar. Diese Prognose ist durch mittlere Annahmen über die Lebenserwartung, und den jährlichen Zuwanderungssaldo (+200 000) gekennzeichnet.

Alter von ... bis unter ... Jahren	31.12. des Jahres					
	2001	2010	2020	2030	2040	2050
unter 20	17 259	15 524	14 552	13 927	12 874	12 094
20–35	15 925	15 445	14 860	13 254	12 639	12 086
35–50	19 647	19 060	15 691	16 064	14 569	13 574
50–65	15 543	16 448	19 500	16 361	15 672	15 123
20–65 zusammen ..	51 115	50 953	50 051	45 678	42 880	40 783
65 und älter	14 066	16 589	18 219	21 615	22 786	22 240
Insgesamt	82 440	83 066	82 822	81 220	78 539	75 117

Tab. 10 Die 10. koordinierte Bevölkerungsprognose des Statistischen Bundesamtes für Deutschland nach Altersgruppen. Quelle: Statistisches Bundesamt (2002).

Die Gesamtbevölkerung wird bis zum Jahr 2050 auf 75,1 Millionen abnehmen, während die Altersgruppe der über 65-Jährigen von 14 Millionen im Jahre 1991 auf 22,2 Millionen zunehmen wird. Gleichzeitig wird die Altersgruppe der 20- bis 65-Jährigen, die sich in etwa mit der Altersgruppe der Erwerbstätigen deckt, von 51,1 Millionen im Jahre 1991 auf 40,8

Millionen im Jahre 2050 abnehmen. Der Anteil der im Erwerbsleben stehenden Bevölkerung wird also von 62 % im Jahre 1991 auf 54 % im Jahre 2050 fallen.

Welche Entwicklungen auf der Seite des Arbeitsangebotes werden von diesem Wandel ausgehen, wenn wir die Struktur des heutigen Bildungssystems und die Bereitschaft der Bevölkerung, Arbeit anzubieten, als gegeben unterstellen? Als Referenz haben wir das Jahr 2000 gewählt, für das alle erforderlichen Daten vorliegen. Basierend auf den Strukturen dieses Jahres haben wir die Prognose mit dem Bevölkerungsmodell DEMOS erstellt. Ferner fragen wir uns, welche Entwicklung bei der Arbeitsnachfrage zu erwarten sein wird, wenn die heute gegebenen wirtschaftlichen Rahmenbedingungen fortbestehen. Eine solche »Business as usual«-Prognose erstellen wir mit dem bereits vorgestellten umweltökonomischen Modell PANTA RHEI, das in der Lage ist, den wirtschaftlichen Strukturwandel zu prognostizieren. Wir bekommen damit eine Einschätzung der Auswirkungen des demographischen Wandels und des wirtschaftlichen Strukturwandels auf den Arbeitsmarkt, der sich in einer Zukunft ohne die Innovationsstrategie abspielen wird. Auf der Basis dieser Ergebnisse können wir dann folgern, ob die sich durch die Innovationsstrategie ergebenden Anforderungen an den Arbeitsmarkt erfüllt werden können.

Beginnen wir zunächst mit der Entwicklung der »Status quo«-Prognose für das Arbeitsangebot: Es wird dabei unterstellt, dass die Anteile der Ausbildungsabschlüsse in den einzelnen Jahrgängen der Bevölkerung sich nicht verändern werden. Ferner, dass das Erwerbsverhalten nach Alter und Geschlecht in seiner Struktur unverändert bleiben wird. Wir unterstellen also zum Beispiel, dass der Anteil der Frauen aus dem Jahrgang der 25-Jährigen, der im Jahr 2030 seine Arbeitsleistung anbieten wird, derselbe ist wie im Jahr 2000. Außerdem wird angenommen, dass die Anzahl der Arbeitsstunden, die eine 25-jährige Frau mit einem bestimmten Ausbildungsstand pro Jahr anbietet, dieselbe bleibt wie im Jahr 2000. Veränderungen im Arbeitsangebot nach Stunden pro Jahr von Personen mit unterschiedlicher Ausbildung werden dann allein durch die sich ändernde Besetzung der Personenzahlen der einzelnen Jahrgänge durch den demographischen Wandel ausgelöst. Durch diese Vorgehensweise bekommen wir eine Antwort auf die Frage, welchen Einfluss der demographische Wandel auf das Arbeitsangebot nach Alter, Geschlecht, Stundenzahl und Ausbildungsstand der Personen hat.

Die Qualifikation wird in der Studie nach einem internationalen Schema in sechs Stufen unterteilt. Wir reduzieren hier auf eine niedrige, mittlere und hohe Qualifikation. Bei einer niedrigen Qualifikation ist der maximale Ausbildungsstand durch einen Haupt- oder Realschulabschluss ohne berufliche Ausbildung gegeben. Bei einer mittleren Qualifikation ist entweder Fachhochschulreife oder Hochschulreife ohne oder mit beruflichem Abschluss, eine abgeschlossene Lehre, ein berufsqualifizierender Abschluss an Fachschulen oder einer einjährigen Schule des Gesundheitswesens gegeben. Zur hohen Qualifikation zählen eine Meister-/Technikerausbildung, Fachschulabschluss, Abschluss einer 2- oder 3-jährigen Schule des Gesundheitswesens, Abschluss einer Fach- oder Berufsakademie, Fachhochschulabschluss und Hochschulabschluss.

Zunächst ist festzustellen, dass die Anzahl der Personen in der Bevölkerung, die einen geringen Ausbildungsstand haben, bis zum Jahr 2030 gegenüber dem Jahr 2000 um ca. 8,2 Millionen zurückgehen wird, während die Zahl der Personen mit einer mittleren Qualifikation um ca. 4 Millionen und die der Hochqualifizierten (Hochschul- bzw. Fachhochschulabschluss) um ca. 2,5 Millionen zunehmen wird. Die Ursache liegt in dem höheren Anteil schlecht ausgebildeter Personen – insbesondere bei den Frauen – in den älteren Jahrgängen, die bis zum Jahr 2030 gestorben sein werden. Ferner macht sich die tendenziell bessere Ausbildung der jüngeren Jahrgänge bemerkbar.

Im Hinblick auf die Qualifikationen der Erwerbsbevölkerung ändert sich das Bild, weil die Beteiligung am Berufsleben nach Alter, Geschlecht und Qualifikation unterschiedlich ist. Zunächst muss festgehalten werden, dass die gesamte Gruppe der Erwerbspersonen im Jahre 2030 um 5,6 Millionen niedriger sein wird als im Jahr 2000. Der im Vergleich zur Bevölkerungsentwicklung stärkere Rückgang liegt daran, dass die Gruppe der 15- bis 65-Jährigen in besonderem Maße vom demographischen Wandel betroffen sein wird. Dies erklärt, warum wir bei den hochqualifizierten Erwerbspersonen einen Rückgang von 0,6 Millionen und bei den Erwerbspersonen mit mittlerer Qualifikation einen Rückgang um 2,2 Millionen zu erwarten haben. Überraschend ist, dass die Gruppe der geringqualifizierten Erwerbspersonen sich nur um 2,6 Millionen vermindern wird, während wir in der Bevölkerung insgesamt einen Rückgang für diese Qualifikation um 8,2 Millionen erwarten. Das hat zwei Gründe: Die älteren Jahrgänge der unter 65-Jährigen haben eine niedrige Erwerbsquote. Zum anderen haben die heute 30-Jährigen, die im Jahr 2030 die älteren Jahrgänge der unter 65-Jährigen bilden werden, eine vergleichsweise hohe Qualifikation.

Kommen wir nun zur Prognose der Entwicklung der Arbeitsnachfrage. Das Modell PANTA RHEI (vgl. Seite 149 f.) analysiert die Wirtschaft Deutschlands in der Tiefengliede-

rung von 59 Branchen. Die Verflechtung der Branchen untereinander, mit der Weltwirtschaft und dem wirtschaftlichen
Verhalten der privaten Haushalte und des Staates ist in diesem
Detail abgebildet. Die Determinanten der Arbeitsnachfrage
aller Branchen wie Lohnsätze und Produktivitätsentwicklung
sind vollständig variabel in die Analyse eingebunden. Hinsichtlich der Qualifikation der Beschäftigten unterstellen wir
in jeder Branche die im Jahr 2000 gegebene Struktur.

In allen Branchen dominiert die mittlere Qualifikation,
aber in den Dienstleistungsbranchen ist der Anteil der Hochqualifizierten deutlich größer als in den Branchen des Produzierenden Gewerbes, während sowohl der Anteil der mittleren Qualifikation als auch der der niedrigen Qualifikation im
Dienstleistungssektor geringer ist als im produzierenden Gewerbe. Da in der Zukunft die Bedeutung des Dienstleistungssektors weiter zunehmen wird – sein Anteil an den Erwerbstätigen wird von ca. 75 % im Jahre 2000 auf 82 % im Jahre
2030 steigen –, wird die Arbeitsnachfrage bei den Hochqualifizierten weiter zunehmen.

Wir stellen nun die Entwicklung des Arbeitsangebotes und
der Arbeitsnachfrage einander gegenüber. Da Männer und
Frauen in den verschiedenen Qualifikationen und Lebensjah-
ren unterschiedliche Jahresarbeitszeiten anbieten, rechnen
wir sowohl das Arbeitsangebot als auch die Arbeitsnachfrage
in Stunden um und stellen die entsprechenden Werte nach
Qualifikationen einander gegenüber, ohne dabei aus Differen-
zen zwischen Angebot und Nachfrage nach Arbeit irgend-
welche Wirkungen zu berücksichtigen. Tatsächlich ist dies
natürlich nicht der Fall, denn die Lohnsätze und andere ökonomische Größen werden sich verändern und wiederum Wirkungen auf das Angebot und die Nachfrage ausüben.

Im Prognosezeitraum wird der heute noch beträchtliche

Angebotsüberschuss allmählich abgebaut, weil das Angebot sich vermindert und die Nachfrage relativ stabil bleibt. Im Jahre 2030 werden nur noch ca. 600 Millionen Arbeitsstunden bei den Geringqualifizierten unbeschäftigt sein, dem bei 1800 Arbeitsstunden eines Vollzeitbeschäftigten etwa 330 000 Personen entsprechen. Das Problem der Arbeitslosigkeit wäre also in dem heute noch besonders schwierigen Arbeitsmarktsegment gelöst. Bei der mittleren Qualifikation bleibt der hohe Angebotsüberschuss noch etwa bis 2010 erhalten, wird dann aber auch stetig reduziert und erreicht in 2030 einen vergleichsweise niedrigen Wert von ca. 1200 Millionen Stunden, dem in Vollzeitäquivalenten wiederum etwa 660 000 Personen entsprechen.

Bei den Hochqualifizierten schauen wir uns die Ergebnisse in der Abbildung 8 etwas genauer an. Die Abbildung hat zwei unterschiedliche Skalen. Auf der linken Seite der Graphik sind Angebot und Nachfrage im Niveau abgetragen, auf der rechten Seite ist die Differenz zwischen beiden Größen skaliert. In der Abbildung repräsentiert die ausgezogene Linie die Entwicklung des Angebotes, die gestrichelte die der Nachfrage. Die senkrechten Säulen geben die Jahreswerte für die Differenz zwischen Angebot und Nachfrage wieder.

Bis etwa zum Jahre 2012 hält sich ein kleiner Angebotsüberschuss, der in den Folgejahren aber rapide abgebaut wird. Es öffnet sich eine Schere zwischen der Entwicklung der Nachfrage und des Angebotes nach Hochqualifizierten. Durch den wirtschaftlichen Strukturwandel wird die Nachfrage nach dieser Personengruppe steigen, während der demographische Wandel zu einem Rückgang des Angebotes führen wird. Im Jahre 2030 wird die Nachfraglücke ca. 3 Milliarden Arbeitsstunden betragen. Umgerechnet in Vollzeitäquivalente fehlen ca. 1,6 Millionen Hochqualifizierte.

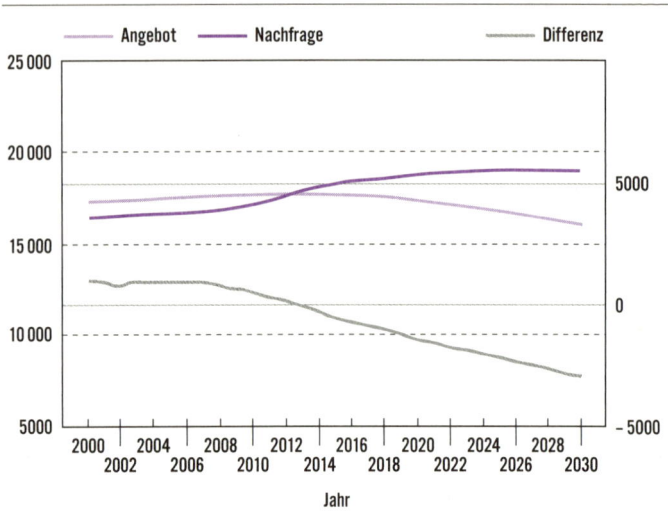

Quelle: Meyer, B., Wolter, M. I. (2007)

Abb. 8 Die Entwicklung des Angebots und der Nachfrage in Deutschland nach hohen Qualifikationen in Millionen Stunden.

Mobilisierung der Erwerbstätigkeit und Bildungsoffensive

Fassen wir zusammen: Der Arbeitsmarkt für niedrige und mittlere Qualifikationen wird weitgehend geräumt sein, während in dem Segment der Hochqualifizierten sich sogar eine kräftige Nachfragelücke ergeben wird. Dabei betrachten wir in der soeben dargestellten Prognose die wirtschaftliche Entwicklung, die sich im Normalfall ohne die Innovationsstrategie zur Steigerung der Ressourcenproduktivität ergeben wird. Auch ohne eine tiefergehende Analyse können wir folgern, dass eine konsequente Innovationsstrategie den Anteil des Dienstleistungssektors vor allem im Bereich Forschung und

Entwicklung, aber auch ganz allgemein in den unternehmens-
nahen beratenden Dienstleistungsbranchen steigern wird.
Dies bedeutet vor allem eine noch höhere Nachfragelücke bei
den Hochqualifizierten. Aber auch die Änderung der Struktur
des Konsums zugunsten von Dienstleistungen wird die Beschäftigung von Hochqualifizierten anheben. Die Arbeitsnachfrage nach Hochqualifizierten dürfte sich insgesamt noch
wesentlich dynamischer entwickeln als im »Status quo«.

Wir brauchen parallel zur angestrebten Innovationsstrategie zur Steigerung der Ressourcenproduktivität also eine Erhöhung des Arbeitsangebotes insgesamt. Die Bereitschaft zur
Erwerbstätigkeit muss zunehmen, wobei wir an noch vorhan-
dene Reserven bei der Berufstätigkeit der Frauen zu denken
haben, an Reserven bei der Wochenarbeitszeit und der Lebensarbeitszeit.

Die Erwerbstätigkeit der Frauen kann und muss noch
beträchtlich ausgebaut werden. Im Jahre 2002 waren in
Deutschland 73,6 % der Männer, aber nur 58,9 % der Frauen
erwerbstätig. Die Schaffung von Kinderkrippenplätzen ist somit zum Beispiel nicht nur ein Instrument zur Erhöhung der
Geburtenzahlen, sondern steigert auch die Zahl der im Erwerbsleben stehenden Personen. Kinderbetreuung über das
Kleinkindalter hinaus muss als gesellschaftliche Aufgabe
einen sehr viel höheren Stellenwert bekommen.

Arbeitszeitverkürzung muss sowohl im Hinblick auf die
Wochenarbeitszeit als auch auf die Lebensarbeitszeit endgültig
der Vergangenheit angehören. Wir erleben zurzeit einen enormen Widerstand gegen die bereits eingeführte Erhöhung des
Rentenalters. Das Argument, man wolle auf diese Weise indirekt die Renten senken, weil heute die meisten bereits vorher
nicht mehr im Berufsleben stehen, mag im Hinblick auf die
heute an der Grenze zur Rente stehenden Jahrgänge als richtig

erscheinen. Allerdings muss man sehen, dass diese Generation bis auf wenige Ausnahmen mit der Revolution an den Arbeitsplätzen, die durch die Einführung der modernen IuK-Technologien in den Betrieben stattgefunden hat, nicht fertig geworden sind. Das sieht bei den heute 30-Jährigen ganz anders aus. Sie sind es gewohnt, dass in der Abfolge von wenigen Jahren jeweils neue Soft- und Hardware in die Produktionsprozesse zu integrieren sind und sie sich daran anzupassen haben. Man darf erwarten, dass diese Generation dem Ideal der Bildungsforscher vom »lebenslangen Lernen« sehr nahe kommt. Natürlich gibt es einzelne Berufe, in denen nicht erwartet werden kann, dass man sie bis zum 65. Lebensjahr ausübt, weil physische Faktoren dem widersprechen, wie dies etwa bei den Dachdeckern der Fall ist. Aber auch ein Dachdecker könnte mit 50 für eine andere Tätigkeit umgeschult werden.

Parallel dazu muss eine Bildungsoffensive gestartet werden, damit das vergrößerte Angebot vor allem den Anteil der Hochqualifizierten steigern kann. Wenn uns dieses gelingen wird, lösen sich gleichzeitig die Probleme im Bereich der Rentenversicherung, weil dann trotz des demographischen Wandels der Anteil der Erwerbsbevölkerung nicht dramatisch einbricht und außerdem die Einkommen vor allem in den höheren Segmenten zunehmen.

Der Ausbau der Kinderkrippenplätze ist schon an anderer Stelle angesprochen worden, er gehört aber auch in diesen Zusammenhang. Wir können es uns nicht mehr leisten, die Begabungsreserven, die bei sozial schwachen Familien gegeben sind, nicht auszuschöpfen. Deshalb benötigen wir an den allgemeinbildenden Schulen den Ganztagsbetrieb, in dem die Kinder umfassend gefördert werden können. An den berufsbildenden Schulen und Fachschulen wird es vor allem darum gehen, ein hohes Niveau der Ausbildung zu gewährleisten, was eine entsprechende technische apparative Ausstattung und auch eine ständige Weiterbildung der Lehrpersonen voraussetzt. In diesem Zusammenhang ist zu überprüfen, wie das duale Ausbildungssystem, das insbesondere für die Leistungsfähigkeit der deutschen Industrie von großer Bedeutung ist, gerettet werden kann.

Die deutschen Universitäten sind seit Jahren in einem dramatischen Umbruch begriffen. Die Studienpläne werden den internationalen Bachelor- und Masterabschlüssen angepasst, um den wissenschaftlichen Austausch für Studierende und auch Lehrende zu erleichtern, was mit großen Anstrengungen verbunden ist. Den deutschen Universitäten fehlen aber im internationalen Vergleich die finanziellen Ressourcen, um im Wettbewerb Spitzenplätze behaupten zu können. In der Vergangenheit hat die Politik zu oft Hauhaltslücken unter anderem durch Etatkürzungen bei den Universitäten geschlossen.

Mindesteinkommen und Flexibilisierung des Arbeitsmarktes

Um die Beschäftigungsmöglichkeiten für die gut ausgebildeten Kräfte müssen wir uns keine Sorgen machen. Im Gegenteil: Wir haben gesehen, dass sich hier erhebliche Nachfragelücken auf dem Arbeitsmarkt ergeben werden. Aber wie steht es mit den Geringqualifizierten? Im »Status quo« wird auch hier – wie wir gesehen haben – der Arbeitsmarkt geräumt sein. Aber wenn wir die Innovationsstrategie wählen, brauchen wir nicht nur mehr Hochqualifizierte, sondern auch weniger Niedrigqualifizierte. Insofern wird nicht nur das Arbeitsangebot an Niedrigqualifizierten wegen des demographischen Wandels zurückgehen, sondern vermutlich stärker noch sich die Arbeitsnachfrage in diesem Segment durch die Innovationsstrategie vermindern. Insofern dürfte sich keine

Entspannung der heute bereits drängenden Probleme in diesem Arbeitsmarktsegment ergeben.

Wenn wir den Arbeitsmarkt in diesem Segment flexibel halten wollen, wird durch den starken internationalen Wettbewerb ein Druck auf dem Lohnsatz bestehen bleiben. Dies hat in einigen Branchen – z. B. in der Bauwirtschaft und der Gebäudereinigung – bereits zu Mindestlohnsätzen geführt. Heute (Frühjahr 2007) wird die allgemeine Einführung eines Mindestlohnsatzes heftig diskutiert. Dies aber ist der falsche Weg. Wenn der Mindestlohnsatz höher ist als derjenige Lohn, der sich bei vollständig flexiblem Arbeitsmarkt ergäbe, dann ist die Beschäftigung der Geringqualifizierten natürlich niedriger, als wenn der Lohn sich frei auf dem Arbeitsmarkt gebildet hätte. Das ist eine ganz schlichte Erkenntnis, die sich in den letzten Jahrzehnten auch immer bestätigt hat, als man zur Einkommenssicherung der unteren Einkommensschichten deren Lohnsätze proportional stärker angehoben hat. Man erreicht also mit dem Mindestlohn genau das Gegenteil dessen, was angestrebt wird.

Es geht ja auch gar nicht um den Lohnsatz, sondern um das verfügbare Einkommen der untersten Einkommensschichten. Eine Alternative zum Mindestlohnsatz ist die Integration von Steuern und Sozialtransfers in den verschiedenen Konzepten der sogenannten »Negativen Einkommensteuer«. Der Grundgedanke ist jeweils der folgende: Ausgehend von einem Mindesteinkommen, das Personen ohne Erwerbseinkommen erhalten, wird mit steigendem Erwerbseinkommen ein abnehmender Transfer an die Beschäftigten gezahlt. Schließlich wird ein kritisches Einkommen erreicht, bei dem der Transferbetrag bzw. die negative Einkommensteuer null ist. Jenseits dieses Einkommens setzt die »normale« Besteuerung des Erwerbseinkommens ein.

Bei der Wahl des Mindesteinkommens sollte man die Leistungen der Pflege-, Kranken-, Arbeitslosen- und Rentenversicherung unberücksichtigt lassen, weil sie letztlich beitragsfinanzierte Versicherungsleistungen sind. Das Mindesteinkommen könnte dem Existenzminimum entsprechen, was bedeutet, dass zumindest die zurzeit bestehende Sozialhilfe in das Steuersystem integriert würde. Der negative Einkommensteuersatz muss so gewählt werden, dass ein Anreiz zur Ausdehnung des Erwerbseinkommens trotz der damit verbundenen Senkung der Transfers verbleibt. Die verschiedenen in der Literatur diskutierten Vorschläge zur negativen Einkommensteuer unterscheiden sich vor allem in Hinblick auf den Umfang der in ihr erfassten Sozialleistungen. Natürlich wäre dies auch ein erheblicher Einschnitt in die Aufgabenverteilungen und Zuständigkeiten von Bund, Ländern und Gemeinden in unserem föderalen Gemeinwesen, was dann einen entsprechenden Neuregelungsbedarf mit sich brächte.

In ähnlicher Weise wie das Konzept der negativen Einkommensteuer funktioniert der Kombilohn. Auch hier wird dem Arbeitnehmer vom Staat zuzüglich zu seinem Erwerbseinkommen ein Transfer gezahlt. Im Unterschied zur negativen Einkommensteuer geht man hier aber nicht so weit, das gesamte bestehende System der sozialen Sicherung zu integrieren. Bei Beziehern von Arbeitslosengeld II hat man Hinzuverdienste ohne stundenmäßige Begrenzung eines Nebenverdienstes bereits zugelassen. So sollen Hinzuverdienste von Arbeitslosen weniger als bisher das Arbeitslosengeld mindern. Dadurch erhofft man sich eine langsame Rückführung in das Berufsleben. Das würde bedeuten, dass künftig zahlreiche Arbeitnehmer staatliche Zuschüsse erhalten könnten. Bei Langzeitarbeitslosen kann bei der Aufnahme eines gering bezahlten Beschäftigungsverhältnisses ein Zuschuss über eine Dauer von maximal 24 Monaten gezahlt werden, was faktisch den Kombilohn bereits einführt. Über eine generelle Einführung des Kombilohns wird zurzeit (Frühjahr 2007) verhandelt.

Gegenüber dem Mindestlohn liegen die Vorteile von Kombilohn und negativer Einkommensteuer auf der Hand: Der Arbeitsmarkt könnte einen Lohnsatz finden, bei dem sich Vollbeschäftigung für die unteren Einkommensschichten ergibt. Gleichzeitig würden die staatlichen Transfers an die Haushalte ein über dem Existenzminimum liegendes Einkommen sichern, ohne dass die Anreize zur Erlangung eines Erwerbseinkommens verlorengehen. Wir sollten bei der Einführung bedenken, dass es sich um Übergangsmaßnahmen handelt, die sich langfristig durch Knappheiten auf dem Arbeitsmarkt und damit steigende Erwerbsmöglichkeiten von selbst erübrigen werden, falls die Innovationsstrategie durchgesetzt werden wird.

Probleme bei der Sozialversicherung?

Das System unserer sozialen Sicherung bestehend aus der Pflege-, der Kranken-, der Renten- und der Arbeitslosenversicherung ist ein Umlagesystem, in das die sozialversicherungspflichtig Beschäftigten – das sind offenbar nicht alle Beschäftigten – einzahlen. Die Selbständigen, die Beamten und die geringfügig Beschäftigten tragen nicht zu dem Aufkommen bei. Hinzu kommt ein Zuschuss aus dem Steueraufkommen, der sich historisch aus verschiedenen Gründen ergeben hat. Der demographische Wandel belastet dieses System sehr, weil – wie Tabelle 10 gezeigt hat – durch ihn die Zahl derjenigen, die in das System einzahlten, fallen wird, während die Zahl der Anspruchsberechtigten steigen wird.

Dies schafft vor allem in der Rentenversicherung Probleme. Die Politik hat erst in den letzten Jahren mit notwendigen Anpassungen reagiert, obwohl das Problem schon lange bekannt war. Die Dynamik der Anpassung der Renten an die allgemeine Einkommensentwicklung wird verzögert, das Eintrittsalter in die Rente wird schrittweise heraufgesetzt. Gleichzeitig hat man mit der sogenannten Riester-Rente eine attraktive Ergänzung der Rente geschaffen, bei der freiwillige Ersparnisse durch Zuzahlungen des Staates gefördert werden. Die Bezeichnung geht auf den ehemaligen Bundesminister für Arbeit und Sozialordnung, Walter Riester, zurück, der die Altersvorsorgezulage vorschlug. Anlass war die Reform der gesetzlichen Altersrente 2000 / 2001, bei der die Rente eines idealtypischen sozialversicherungspflichtig Beschäftigten, der 45 Jahre lang Sozialversicherungsbeträge eingezahlt hat, von 70 % auf 67 % reduziert wurde.

Nachdem die Öffentlichkeit viele Jahre die Probleme überhaupt nicht zur Kenntnis genommen hat, neigt man jetzt in der öffentlichen Diskussion zur Übertreibung, indem man den Beitragszahlern das Vertrauen in die Funktionsfähigkeit des Systems nimmt. Hier zeigt sich eine typische Schwäche der öffentlichen Diskussion gesellschaftlicher Fragestellungen in Deutschland: Man hat endlich ein in der Zukunft liegendes Problem erkannt, diskutiert es aber sehr schlicht, indem man die Interdependenzen mit anderen sich anbahnenden Veränderungen und Gestaltungsmöglichkeiten ignoriert. Die Prognosen über den demographischen Wandel können nicht angezweifelt werden. Aber entscheidend für die Belastung des Systems der sozialen Sicherung ist nicht allein die Altersstruktur der Bevölkerung, sondern auch der Grad der Erwerbstätigkeit der Bevölkerung und die Qualität der Erwerbstätigkeit. Hier gibt es noch beträchtliche Reserven, die wir ohnehin mobilisieren müssen, weil – wie wir gesehen haben – hochqualifizierte Arbeit in Deutschland ein knapper Produktionsfaktor werden wird. Insofern werden sich die Probleme der Sozialversicherung lösen lassen, wenn wir die Innovationsstrategie zur Steigerung der Ressourcenproduktivität durchsetzen. Hier zeichnet sich ein Weg ab, der sowohl die ökologischen als auch die ökonomischen und viele soziale Probleme lösen kann.

8. Perspektiven einer nachhaltigeren Entwicklung für Europa

Zur Abschätzung zukünftiger Entwicklungspotenziale mit umweltökonomischen Modellen

Wir haben gezeigt, welche Instrumente eingesetzt werden müssen, damit eine nachhaltigere Entwicklung in Deutschland und in Europa erreicht werden kann. Aber wirken diese Instrumente auch, und wie müssten gegebenenfalls die Maßnahmen kombiniert und dosiert werden? Für die Dosierung der Instrumente und eine Entscheidung für ihre konkrete Ausgestaltung bedarf es sehr schwieriger Abschätzungen. Es drängt sich an dieser Stelle ein Vergleich zur medizinischen Behandlung von Patienten durch den Arzt auf. Der Arzt hat Abweichungen im Gesundheitszustand des Patienten von bestimmten Normwerten festgestellt. Durch intensive Untersuchungen deckt er schließlich die Ursachen des Leidens auf und kann seine Diagnose stellen. Bei der Erstellung des Therapieplans wird er zunächst die auf die Diagnose passenden Behandlungsmethoden auswählen. So weit sind wir bei der Erstellung des Therapieplans für unseren Patienten Wirtschaft auch schon gekommen. Nun fehlt der letzte Schritt. Die Dosierung der Maßnahmen, ihre genaue Ausgestaltung, die Mischung der Maßnahmen sind zu erwägen, wobei – wie in der Medizin – die Risiken und Nebenwirkungen abzuschätzen sind.

Der Arzt wird das mit seinem Patienten auch durchführen,

indem er etwa durch Allergietests oder durch Befragung des Patienten auf bisherige Unverträglichkeiten die Risiken der Behandlung eingrenzt. Bei der Dosierung der Medikamente kann er sich auf seine eigenen Erfahrungen und diejenigen seiner Kollegen oder der Hersteller der Präparate zurückziehen, was zum Beispiel die Kombinationswirkungen verschiedener gleichzeitig eingesetzter Medikamente unter Berücksichtigung ihrer Nebenwirkungen betrifft. Wir sind da in einer sehr viel schwierigeren Situation. Der Patient schweigt, Allergietests oder ähnliche Experimente am lebenden Objekt sind nicht möglich, und es liegen nur sehr wenig Erfahrungen über die Verträglichkeit der Instrumente, vor allem beim kombinierten Einsatz vor. Deshalb ist die Politik bei der Formulierung von Zielen sehr viel schneller als bei der Gestaltung der konkreten Maßnahmen, die ergriffen werden müssen, um die Ziele zu erreichen.

Scharfes Nachdenken allein hilft hier auch nicht weiter, denn der Sachverhalt ist außerordentlich komplex. Die durch die verschiedenen Maßnahmen ausgelösten ökonomischen Effekte und ihre Beeinflussung der Naturnutzung sind zum Teil gegenläufig, zum Teil verstärken sie sich, wobei die Wirkungen häufig nicht linear sind und dazu noch verzögert ablaufen. Wir befinden uns in derselben Situation wie die Klimaforscher, die ihre Erkenntnisse auch nur auf der Basis von Modellrechnungen haben erlangen können.

Man braucht zur Abschätzung der Wirkungen des Instrumenteneinsatzes Modelle, die Abbilder der Realität darstellen, als Experimentierkästen. Natürlich sind diese Modelle Vereinfachungen der Realität, aber entscheidend ist, dass die für die Fragestellung wichtigen Sachverhalte hinreichend genau wiedergegeben werden, während man andere vernachlässigen kann. Eine Landkarte ist zum Beispiel ein Abbild der Oberfläche der Erde und insofern ein Modell der Oberfläche der Erde. Eine Wanderkarte unterscheidet sich von einer Straßenkarte desselben Teils der Erdoberfläche, weil der Zweck, für den sie eingesetzt werden, unterschiedlich ist. Wer auf der Nordsee segelt und seine Navigation mit dem Shell-Atlas betreibt, wird böse Überraschungen erleben, er sollte besser eine Seekarte verwenden! Bleiben wir in diesem Bild: Wir brauchen für die Navigation der Politik die geeignete Seekarte! Ohne sie wird man Schiffbruch erleiden.

Welche Anforderungen müssen wir an ein Modell der umweltökonomischen Zusammenhänge stellen, mit dem wir die Wirkungen umweltpolitischer Maßnahmen auf Umwelt und Wirtschaft abschätzen wollen? Wenn wir über Umweltpolitik im europäischen Rahmen diskutieren, brauchen wir natürlich eine Abbildung der globalen umweltökonomischen Zusammenhänge, denn Europa ist ein nennenswerter Teil der Welt und beeinflusst mit seiner Politik das Verhalten der anderen Länder. Ferner sind die Umweltprobleme letztlich global, wobei gleichzeitig eine regionale Differenzierung der Analysen unverzichtbar ist, weil das Verhalten der Menschen sich in den einzelnen Regionen dieser Erde sehr unterschiedlich gestaltet und die Betroffenheit der Natur durch unser Verhalten auch regional differenziert ist. Die folgenden fünf Anforderungen sollten von einem globalen umweltökonomischen Modell erfüllt werden:

Es muss ein globales Modell sein mit einer tiefen Gliederung nach Ländern bzw. Regionen, wobei die Gliederung nach Ländern sinnvoller ist, weil die Länder die politisch relevanten Einheiten sind. Eine Region Südostasien ist vergleichsweise uninteressant, weil sie aus Ländern wie China, Japan, Korea, Thailand, Indonesien, Philippinen usw. besteht, die ganz unterschiedliche wirtschaftliche Strukturen und umweltökonomische Zusammenhänge haben und weil die Politik dieser Länder anderen Zielen folgt und unterschiedliche Instrumente einsetzt.

Es muss ein Modell sein, das die Volkswirtschaft in einer tiefen Branchengliederung abbildet. Die Verflechtungen zwischen der Wirtschaft und der Umwelt mit ihren komplexen Strukturen für die verschiedenen Rohstoffe und Emissionen kann nur erfasst werden, wenn die wichtigen Entnehmer von Rohstoffen aus der Natur und die Emittenten von Schadstoffen in die Natur identifiziert und in ihrer produktionstechnischen Verflechtung mit den anderen Branchen der Volkswirtschaft abgebildet werden.

Der globale Handel ist das wichtigste ökonomische Netz, in das die Volkswirtschaften der einzelnen Länder eingebunden sind. Wegen der soeben begründeten Notwendigkeit der Branchengliederung muss dann auch der internationale Handel zwischen allen Ländern in tiefer Gliederung nach Gütergruppen abgebildet werden.

Das Modell muss eine Erklärung der ökonomischen Entwicklung und der Verknüpfung von Umwelt und Wirtschaft leisten. In vielen Modellen werden z. B. Annahmen über das Wirtschaftswachstum vorausgesetzt und dann daraus mit einer gegebenen Branchenstruktur die Wirkungen auf die Umwelt berechnet. Das geht natürlich nicht, wenn wir nach den Wirkungen von umweltpolitischen Maßnahmen auf die Umwelt und die Wirtschaft fragen.

Das Modell muss in der Lage sein, die wirtschaftliche Entwicklung und die Nutzung der Natur realistisch wiederzugeben. Es sollte die beobachtbare historische Entwicklung hinreichend genau erklären können.

Der japanische Ökonom Kimio Uno hat in der Literatur nicht weniger als 34 globale umweltökonomische Modelle gefunden und ihre Eigenschaften beschrieben. Wenn wir die soeben vorgetragenen Anforderungen auf die Modelle anwenden, bleiben von den 34 Modellen nur zwei übrig, die deshalb auch in vielen Punkten ähnlich sind. Es handelt sich zum einen um das System GTAP (Global Trade Analysis Project), das ursprünglich an der Purdue University entwickelt wurde. Das System war international sehr erfolgreich, sodass es heute in vielen Varianten für unterschiedliche Fragestellungen – auch die umweltökonomische mit der Modellvariante GTAPE – eingesetzt wird. Das zweite Modell ist das System COMPASS (COMprehensive Policy ASSessment) bzw. seine Weiterentwicklung GINFORS (Global INterindustry FORecasting System). COMPASS ist im Rahmen eines japanisch / chinesisch / belgisch / deutschen Kooperationsprojektes, das von der japanischen Regierung finanziert worden ist, von der GWS (Gesellschaft für Wirtschaftliche Strukturforschung) in Osnabrück entwickelt worden. Das Nachfolgemodell GINFORS ist im Rahmen des EU-Projektes MOSUS (MOdeling SUStainability for Europe) ebenfalls von der GWS erstellt worden.

Die anderen 31 globalen Modelle haben entweder eine zu geringe Auflösung nach Ländern, indem Regionen oder Kontinente unterschieden werden, oder eine zu geringe Anzahl von Branchen. Sehr häufig handelt es sich auch um Modelle, die zwar eine hinreichende Auflösung nach Ländern und Branchen haben, aber keine simultane Erklärung der Entwicklung von Wirtschaft und Umwelt bieten. Sehr häufig sind es Modelle, die den Energieeinsatz in der Produktion und beim Verbrauch der verschiedenen Güter und die damit verbundenen Schadstoffemissionen sehr detailliert abbilden, aber keine ökonomische Erklärung der Güternachfrage und der wirtschaftlichen Entwicklung liefern. Die wird vielmehr per Annahme in irgendeiner Form unterstellt.

Die beiden Modelle GTAP und GINFORS unterscheiden sich aber in einem zentralen Punkt, der auf der grundsätzlichen Modellphilosophie beruht. Das GTAP-Modell unterstellt, dass alle Produzenten, Konsumenten und Investoren vollständige Informationen über ihre Handlungsalternativen besitzen und somit die für sie jeweils optimale Entscheidung treffen können. Alle Märkte, auf denen die Interessen von Anbietern und Nachfragern über die Preise abgestimmt werden, sind Konkurrenzmärkte, was bedeutet, dass alle Marktteilnehmer nur sehr geringe Marktanteile haben, sodass sie nicht in der Lage sind, durch ihre Entscheidungen das Gesamtergebnis des Marktes nennenswert zu beeinflussen. Die Preise bilden sich so, dass auf jedem Markt die Angebots- und Nachfragemengen einander entsprechen. Diese und einige weitere Voraussetzungen sind Kern des sogenannten »neoklassischen« Modellierungsansatzes, der es schließlich erlaubt, dass die Verhaltensweisen der Unternehmen aus den Eigenschaften der Technologie und die Verhaltensweisen der Konsumenten aus ihren Nutzenerwägungen abgeleitet werden können. Es handelt sich um ein geschlossenes Modellierungskonzept, bei dem einige zentrale Annahmen schließlich die Modellstruktur festlegen. Die Parameter der Gleichungen des Modells werden z. T. vorgegeben, der Rest wird so bestimmt, dass die Beobachtungen der Größen des Modells für ein bestimmtes Jahr getroffen werden. Modelle dieses Typs werden auch »Berechenbare Allgemeine Gleichgewichtsmodelle« (englisch: »Computable General Equilibrium Models« (CGE)) genannt.

Das Modell GINFORS ist einer anderen Philosophie verpflichtet – der der beschränkten Rationalität, die einem evolutorischen Theorieverständnis zuzuordnen ist. Die Wirtschaftssubjekte kennen nicht alle Handlungsalternativen, die sie haben, und sind sich dessen auch bewusst. Eine Optimierung im Sinne der Wahl der jeweils besten Handlungsalternative ist nicht möglich, sondern es steht nur eine begrenzte Auswahl von Handlungsalternativen bei der Entscheidung der Wirtschaftssubjekte zur Verfügung, weshalb auch von »begrenzter Rationalität« gesprochen wird. Die Wirtschaftssubjekte folgen deshalb eher Entscheidungsroutinen, die im Rahmen der begrenzten Information als sinnvoll erscheinen. Damit ist die Modellierung offen, denn es bietet sich dem Modellbauer eine Fülle mehr oder weniger plausibler Verhaltensannahmen an. Die »richtige« kann nur durch empirische Tests gefunden werden. Das bedeutet, dass die Parameter der Verhaltensgleichungen des Modells auf der Basis von Beobachtungen über einen möglichst langen Zeitraum durch die Anwendung ökonometrisch-statistischer Verfahren berechnet werden. Nur diejenige Verhaltenshypothese findet Verwendung in dem Modell, die sich gegenüber anderen zur Erklärung der tatsächlichen Entwicklung über einen längeren Zeitraum bewährt hat. Damit zählt GINFORS zu den sogenannten »Ökonometrischen Modellen«. Die Preise werden in diesem Modell nicht über den Ausgleich von Angebot und Nachfrage, sondern über einen Aufschlag auf die Stückkosten, den die Unternehmen setzen, bestimmt.

Die beiden Modellierungsvarianten finden sich nicht nur bei globalen Modellen, sondern kennzeichnen ganz allgemein zwei Entwicklungslinien umweltökonomischer Modelle. Bei der Diskussion der Leistungsfähigkeit ihrer Modelle betonen die Vertreter der neoklassischen Modellierung die Geschlossenheit, Klarheit und Konsistenz ihres Ansatzes. Die Vertreter der evolutorischen Modellierung stellen die empirische Validität ihres Modells in den Vordergrund. Beide Vorgehensweisen haben ihre Berechtigung. Neoklassische Modellierungen empfehlen sich, wenn man wissen will, welche Reaktionen etwa eine politische Maßnahme unter idealen Bedingungen hervorruft. Das ökonometrische Modell eignet sich eher zur Diskussion der tatsächlich unter Einschluss der Marktunvollkommenheiten zu erwartenden Wirkungen einer Maßnahme. Bei Prognosen und in die Zukunft gerichteten Simulationsrechnungen stellt sich bei den evolutorischen Modellen die Frage, wie lange die im Beobachtungszeitraum gemessenen Verhaltensweisen der Wirtschaftssubjekte stabil bleiben. Insofern sollte der in der Zukunft liegende Analysezeitraum etwa 25 Jahre nicht überschreiten. Bei den neoklassischen allgemeinen Gleichgewichtsmodellen kann man darüber hinausgehen, denn die Frage der Gültigkeit der unterstellten idealtypischen Verhaltensweisen ist unabhängig von der Zeit zu beantworten.

In Deutschland arbeiten z. B. die Oldenburger Ökonomen Christoph Böhringer und Heinz Welsch und die Leiterin der Umweltabteilung des Deutschen Instituts für Wirtschaftsforschung Claudia Kemfert seit vielen Jahren erfolgreich mit neoklassischen Modellen. Die andere Modellierungslinie der evolutorischen Modelle wird von der Gesellschaft für Wirtschaftliche Strukturforschung (GWS) in Osnabrück vertreten, die unter meiner Leitung die umweltökonomischen Modelle PANTA RHEI und GINFORS entwickelt hat. Der evolutorischen Modellierungsphilosophie ist unter der Leitung von Terry Barker auch das englische Institut Cambridge Econometrics verpflichtet.

Nach diesem kurzen Ausflug in die Welt der Modellierer wollen wir das globale Modell GINFORS etwas näher anschauen, weil wir es anschließend zur Beantwortung der gestellten Fragen einsetzen wollen. GINFORS beschreibt die wirtschaftliche

Entwicklung von 50 Ländern, darunter alle Länder der EU27, alle OECD-Länder, China, Indien, alle südostasiatischen Länder, Russland, Argentinien, Brasilien, Chile, Südafrika und die OPEC-Länder. Das Modell wird durch die Definition einer Region »Rest of the World« global geschlossen.

Für 24 Länder, darunter alle EU15-Länder (Ausnahmen: Irland und Luxemburg), alle wichtigen OECD-Länder und China, ist die Wirtschaft in 43 Branchen untergliedert. Der Welthandel ist bilateral nach 26 Branchen gegliedert modelliert. Das bedeutet, dass das Modell z. B. die deutschen Automobilexporte in die USA direkt erklärt. Für jedes Land werden die Energienachfrage, das inländische Angebot und die Exporte und Importe für elf Energieträger bestimmt. Das Modell berechnet ferner für jedes Land die Extraktionen von Biomasse, Erzen, nichtmetallischen Mineralien, Öl, Kohle, Gas und sonstigen Rohstoffen aus der Natur.

Das Modell ist bereits in vielen umweltökonomischen Analysen eingesetzt worden. Wir wollen in den folgenden Abschnitten dieses Kapitels über die Ergebnisse von Simulationsrechnungen für Europa im Rahmen des MOSUS-Projektes berichten, die mit GINFORS erarbeitet worden sind.

Das MOSUS-Projekt – Szenarien alternativer Entwicklungen für Europa

MOSUS hat als Projekt des fünften Rahmenprogramms der EU nach Strategien für Europa gesucht, die eine nachhaltigere Entwicklung ermöglichen. Untersucht wurden die Wirkungen verschiedener Maßnahmen auf den Ressourcenverbrauch, die Schadstoffemissionen, die wirtschaftliche und die soziale Entwicklung in allen Ländern der EU25. Als Simulationsmodell diente das soeben vorgestellte System GINFORS.

An dem Projekt, das von Februar 2003 bis Januar 2006 bearbeitet wurde, waren zwölf Forschungsinstitute aus acht europäischen Ländern beteiligt.

Das »business as usual«-Szenario (BASE) reflektiert eine Welt, in der die zurzeit beobachtbaren Verhaltensweisen aller Wirtschaftssubjekte inklusive der Politik unverändert fortbestehen. Die Alternativszenarien entwerfen Zukunftsvisionen, in denen die Politik entweder relativ niedrige (LOW) oder hohe Nachhaltigkeitsziele (HIGH) verfolgt. Für beide Alternativszenarios wurden dieselben Politikmaßnahmen unterstellt, aber die Dosierung der Maßnahmen war entsprechend unterschiedlich. Die verschiedenen betrachteten Maßnahmen und autonomen Entwicklungen können zu sechs Gruppen zusammengefasst werden, die die folgenden Namen tragen: Technischer Wandel, Transportkosten, Recycling und Materialeffizienz, Aachener Szenario, Forschung und Entwicklung und Emissionshandel.

In dem Sub-Szenario »Technischer Wandel« sind die folgenden Entwicklungen unterstellt worden, die zumindest teilweise durch die Forschungsförderung erreicht werden: Durch die weiteren Fortschritte in der Biotechnologie kann der Verbrauch von Pestiziden und anderen chemischen Produkten in der Landwirtschaft um 0,5 % pro Jahr vermindert werden. Erfolge in der Entwicklung der Verbrennungstechnologien führen zu einer Reduktion des Verbrauchs fossiler Energieträger um 1 % pro Jahr. Durch technische Fortschritte bei der Elektrostahlproduktion wird der Anteil dieses Bereichs an der Stahlproduktion steigen, sodass die Nachfrage der Stahlindustrie beim Recyclingsektor nach Schrott und bei der Stromerzeugung um 0,5 % pro Jahr steigen und sich die Nachfrage nach Erzen und Kohle entsprechend vermindern wird. Die Automobilindustrie wird einem erheblichen Wandel unterliegen. Neue Materialien wie neue Polymere werden den Einsatz von Stahl und anderen Metallen um 0,5 % pro Jahr vermindern, während der Einsatz von Elektromotoren, Batterien und Elektronik um 1 % pro Jahr zunehmen wird. Im LOW-Szenario beginnen diese Veränderungen im Jahr 2015, im HIGH-Szenario bereits im Jahr 2010.

Das Sub-Szenario »Transportkosten« unterstellt, dass alle bestehenden Steuern im Transportsektor durch eine Kilometergebühr ersetzt werden. Das Steueraufkommen beim Staat bleibt dabei konstant, aber die Preise für den Transport von Personen und Gütern steigen im Szenario LOW um 5 % und im Szenario HIGH um 10 % gegenüber dem BASE-Szenario.

Im Subszenario »Materialeffizienz« wird eine Steuer auf den Einsatz von Metallen und nichtmetallischen Mineralien (Sand, Kies etc.) erhoben. Die betroffenen Sektoren werden durch Senkungen bei anderen Steuern vollständig entlastet, sodass auch kein zusätzliches Steueraufkommen beim Staat anfällt. Durch diese Maßnahmen verbessert sich das Recycling von Metallen im Szenario LOW um 0,1 % pro Jahr und im Szenario High um 0,3 % pro Jahr. Die Effizienzsteigerung beim Einsatz der nichtmetallischen Mineralien beträgt im Szenario LOW 0,2 % pro Jahr und im Szenario HIGH 0,4 % pro Jahr.

Im »Aachener Szenario« wird für die Unternehmen des Verarbeitenden Gewerbes ein Informations- und Beratungsprogramm unterstellt, das vom Staat moderiert wird. Die Materialinputs werden pro Jahr durch die Beratung vermindert. Die entstehenden Kosten für die Beratung erhöhen die Lieferungen des Dienstleistungssektors »Forschung und Entwicklung« an die Branchen des Verarbeitenden Gewerbes, wobei die Beratungskosten in Höhe der Materialeinsparungen eines Jahres einmalig anfallen, während die Kostensenkungen für den Materialeinsatz natürlich dauerhaft sind. Wenn ein Ingenieur die Technologie einer Firma verbessert, dann kann er seinen Einsatz nur einmal in Rechnung stellen, während die Verbesserung der Technologie natürlich dauerhaft ist. Daraus ergibt sich ein Produktivitätsgewinn für die Firma, die beraten worden ist. Somit ist unterstellt, dass die Unternehmen bislang ihr Potenzial gemessen an den besten verfügbaren Technologien nicht ausgeschöpft haben. Wir haben diesen Punkt im Kapitel 6 auf der Seite 150 ff. ausführlich diskutiert. Im Szenario LOW beträgt die Einsparung an Materialkosten bis zum Jahr 2020 10 %, im Szenario HIGH sind es 20 %.

Im Subszenario »Forschung und Entwicklung« ist unterstellt, dass die Europäischen Staaten Forschung und Entwicklung der Unternehmen zusätzlich zu dem bisherigen Volumen um 1 % des Staatskonsums, der entsprechend niedriger ausfällt, subventionieren. Die Arbeitsproduktivität (Produktionsergebnis pro Arbeitsstunde) steigt dadurch in den Firmen um 0,15 % pro Jahr.

Hinsichtlich des Energieeinsatzes und der CO_2-Emissionen wird unterstellt, dass der Emissionshandel fortgeführt wird, wobei der Preis für eine Tonne CO_2-Emissionen im Szenario HIGH mit 120 Euro natürlich höher ist als im Szenario LOW mit 40 Euro. Ferner wird in diesem Szenario unterstellt, dass der Anteil der Biokraftstoffe im Szenario LOW 10 % und im Szenario HIGH 18 % beträgt.

Die Szenarien enthalten einige der Maßnahmen, die wir im Kapitel 6 diskutiert haben. Insbesondere die Maßnahmen der Forschungsförderung und der Informations- und Beratungsprogramme sind hier berücksichtigt, aber auch der Emissionshandel, der zur Zeit der Erstellung der Simulationsrechnungen des MOSUS-Projektes gerade gestartet wurde. Es fehlen aber die verschiedenen ordnungsrechtlichen Maßnahmen wie etwa die Vorgabe technischer Normen für Haushaltsgeräte, Fahrzeuge und Gebäude sowie die Förderung der intrinsischen Motivation bei Unternehmern und Konsumenten.

Die Maßnahmen wurden so dosiert, dass das Szenario LOW das Kyoto-Ziel für die EU25 erreicht, während das Szenario HIGH das von den Wissenschaftlern des IPCC (Intergovernmental Panel on Climate Change) genannte Ziel einer Minderung der Emission von Treibhausgasen um 20 % gegenüber dem Wert von 1990 anstrebt.

Können die Ziele einer nachhaltigeren Entwicklung in Europa erreicht werden?

Alle beschriebenen Maßnahmen sind primär zur Steigerung der Ressourceneffizienz gedacht. Sie haben aber sehr unterschiedliche Wirkungen auf die wirtschaftliche Entwicklung. Die Steuern auf die Transportleistungen und die Materialinputsteuer sowie der Emissionshandel im Bereich des Verarbeitenden Gewerbes verteuern die Nutzung der Energie, vermindern somit über Preissteigerungen den Ressourcenverbrauch. Damit stellen sich auch negative Wirkungen auf die Wirtschaft ein, weil Preissteigerungen die Güternachfrage und damit auch Produktion und Beschäftigung zurückdrängen. Diese Effekte bleiben aber gering, weil der Staat seine Einnahmen insgesamt unverändert lässt, indem er z. B. im Transportbereich und im Verarbeitenden Gewerbe andere Steuern senkt.

Die Maßnahmen zur Förderung des technischen Fortschritts vermindern die Produktionskosten und damit die Güterpreise, was sich grundsätzlich belebend auf die wirtschaftliche Entwicklung auswirkt. Auf der anderen Seite muss der

Staat zur Finanzierung der Forschungsförderung andere Ausgaben reduzieren, was für sich genommen negative Effekte auf die Güternachfrage hat. In den meisten Ländern überwiegen die positiven Wirkungen auf die wirtschaftliche Entwicklung.

Das Informations- und Beratungsprogramm zur Steigerung der Ressourcenproduktivität (Aachener Szenario) senkt die Preise und steigert die Wertschöpfung, wodurch eindeutig kräftige positive wirtschaftliche Effekte erzielt werden. In diesem Teilszenario sind wirtschaftliche und ökologische Effekte also gleichgerichtet. Allerdings dämpfen der Anstieg von Einkommen und Produktion die günstige ökologische Wirkung wiederum etwas ab. Man spricht hier auch vom sogenannten Reboundeffekt.

	Bruttoinlands-produkt	Ressourcen-entnahme	CO_2-Emissionen
Deutschland	5,1	−22,4	−19,2
Frankreich	7,8	−4,6	−18,4
Großbritannien	1,1	−8,4	−12,6
Spanien	6,1	−3,2	−15,4

Tab. 11 Die Wirkungen des Szenarios HIGH des MOSUS-Projekts auf Bruttoinlandsprodukt, Konsumgüterpreise und Beschäftigung in ausgewählten Ländern der EU. Abweichungen vom Basisszenario im Jahre 2020 in v. H. Quelle: Giljum, St., Behrens, A., Hunterberger, F., Lutz, C., Meyer, B. (2007).

In der Tabelle 11 sind die Wirkungen des Szenarios HIGH auf Bruttoinlandsprodukt, Ressourcenentnahme und CO_2-Emissionen in den größeren europäischen Ländern Deutschland, Frankreich, Großbritannien und Spanien dargestellt. In allen Ländern ergeben sich positive Wirkungen auf das Bruttoinlandsprodukt, die aber sehr unterschiedlich ausfallen. Offenbar sind die Wirtschaftsstrukturen in den betrachteten Ländern sehr unterschiedlich, sodass die geschilderten gegensätzlichen Wirkungen einen jeweils anderen Saldeneffekt erzeugen. Auffällig ist der starke Rückgang der Ressourcenentnahme in Deutschland, der durch den hohen Anteil von Kohle an der Ressourcenentnahme und dessen Reduktion durch die im Szenario unterstellten Maßnahmen liegt. Die Unterschiede in der Ressourcenentnahme der anderen Länder untereinander lässt sich mit dem Reboundeffekt erklären: Je höher der Effekt auf das Bruttoinlandsprodukt, umso niedriger die Reduktion der Ressourcenentnahme.

Ein Blick auf die Tabelle zeigt, dass die ökonomischen und ökologischen Wirkungen eines einheitlichen Programms für Europa in den einzelnen Ländern sehr unterschiedlich sind. In der Stromerzeugung dominiert in Frankreich die Atomenergie, während in Deutschland die Kohle wichtigster Energieträger ist, bei starken Zuwächsen, aber noch bescheidenen Niveaus der regenerativen Energieträger, wie etwa Windenergie. Auch die Unterschiede in der Wirtschaftsstruktur sind beträchtlich und für die Ergebnisse entscheidend: Deutschland hat durch die starke Verflechtung in die Weltwirtschaft einen hohen Anteil seiner Wertschöpfung im Verarbeitenden Gewerbe, während dieser Bereich in Großbritannien wesentlich geringer ist. Der Arbeitsmarkt ist in Großbritannien eher ein Wettbewerbsmarkt, auf dem der Lohnsatz durch Angebot und Nachfrage bestimmt wird. Dagegen haben wir in Deutschland und Frankreich ein bilaterales Monopol auf dem Arbeitsmarkt, d. h. dass Arbeitgeberverbände und Gewerkschaften die Löhne aushandeln. Es lassen sich viele weitere Unterschiede festmachen, die für die Frage der Betroffenheit eines Landes durch eine umweltpolitische Maßnahme und seine Reaktion auf die Maßnahme entscheidend sind. Aus den Ergebnissen der Modellrechnungen kann man im Umkehrschluss folgern: Will man in etwa dieselben Ergebnisse in den einzelnen Ländern Europas erzielen, dann muss man die zu treffenden umweltpolitischen Maßnahmen sehr individuell auf die Länder zuschneiden.

Die ökologischen Wirkungen für alle Länder der EU25 sind zusammengefasst in den Abbildungen 9 und 10 dargestellt. Abbildung 9 zeigt die Entwicklung der CO_2-Emissionen der EU25 von 1990 bis 2020 für die Basisprognose BASE und für die Alternativprognosen LOW und HIGH. Wenn nichts geschieht, dann werden die CO_2-Emissionen im Jahre 2020 ca. 5,2 % über dem heutigen Wert liegen, der etwa den Emissionen von 3,8 Milliarden Tonnen des Jahres 1990 entspricht, die den internationalen Zielvereinbarungen immer zugrunde liegt. Im Szenario HIGH werden nur noch 3,3 Milliarden Tonnen CO_2 emittiert, was zwar 18,2 % unterhalb der Basisprog-

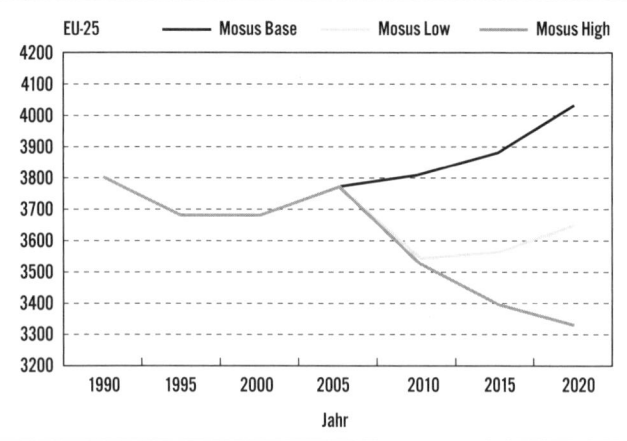

Abb. 9 CO_2-Emissionen der EU25 in Millionen Tonnen im Basisszenario BASE und in den Alternativszenarien HIGH und LOW.

nose, aber nur 13,2 % unterhalb der Emissionen von 1990 liegt. Berücksichtigt man die anderen Treibhausgase, so haben wir ein Ergebnis, das in der Nähe des gesetzten Zieles liegt.

In der Abbildung 10 betrachten wir die gesamten Ressourcenentnahmen in der EU25. Wiederum sind die zeitlichen Entwicklungen in den drei Szenarien von 1990 bis 2020 dargestellt. Für die Basisprognose berechnet das Modell eine Stagnation der Extraktion von Ressourcen aus der Natur in Europa. Das muss nicht heißen, dass hier bereits eine gewisse Nachhaltigkeit gegeben ist. Wir haben es im Laufe der Jahre nur verstanden, einen zunehmenden Teil der Extraktionen in den Ländern stattfinden zu lassen, aus denen wir entweder die Rohstoffe direkt importieren oder indirekte Rohstoffimporte über die importierten Güter durchführen.

Im Alternativszenario HIGH werden bis zum Jahr 2020 Minderungen von knapp 15 % erzielt, obwohl durch das Sze-

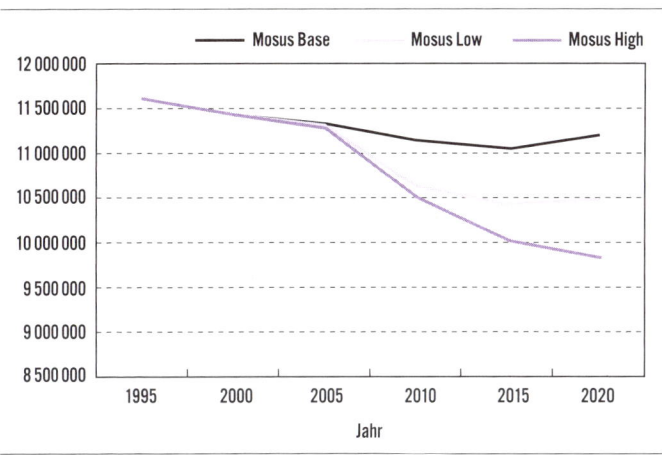

Abb. 10 Ressourcenentnahme in der EU25 in 1000 Tonnen im Basisszenario BASE und in den Alternativszenarien HIGH und LOW.

nario gleichzeitig eine beträchtliche Steigerung des Bruttoin-
landsproduktes gelingt.

Zusammenfassend kann festgestellt werden, dass eine Innovationsstrategie für Europa sowohl ökonomische als auch
ökologische Vorteile bringt. Allerdings muss bei der Ausgestaltung der Maßnahmen die unterschiedliche Struktur in den
Ländern berücksichtigt werden. Man sollte es also den Ländern überlassen, welche Instrumente neben dem gemein-
schaftlich bereits eingerichteten Emissionshandel gewählt
werden.

Die Ergebnisse der Rechnungen zeigen auch, dass die notwendigen Veränderungen keineswegs leicht zu erreichen sind.
Immerhin liegt der Preis für eine Tonne CO_2 im Szenario
HIGH bei 130 Euro, was durchaus hoch ist. Will man in den
kommenden Jahren die Ziele mit niedrigeren CO_2-Preisen von
30 Euro oder 50 Euro erreichen, dann wird man technische
Vorgaben für neue Haushaltsgeräte, Fahrzeuge und neu er-
richtete Gebäude mit der Variante des Benchmarking, die wir
auf S. 161 ff. diskutiert haben, einführen müssen. Ferner hat
die Altbausanierung ein erhebliches Potenzial zur Einsparung
von CO_2-Emissionen. Hier wird man die beispielsweise in
Deutschland schon seit langem eingeführten Förderpro-
gramme weiter aufstocken müssen.

Die globale Perspektive

Was bedeutet ein Alleingang Europas zur Erreichung einer
nachhaltigeren Entwicklung für die Welt? In den Abbildungen 11 und 12 haben wir die Wirkungen der Szenarien HIGH
und LOW für die globalen CO_2-Emissionen und die globale
Entnahme von Rohstoffen aus der Natur dargestellt. Beide

Abbildungen enthalten sowohl die zeitliche Entwicklung der betrachteten Größen in dem Basisszenario BASE als auch in den Alternativszenarien HIGH und LOW. Ferner sind jeweils rechts in den Abbildungen die Abweichungen der Alternativszenarien gegenüber dem Basisszenario dargestellt.

Ein Blick auf Abbildung 11 zeigt, dass die auf Europa beschränkten Maßnahmen die globale Entwicklung nicht nennenswert beeindrucken. Dabei sind alle Wirkungen von Preis- und Einkommensentwicklungen in Europa, die über den internationalen Handel in die Welt diffundieren, in den Ergebnissen berücksichtigt. So bewirken die Maßnahmen in Europa z. B. eine Minderung der Nachfrage nach Erdöl und somit auch der Erdölimporte, wodurch sich die Erdölexporte sowie Produktion und Beschäftigung in Russland, der OPEC und anderen Regionen vermindern. Aber auch sehr indirekte Effekte der in Europa getroffenen Maßnahmen wirken sich in der

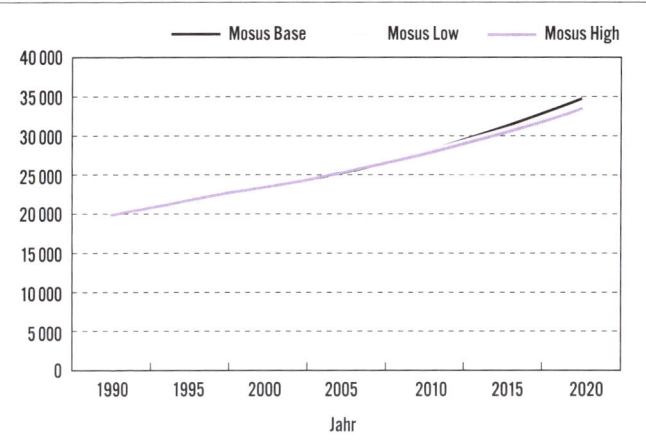

Abb. 11 Globale CO_2-Emissionen in Millionen Tonnen in den Szenarien BASE, HIGH und LOW des MOSUS-Projektes.

Welt global aus. So steigen z. B. die Preise der europäischen Industrieprodukte durch den Emissionshandel und die Besteuerung der Rohstoffentnahme, was die Exporte in die Welt beeinträchtigt und die Importe Europas tendenziell erhöht und damit Produktion und Einkommen in den anderen Weltregionen schafft.

Die Abweichungen der CO_2-Emissionen im Szenario HIGH von dem Wert des Basisszenarios betragen im Jahr 2020 kaum mehr als 3 %. Im Falle der globalen Rohstoffentnahme (Abbildung 12) sind es auch nur 3,7 %.

Die Maßnahmen beschränken sich auf Europa, aber ihre Wirkungen natürlich nicht. Tabelle 12 stellt die absoluten Abweichungen der Rohstoffentnahmen nach verschiedenen Materialarten und die CO_2-Emissionen in physischen Einheiten insgesamt in der Welt und ihre Verteilung auf Europa und den Rest der Welt dar.

Die Minderung der Primärenergienachfrage findet nur zu 70 % in Europa statt, 30 % der Minderung ereignen sich in anderen Weltregionen. Bei Letzterem handelt es sich in erster Linie um die Reduktion der europäischen Importe von Kohle, Gas und Erdöl. Die globale Reduktion der Emissionen von CO_2 in Höhe von 961 Millionen Tonnen findet zu 72,4 % in Europa und zu 27,6 % in anderen Regionen statt. Die Verminderung der CO_2-Emissionen außerhalb Europas hat mit dem Rückgang der Importe der fossilen Energieträger aber nichts zu tun, denn deren CO_2-Emissionen treten erst bei ihrer Verbrennung auf, die aber offensichtlich in Europa geschieht. Ursache der Verminderung der CO_2-Emissionen außerhalb Europas sind als Folge der Steigerungen der Ressourcenproduktivität in Europa die Minderungen der Importe von Vorprodukten. Dadurch reduzieren sich im Rest der Welt die Güterproduktion und damit auch die Emission von CO_2.

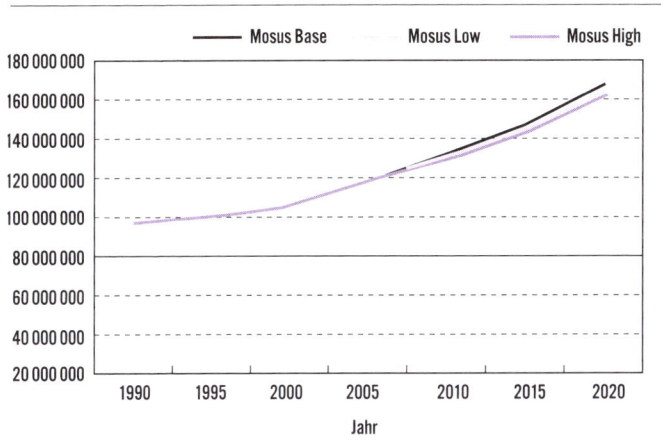

Abb. 12 Die globale Rohstoffentnahme aus der Natur in den Szenarien BASE, HIGH und LOW des MOSUS-Projektes in 1000 Tonnen.

Drei Viertel der durch die Maßnahmen in Europa ausgelösten Minderungen der Rohstoffentnahmen aus der Natur finden außerhalb Europas statt. Diese Relation verdeutlicht, in wie starkem Maße Europa von den Bodenschätzen des Rests der Welt abhängt. Besonders dramatisch ist der Tatbestand bei den Erzen, bei denen die Reduktion der Extraktion zu 98 % außerhalb Europas geschieht. Das liegt natürlich daran, dass wir in Europa kaum noch Erzförderung haben. Man bedenke in diesem Zusammenhang, dass z. B. in Deutschland die Produktion von Investitionsgütern wie Fahrzeugen und Maschinen das Herz der Volkswirtschaft ausmacht – Güter, die in ihrer physischen Substanz vornehmlich aus Metallen bestehen. Aber auch bei den fossilen Energieträgern sind die Wirkungen im Rest der Welt weitaus stärker als in Europa.

Wir haben gezeigt, dass bei den Modellrechnungen die wirtschaftliche Verflechtung zwischen Europa und der Welt in

	Welt	Struktur in %	
		EU 25	Rest der Welt
Primärenergieensatz (1000 t. Öl-Äquivalente)	−285 534	70,0 %	30,0 %
CO_2-Emissionen in 1000 t.	−961 000	72,4 %	27,6 %
Totale Rohstoffentnahme in 1000 t	−5 352 860	25,3 %	74,7 %
Biomasse	−418 702	59,0 %	41,0 %
Kohle	−2 265 356	34,7 %	65,3 %
Rohöl	−123 379	20,2 %	79,8 %
Erdgas	−60 232	37,9 %	62,1 %
Erze	−1 877 080	2,3 %	97,7 %
Andere Rohstoffe	−479 576	37,7 %	62,3 %

Tab. 12 Die globalen Wirkungen des Szenarios HIGH des MOSUS-Projektes im Jahre 2020 absolut in physischen Einheiten und ihre Verteilung auf Europa und den Rest der Welt. Quelle: Giljum, St., Behrens, A., Hinterberger, F., Lutz, C., Meyer, B. (2007).

tiefem Detail nach Gütergruppen und Ländern abgebildet ist. Dabei blieb aber ein Punkt unberücksichtigt, der für die Einschätzung der Bedeutung der Maßnahmen in Europa für die Welt doch von großer Bedeutung ist. Europa verbessert durch die unterstellten Maßnahmen unter anderem auch die Qualität der Fahrzeuge, Maschinen und Haushaltsgeräte, die z. B. leichter gebaut sind, weniger Kraftstoffe verbrauchen und effizienter genutzt werden können. Diese Investitionsgüter und langlebigen Haushaltsgeräte werden natürlich auch in den Rest der Welt exportiert und steigern dadurch die Rohstoffproduktivität in den Ländern, die direkt keine Maßnahmen zur Verbesserung ihrer Nachhaltigkeit ergreifen. Dieser Effekt konnte in den Rechnungen nicht berücksichtigt werden. Im Hinblick auf Fahrzeuge und Maschinen ist der Effekt bedeutsam, weil Europa bei diesen Gütergruppen einen hohen Weltmarktanteil hat. Bei Haushaltsgeräten ist der Anteil ge-

ringer, aber auch hier könnte es sich etwa für asiatische Anbieter als lohnend erweisen, die Qualität der Produkte nicht
nur für den Export nach Europa, sondern auch für deren Inlandsmarkt zu verbessern.

Damit sind die vorgelegten Ergebnisse aber nicht wertlos,
denn die Qualitätssteigerung der von Europa exportierten Investitionsgüter führt nur allmählich zur Steigerung der Ressourcenproduktivität außerhalb Europas. Dies liegt zum einen
daran, dass nur ein Teil der Investitionsgüter, die außerhalb
Europas eingesetzt werden, auch aus Europa stammt. Ferner
muss beachtet werden, dass nicht mit einem Schlag der gesamte Maschinen- und Fahrzeugpark in den außereuropäi-
schen Ländern ausgetauscht wird, sondern dass nur nach und
nach im Umfang der zu ersetzenden Jahrgänge die neuen Maschinen Verwendung finden werden. Eine Abschätzung dieser
schwierigen Fragen ist zurzeit noch nicht möglich. In einer
neuen Studie mit dem Modell GINFORS wird aber an der Berücksichtigung dieses Effektes gearbeitet. Wir können aber
jetzt schon feststellen, dass ein Alleingang Europas auch unter
Berücksichtigung der zuletzt diskutierten Effekte die globalen
Umweltprobleme nicht wird lösen können.

9. Die Schaffung internationaler Rahmenbedingungen

Die Alternative: kein internationaler Rahmen

Die Schädigung der Natur durch den Menschen ist letztlich ein globales Phänomen. Das viel zitierte Bild vom Raumschiff Erde, in dem wir uns durch das All bewegen, verdeutlicht die Begrenztheit der Ressourcen und der Möglichkeiten, Schadstoffe zu lagern. Eine Verbesserung der Nachhaltigkeit in einem Land der Erde hilft nicht, wenn dadurch die Probleme in anderen Ländern zunehmen. Dies aber kann die Folge sein, wenn kein abgestimmtes globales Vorgehen erfolgt. Wenn in einem Land den Produzenten Vermeidungskosten auferlegt werden, dann ist über kurz oder lang mit Standortverlagerungen in Länder ohne Auflagen zu rechnen, wodurch die Belastung der Umwelt sich global gesehen unter Umständen sogar verschärft, wie häufig befürchtet wird.

Die Alternative kann dann in einer Belastung der Konsumenten liegen. Man erhebt Verbrauchssteuern auf Güter, deren Verwendung die Umwelt belastet, zwingt Konsumenten in einen Emissionshandel oder setzt technische Standards für Gebrauchsgüter und Gebäude. Konsumenten verlassen nicht so leicht das Land, insofern könnte es funktionieren. Andererseits stellt sich immer die Frage der Durchsetzbarkeit gerade einer solchen Politik. Jede Regierung, die in einer Demokratie diese Politik betreibt, wird von der Opposition gefragt, warum den Konsumenten des Landes diese Lasten auferlegt werden, obwohl doch in den anderen Ländern nichts dergleichen geschieht und deshalb auch der Umwelt kaum geholfen wird. Selbst wenn in Deutschland die CO_2-Emissionen auf null gesetzt würden, würde dies nur marginal zum globalen Klimaschutz beitragen. Ein Alleingang wird wohl nur dann erfolgreich sein, wenn die Mehrheit der Wähler eines Landes der Überzeugung ist, dass sich durch eine nachhaltigere Entwicklung in ihrem Land die Qualität ihres Lebens verbessert.

Von einer solchen Situation sind wir wohl noch weit entfernt, weshalb die Durchsetzung umweltpolitischer Maßnahmen so außerordentlich schwierig ist. Man argumentiert deshalb gern mit positiven wirtschaftlichen Effekten, die mit der Verfolgung einer bestimmten Strategie verbunden sind. Wir erinnern uns an die Diskussion der Innovationsstrategie, die in Europa sehr beliebt ist und die wir selbst hier auch vertreten haben. Man setzt auf technischen Fortschritt, der die Produktqualitäten und Produktionsprozesse verbessert. Die Sichtweise ist eher dynamisch, es sind nicht allein die Preise auf den Märkten der Gegenwart, die im Wettbewerb zählen, sondern es ist die Präsenz auf Zukunftsmärkten, die auch wirtschaftliche Nachhaltigkeit nach sich zieht. Dazu bedarf es aber des Aufbaus neuer Produktionsanlagen für diese Zukunftsmärkte, die nur dann rentabel sein werden, wenn die Preise der Ressourcen ein bestimmtes Niveau erreicht haben werden. Die Investoren brauchen also eine gewisse Perspektive, die sich ohne eine international abgestimmte Rahmenordnung nicht einstellen wird.

Die Gefahr besteht, dass bei einer fehlenden internationalen Abstimmung nichts geschieht, weil jedes Land das wirtschaftliche Risiko befürchtet. Die Situation ist auf der Länderebene im Hinblick auf die Politikentscheidung also sehr ähnlich derjenigen, die wir als Ursache des Umweltproblems schon bei der

Entscheidung jedes einzelnen Menschen über die Nutzung der Natur kennengelernt haben. Umso mehr ist zu begrüßen, dass die EU nun zumindest bezogen auf die Klimapolitik einen Anfang gemacht und sich selbst verpflichtet hat, die CO_2-Emissionen im Alleingang um 20 % zu reduzieren und darüber hinaus bereit ist, die Minderung auf 30 % zu erhöhen, wenn andere wichtige Länder sich anschließen. Im Bereich der Klimapolitik hat es auf der UN-Konferenz von Kyoto im Jahre 1997 bereits eine Vereinbarung gegeben, die aber längst nicht alle Länder unterzeichnet haben. Anknüpfend an den dadurch ausgelösten internationalen Diskurs haben bereits Verhandlungen begonnen, die durch den Vorstoß der EU eine gewisse Dynamik erhalten. Was können wir davon erwarten, und wo liegen die Schwierigkeiten der Verhandlungen? Wir wollen diesen Fragen nachgehen, indem wir in den folgenden Abschnitten zunächst die Vereinbarung von Kyoto etwas näher anschauen und dann die Hemmnisse diskutieren, die einer schnellen Einigung für ein »Post-Kyoto-Commitment« entgegenstehen. Natürlich kann sich internationale Umweltpolitik nicht auf das Klimaproblem beschränken, aber wir können am Beispiel dieser Erfahrungen auch für die Entwicklung von Rahmenvereinbarungen in anderen Bereichen lernen.

Ein erster Versuch: das Kyoto-Protokoll

Das im Jahre 1992 in New York verabschiedete Rahmenübereinkommen der Vereinten Nationen über Klimaänderungen sah vor, dass die Industrieländer bis zum Jahr 2000 eine Reduktion ihrer Klimagasemissionen auf das Niveau von 1990 erreichen sollten. Im Jahre 1995 wurde auf der ersten Sitzung der Vertragsparteien in Berlin festgestellt, dass diese Verpflichtung nicht ausreicht. Es wurde der Entwurf für ein neues Abkommen entwickelt, das auf der UN-Konferenz von Kyoto im Jahre 1997 in der Form eines Protokolls zur Rahmenübereinkunft über Klimaveränderungen im Konsens verabschiedet wurde. Darin verpflichteten sich die Industrieländer, ihre Treibhausgasemissionen innerhalb des Zeitraums 2008 bis 2012 um mindestens 5 % gegenüber dem Niveau von 1990 zu reduzieren. Die konkreten Umsetzungsmaßnahmen wurden im Jahre 2001 auf der Konferenz von Bonn beschlossen und in demselben Jahr in Marrakesch bestätigt.

Da die Unterschrift auf der Konferenz in Kyoto von Regierungsvertretern geleistet wurde, eine völkerrechtlich verbindliche Zusage aber der Abstimmung durch das Parlament eines Landes bedarf – man spricht vom Akt der Ratifizierung –, musste man das Inkrafttreten des Vertrages natürlich an gewisse Bedingungen knüpfen. Man stelle sich vor, ein Land hätte ratifiziert, aber kein anderes würde ihm aus welchem Grund auch immer folgen. In einem solchen Fall kann das betreffende Land natürlich nicht an den Vertrag gebunden sein. Das Kyoto-Protokoll tritt deshalb erst 90 Tage nachdem es von mindestens 55 Staaten ratifiziert worden ist in Kraft, wobei darunter Industrieländer sein müssen, deren CO_2-Emissionen zusammen mindestens 55 % der von den Industrieländern insgesamt verursachten Emissionen ausmachen. Die europäischen Staaten haben das Protokoll im Jahre 2002 ratifiziert. Die USA haben zwar in der Regierungszeit Clintons das Protokoll unterschrieben, aber unter dem Präsidenten Bush nicht ratifiziert. Auch Australien und Kroatien haben zwar das Protokoll unterschrieben, aber nicht ratifiziert. Erst im Jahre 2004 war es mit der Ratifizierung durch Russland rechtskräftig. Bis heute sind insgesamt 170 Staaten der Erde der Vereinbarung beigetreten.

Unter Klimagasen versteht das Kyoto-Protokoll in der Anlage A neben dem wichtigsten Gas CO_2 noch Methan (CH_4), Distickstoffoxid (N_2O), Teilhalogenierte Kohlenwasserstoffe (H-FKW/HFC), perfluorierte Kohlenwasserstoffe (FKW/PFC), Schwefelhexafluorid (SF_6), die hinsichtlich ihrer Treibhauswirkung über geeignete Umrechnungsfaktoren in sogenannte CO_2-Äquivalente umgerechnet werden können.

Die Verpflichtungen sind für die einzelnen Länder bzw. Ländergruppen in der Anlage B zum Protokoll durchaus unterschiedlich geregelt. So hat die EU eine Reduktion von 8 %, Japan 6 % zu erbringen, während die Russische Föderation und Neuseeland ihre Emissionen von 1990 halten können. Innerhalb der EU hat man sich auf eine Lastenverteilung geeinigt (burden sharing). So muss Deutschland mit einer Minderung von 21 % relativ viel leisten, weil mit dem Zusammenbruch der alten Industriestrukturen in Ostdeutschland nach 1991 in Bezug auf den Energieeinsatz sehr ineffiziente Produktionen weggefallen sind. Für England ist das Minderungsziel mit 12,5 % deshalb wesentlich niedriger. Spanien gestattet man sogar eine Ausdehnung der Emissionen um 15 %, weil der Industrialisierungsprozess in diesem Land noch nicht abgeschlossen ist und das Ausgangsniveau der Emissionen deshalb noch relativ niedrig ist.

Hinsichtlich der Maßnahmen, die die Länder zur Erreichung der Ziele einsetzen, macht das Kyoto-Protokoll keinerlei Vorschriften. Es wird im Artikel 2 vielmehr ein Katalog von Maßnahmen genannt, der wohl als Aufzählung zu verstehen ist, der aber Zusätzliches nicht ausschließt. Darunter finden sich die folgenden Maßnahmen: Verbesserung der Energieeffizienz; Aufforstung von Wäldern; Förderung nachhaltiger landwirtschaftlicher Bewirtschaftungsformen; Erforschung und Förderung und vermehrte Nutzung von erneuerbaren Energieformen, von Technologien zur Bindung von Kohlendioxyd und von fortschrittlichen umweltverträglichen Technologien; Anwendung von marktwirtschaftlichen Instrumenten und Beseitigung von Subventionen, die zur Emission von Treibhausgasen führen.

Im Artikel 6 ist geregelt, dass zwei oder mehrere Länder auch Kooperationsprojekte zur Emissionsminderung durchführen und die sich ergebenden Erfolge dann anteilig anrechnen lassen können. Diese Regelung der gemeinsamen Umsetzung (Joint Implementation) ist mit Blick auf die großen Unterschiede in der Wirtschaftskraft einerseits und in den Kosten der Reduktion von Treibhausgasemissionen andererseits in den westlichen Industrieländern und den Industrieländern Osteuropas vorgesehen. Zu solchen Gemeinschaftsprojekten kann neben den üblichen Maßnahmen zur Steigerung der Energieeffizienz auch die Einrichtung von sogenannten Senken gehören. Dabei handelt es sich um Einrichtungen, die Emissionen absorbieren. Dazu gehören vor allem Aufforstungsmaßnahmen. Die zusätzlichen Bäume entnehmen der Luft CO_2 und produzieren Sauerstoff. Der Bau von Kernkraftwerken ist als Maßnahme der Joint Implementation ausgeschlossen.

Da die Zielvereinbarung nur Verpflichtungen für die Industrieländer enthält, bleibt ohne zusätzliche Regelungen das Reduktionspotenzial in den Entwicklungsländern ungenutzt. In Artikel 12 ist deshalb ein sogenannter »Mechanismus für umweltverträgliche Entwicklung« (Clean Development Mechanism oder kurz CDM) vorgesehen. Wenn ein Industrieland in einem Entwicklungsland eine Investition durchführt, die nachweislich die Emissionen in dem Entwicklungsland reduziert, dann kann es sich diese Reduktionen auf sein Ziel anrechnen lassen. Dadurch wird gleichzeitig der Technologietransfer von den Industrieländern in die Entwicklungsländer gefördert werden. Die Einrichtung muss durch ein von den UN bestätigtes Expertengremium zertifiziert werden. Die Maßnahmen des CDM können auch die Einrichtung von Senken beinhalten, sind aber ausschließlich auf Aufforstungsmaßnahmen beschränkt, wobei pro Jahr des Verpflichtungszeitraums (2008 bis 2012) nicht mehr als 1 % der gesamten Emissionen des Industrielandes im Jahr 1990 durch Aufforstungsmaßnahmen erbracht werden darf. Die Einrichtung von Atomkraftwerken ist im Rahmen des CDM ausgeschlossen. Die Erlöse aus den CDM-Maßnahmen müssen zum Teil dafür verwendet werden, die Verwaltungskosten des CDM zu decken. Ferner werden 2 % der Erlöse in einen Fonds abgeführt, mit dem Anpassungskosten des Klimaschutzes in besonders armen Ländern zu finanzieren sind.

Artikel 17 erlaubt den mit Reduktionsverpflichtungen belasteten Ländern – das sind die Industriestaaten – den Handel mit Emissionsrechten. Gelingt es einem Land, mit den Emissionen unterhalb der Verpflichtung zu verbleiben, so kann es die Emissionsrechte verkaufen. Umgekehrt kann ein Land auch Emissionsrechte von anderen erwerben, wenn es nicht in der Lage ist, seine Verpflichtungen zu erfüllen.

Artikel 18 verpflichtet die Vertragsparteien, für den Fall der Nichteinhaltung der Ziele Folgen zu regeln. Auf der Konferenz in Bonn hat man die folgenden Beschlüsse gefasst: Verfügt ein Land nach Ablauf der ersten Verpflichtungsperiode über weniger Emissionsrechte (inklusive etwaiger Zukäufe) als gemäß Zielvereinbarung notwendig, so greifen Sanktionen. Für die Folgeperiode wird dem Land ein Emissionsrecht in Höhe des Fehlbetrages der ersten Periode multipliziert mit dem Wiedergutmachungsfaktor 1,3 abgezogen, und das Land wird von dem Emissionshandel ausgeschlossen. Ferner muss

das Land den Vereinten Nationen einen Aktionsplan vorlegen, aus dem hervorgeht, wie die Emissionsminderungen
künftig erbracht werden sollen.

Das Protokoll ist vor allem deshalb kräftig kritisiert worden, weil es nach der Auffassung vieler die Reduktionsziele zu
niedrig ansetzt. Diese Einschätzung ist in zweierlei Hinsicht
problematisch. Wenn die Kritik absolut gemeint ist in dem
Sinne, dass das Kyoto-Protokoll das Klimaproblem nicht löst,
so ist das sicherlich zutreffend, verfehlt aber den dynamischen
Charakter des gesamten Projekts. Hier geht es nur um den
Einstieg in ein langfristig angelegtes Vorhaben, was schon mit
der Festlegung einer Zielperiode 2008 bis 2012 erkennbar ist.
Es ist klar, dass für die Zeit danach eine Folgevereinbarung
mit härteren Zielen zu treffen sein wird. Man bewegt sich also
in kleinen Schritten, um langfristig ein großes Ziel zu erreichen.

Wenn die Kritik so gemeint ist, dass für die beteiligten Länder die Ziele für den Verpflichtungszeitraum zu wenig ambi-
tioniert sind, dann hilft ein Blick auf die seit 1990 abgelaufene
Entwicklung. In der Abbildung 13 sind die relativen Abweichungen der Treibhausgasemissionen in CO_2-Äquivalenten
der Unterzeichnerländer des Kyoto-Protokolls für den Zeitraum 1990 bis 2004 dargestellt. Die EU insgesamt ist mit einer
Abweichung von 0,6 % noch sehr weit von dem Ziel einer
Minderung um 8 % entfernt. Dies wird mit Blick auf die aktuelle Belebung des Wirtschaftswachstums in Europa sicherlich nicht einfach werden. Für einzelne europäische Staaten
wie Spanien, dem das Ziel einer Erhöhung der Emissionen um
15 % zugelassen wurde, besteht angesichts der bis 2004 bereits realisierten Steigerung um 49 % wenig Hoffnung auf
eine Zielerreichung. Andererseits weisen die ehemaligen ost-
europäischen sozialistischen Länder und Russland beträcht-

liche Minderungen auf, die weit unterhalb des historischen Wertes von 1990 liegen. Diese Länder profitieren offensichtlich zumindest im Hinblick auf die Treibhausgasemissionen vom Zusammenbruch der alten ineffizienten Industriestrukturen. Abbildung 13 macht deutlich, dass möglicherweise ein Emissionshandel zwischen einzelnen Ländern der EU und anderen westlichen Industriestaaten als Nachfragern und Russland und den ehemaligen sozialistischen Ländern Osteuropas als Anbietern von Emissionsrechten zustande kommen könnte.

Problematisch ist natürlich, dass der größte Emittent von Treibhausgasen – die USA – der Vereinbarung letztlich nicht beigetreten ist. Darin kann man allerdings ein gewisses Scheitern der Bemühungen um eine erfolgreiche Klimakonvention sehen. Insbesondere mit Blick auf die Entwicklungsländer und deren Bereitschaft, künftig Emissionsziele zu akzeptieren, kann sich dies noch als sehr nachteilig erweisen. Somit betreffen die Verpflichtungen des Kyoto-Protokolls lediglich europäische Länder, Russland, Neuseeland und Japan. Die Entwicklungsländer waren von vornherein nicht als zu verpflichtende Länder vorgesehen. Wegen dieser Beschränkung des Kyoto-Protokolls auf eine mehr oder weniger europäisch-russisch-japanische Angelegenheit sollte man seine Bedeutung aber nicht unterschätzen. Mit ihm ist ein langfristiger Entwicklungspfad erstmalig betreten worden, der allein zum Ziel einer Begrenzung der Erderwärmung um nicht mehr als 2 Grad führen kann. Mit dem Emissionshandel zwischen den Ländern, der Joint Implementation und des Clean Develop-

Abb. 13 Änderungen der Treibhausgasemissionen in CO_2-Äquivalenten der im Anhang 1 des Kyoto-Protokolls genannten Länder von 1990 bis 2004. Relative Abweichungen.

Änderungen der Treibhausgasemissionen in CO₂-Äquivalenten
der im Anhang 1 des Kyoto
Protokolls genannten Länder
von 1990 bis 2004.
Relative Abweichung

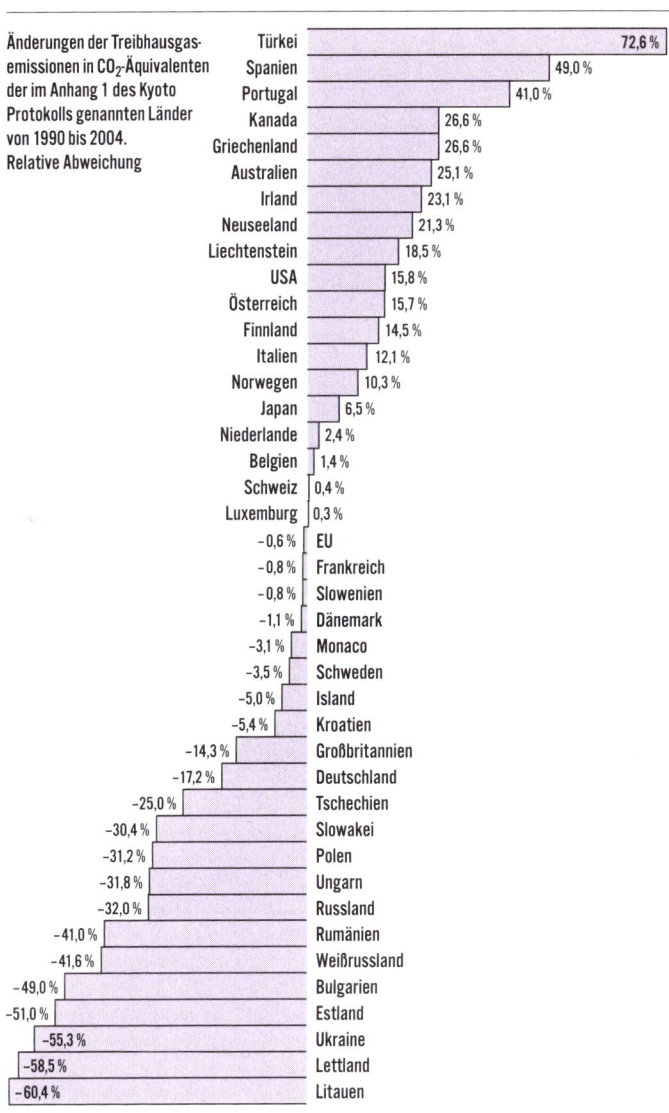

Land	Relative Abweichung
Türkei	72,6 %
Spanien	49,0 %
Portugal	41,0 %
Kanada	26,6 %
Griechenland	26,6 %
Australien	25,1 %
Irland	23,1 %
Neuseeland	21,3 %
Liechtenstein	18,5 %
USA	15,8 %
Österreich	15,7 %
Finnland	14,5 %
Italien	12,1 %
Norwegen	10,3 %
Japan	6,5 %
Niederlande	2,4 %
Belgien	1,4 %
Schweiz	0,4 %
Luxemburg	0,3 %
EU	−0,6 %
Frankreich	−0,8 %
Slowenien	−0,8 %
Dänemark	−1,1 %
Monaco	−3,1 %
Schweden	−3,5 %
Island	−5,0 %
Kroatien	−5,4 %
Großbritannien	−14,3 %
Deutschland	−17,2 %
Tschechien	−25,0 %
Slowakei	−30,4 %
Polen	−31,2 %
Ungarn	−31,8 %
Russland	−32,0 %
Rumänien	−41,0 %
Weißrussland	−41,6 %
Bulgarien	−49,0 %
Estland	−51,0 %
Ukraine	−55,3 %
Lettland	−58,5 %
Litauen	−60,4 %

*Quelle: United Nations Framework Convention on Climate Change:
National Greenhouse Gas inventory data for the period 1990 – 2004.*

ment Mechanism sind Instrumente geschaffen worden, die
noch ein enormes Potenzial aufweisen. Entscheidend für die
Zukunft wird sein, die Vereinigten Staaten und auch die Entwicklungsländer in das System einzubeziehen. Die Strategie
der EU, Vorleistungen zu erbringen, um die Verhandlungen
zu beschleunigen, kann sich dabei als sehr hilfreich erweisen.

Das Problem des Interessenausgleichs zwischen Entwicklungs-, Schwellen- und Industrieländern

Wir haben eingangs im Kapitel 2 festgestellt, dass in der zweiten Hälfte des Jahrhunderts die weitere Zufuhr von CO_2 in die
Atmosphäre gestoppt werden muss, wenn das Ziel einer Zunahme der Durchschnittstemperatur der Erde um nicht mehr
als 2 Grad erreicht werden soll. Dies bedeutet, dass weltweit
nur noch so viel CO_2 emittiert werden darf, wie durch die Fotosynthese der Pflanzen und andere Prozesse abgebaut wird.
Die Naturwissenschaftler schätzen, dass dies erreicht wird,
wenn die Emissionen 80 % unter dem Niveau des Jahres 1990
liegen, was 4,1 Milliarden Tonnen entspricht. Um dies erreichen zu können, muss bis 2020 über das Kyoto-Ziel hinaus
eine deutliche Minderung erreicht werden, die nicht unter
20 % liegen sollte. Unser abschließender Kommentar im Kapitel 8 ist gewesen, dass ein Alleingang Europas die Klimaproblematik nicht wird lösen können. Es wird darauf ankommen,
sowohl die Vereinigten Staaten als auch die großen Schwellenländer China und Indien in Klimavereinbarungen einzubeziehen. Allein China und Indien werden in der Basisprognose
des MOSUS-Projektes mit dem Modell GINFORS im Jahr
2020 energiebedingt zusammen genau so viel CO_2 emittieren
wie Nordamerika plus Europa. Nimmt man die übrigen Ent-

wicklungsländer hinzu, dann sind die Industrieländer bereits deutlich in der Minderheit. Da die USA innerhalb der Gruppe der Industrieländer wiederum etwa die Hälfte der Emissionen verursachen, ist klar, dass ein künftiges Klimaregime nur mit den USA Sinn macht.

Die Entwicklungsländer argumentieren mit den Emissionen pro Kopf der Bevölkerung und sehen für sich keinen Handlungsbedarf, weil China im Jahre 2005 nur 3,7 Tonnen und Indien sogar nur 1 Tonne CO_2 pro Kopf der Bevölkerung emittiert haben, während die USA 19,9 Tonnen und die EU25 im Durchschnitt 8,3 Tonnen in dieser Rechnung auf die Waage gebracht haben. Aus einer Gerechtigkeitsperspektive kann man da schwerlich gegenhalten. Noch deutlicher wird eine einseitige Reduktionsverpflichtung für die Industrieländer, wenn man bedenkt, dass das Volumen der seit Anbeginn der Industrialisierung in die Atmosphäre geblasenen Treibhausgase fast vollständig von den Industrieländern stammt. Es ist wohl unrealistisch anzunehmen, dass die Entwicklungsländer diesen Punkt übersehen.

Aus dieser Perspektive wird klar, dass Anreize gesetzt werden müssen, die die Entwicklungsländer veranlassen, bei der Reduktion der Treibhausgase mitzumachen. Mit anderen Worten: Es muss sich für die Entwicklungsländer lohnen. Die Anreize können sehr unterschiedlicher Art sein. Im einfachsten Fall kann man sich Transferzahlungen der Industrieländer an die Entwicklungsländer vorstellen, die zur Voraussetzung haben, dass die begünstigten Entwicklungsländer Emissionsverpflichtungen eingehen. Man könnte sich vorstellen, dass Kern einer künftigen Vereinbarung eine Ausdehnung des bisher in Europa praktizierten Emissionshandels auf die anderen Industrieländer ist. Mindestens ein Teil der Zertifikate sollte nicht frei vergeben, sondern versteigert werden. Aus dem Erlös der Versteigerung könnte ein Fonds gebildet werden, der dann zur Finanzierung der Transfers an Entwicklungsländer zur Verfügung steht. Ob ein globaler Emissionshandel mit einem einheitlichen Preis für CO_2 möglich ist, kann bezweifelt werden.

Eine zweite Möglichkeit besteht darin, dass die Industrieländer die Importe aus denjenigen Entwicklungsländern, die sich keinem Emissionsminderungsziel unterwerfen, mit Steuern belegen. Es würde damit ein Wettbewerbsdruck ausgelöst, der die Bereitschaft zur Teilnahme an dem Klimaregime steigern könnte. Allerdings würde dies den Nord-Süd-Konflikt sehr verschärfen, die Maßnahme könnte aus Sicht der Entwicklungsländer als Einstieg zu einem Wirtschaftskrieg interpretiert werden. Fraglich ist auch, wie dies mit den Grundsätzen der Welthandelsorganisation WTO, die sich für den Freihandel einsetzt, vereinbar wäre.

Ein dritter Weg besteht darin, dass man keine formale Festlegung von Emissionsminderungszielen von den Entwicklungsländern erwartet, sondern lediglich die Bereitschaft, bei der Förderung des Technologietransfers zwischen den Industrieländern und den Entwicklungsländern mitzuwirken. Kern dieser Vorstellung ist die Hypothese, dass die Kosten der Vermeidung von Emissionen in den Entwicklungsländern deutlich niedriger sind als in den Industrieländern. Instrumente könnten dann die bereits im Rahmen des Kyoto-Protokolls eingeführte Joint Implementation (JI) und Clean Development Mechanism (CDM) sein. Im Falle der Joint Implementation würde z. B. ein deutsches Energieversorgungsunternehmen, das in Deutschland dem Emissionshandel unterliegt, mit einem chinesischen Partner in China ein Kraftwerk errichten. Die gegenüber der alten ersetzten Anlage eingesparten Emissionen würden zur Hälfte dem deutschen Unternehmen, das

damit seinen Bestand an Emissionsrechten in Deutschland erhöhen würde, und dem chinesischen Unternehmen zugespro-
chen, das diese Zertifikate wiederum auf dem Markt verkaufen könnte. Beim CDM könnte man sich folgende Ausgestaltung vorstellen: Ein deutsches Energieunternehmen tätigt in
China ohne chinesischen Partner eine Investition. In Höhe
der Emissionsminderung in China werden dem Unternehmen
Zertifikate zugewiesen, die es in Europa verkaufen kann. Für
die Entwicklungsländer ergäbe sich der Vorteil einer kosten-
losen Effizienzsteigerung ihrer Industrie.

Die Wirkungen der verschiedenen Politiken auf die weltweiten Schadstoffemissionen und die wirtschaftliche Entwicklung in den Industrie- und Schwellenländern sind noch
nicht abschließend erforscht. Um die verschiedenen Verhand-
lungsoptionen ausloten zu können, besteht noch ein erheblicher Informations- und insofern auch Forschungsbedarf.
Grundsätzlich vorstellbar ist jede der genannten Handlungsoptionen und darüber hinaus noch viele weitere, die wir hier
nicht im Detail diskutieren können. Die Option eines Beitritts
der Entwicklungsländer zum Klimaregime mit gleichzeitigen
Kompensationszahlungen durch die Industrieländer könnte
auch mit der Option der Intensivierung des Technologietransfers durch JI und CDM kombiniert werden. Die Option der
Besteuerung der Importe von Ländern, die nicht dem Klimaregime beitreten, ist dagegen sicherlich problematisch.

Dem kleinen Schritt des Kyoto-Protokolls muss bald ein
größerer folgen. Die Verhandlungen darüber haben bereits
auf verschiedenen Ebenen wie etwa dem G8-Gipfel in Heiligendamm und bei den Vereinten Nationen begonnen. Europa
hat in diesem Prozess eine Führungsrolle übernommen. Es
wird in Zukunft darauf ankommen, dass der eingeschlagene
Weg unbeirrt fortgesetzt wird.

10. Abschließende Bemerkungen

Das wirtschaftliche Wachstum in den Entwicklungsländern muss uns hoch willkommen sein, weil nur so eine Chance besteht, die erdrückende Armut dort zu beseitigen, die die entscheidende Ursache des anhaltenden Bevölkerungswachstums in der Dritten Welt ist. Die Welt braucht dann aber andere Konsumgüter und neue Technologien, die den Ressourcenverbrauch reduzieren, wenn wir nicht allesamt in der Umweltkatastrophe enden wollen. Für Europa und für Deutschland muss die Entscheidung für eine konsequente Innovationsstrategie fallen, damit weltweit der Prozess der Reduktion des Ressourcenverbrauchs eingeleitet werden kann. Wir haben in diesem Buch die These vertreten, dass dies sowohl die Suffizienz- als auch die Effizienzstrategie einschließt. Mit der Innovationsstrategie ist nicht gemeint, dass wir allein auf die Verbesserung der Technologien setzen. Wir müssen außerdem auch neue, den Ressourceneinsatz schonende Konsumgüter entwickeln und auch nachfragen, was aber nicht bedeuten muss, dass der Konsum insgesamt zu reduzieren ist.

Die entscheidende Frage wird sein, wie dies erreicht werden kann. Nachdem man in der Welt allmählich begreift, wohin die Reise gehen muss, steht die viel schwierigere Frage nach der Auswahl der zu ergreifenden Instrumente auf dem Programm. Einiges ist bereits geschehen, aber dies ist erst der Anfang. Ich habe in diesem Buch die These vertreten, dass marktwirtschaftliche Instrumente zweifellos wichtig sind, dass wegen der bestehenden Marktunvollkommenheiten aber andere Instrumente wie Informations- und Kommunikationsinstrumente sowie intelligente Formen der Ordnungspolitik hinzukommen müssen. Wir haben in diesem Buch diese Politikvarianten im Detail kennengelernt.

Europa und insbesondere Deutschland sind für diese Innovationsstrategie aufgrund der bestehenden wirtschaftlichen Strukturen gut aufgestellt. Aber ohne eine begleitende Bildungsoffensive werden wir auf Dauer die benötigten hoch qualifizierten Arbeitskräfte in hinreichender Zahl nicht zur Verfügung haben. Auf der anderen Seite werden viele den weiter steigenden Ansprüchen einer immer komplexer werdenden Arbeitswelt auch trotz Bildungsoffensive nicht gerecht werden können. Wir brauchen deshalb eine wirkungsvolle Absicherung der unteren Einkommen, was etwa durch das Instrument der negativen Einkommensteuer erreichbar ist.

Die Klimadebatte hat bislang erstaunliche Fortschritte in der Diskussion der Umweltziele gebracht. Aber, machen wir uns nichts vor, erst die zurzeit (Sommer 2007) noch ausstehende Diskussion um die Erweiterung des umweltpolitischen Instrumentariums, die notwendig ist, um die Ziele auch zu erreichen, wird Gewissheit bringen, ob wir schon auf dem rechten Weg sind. Ferner muss uns bewusst sein, dass alle Aktivitäten in Europa vergebens sein werden, wenn es nicht gelingt, international verbindliche Vereinbarungen zu erreichen. Hoffen wir, dass die Politik den Schwung behält, dieses auch durchzusetzen.

Glossar

Aachener Szenario – Ein Szenario der Informations- und Kommunikationspolitik zur Minderung des Ressourcenverbrauchs. Der Name geht auf die Aachener Stiftung Kathy Beys zurück, die erste Simulationen des Szenarios mit den Modellen INFORGE bzw. PANTA RHEI gefördert hat.

Agenda 21 – Die Agenda 21 ist ein entwicklungs- und umweltpolitisches Programm für das 21. Jahrhundert zur Erreichung einer nachhaltigeren Entwicklung. Es wurde von 178 Staaten auf der »Konferenz für Umwelt und Entwicklung« der Vereinten Nationen im Jahre 1992 in Rio de Janeiro beschlossen.

Anthropozentrisches Konzept – Ein Konzept, das den Menschen in den Mittelpunkt der Betrachtung stellt.

Bachelor- und Masterabschlüsse – Im europäischen Rahmen abgestimmte aufeinander aufbauende Studiengänge, die im Vergleich zu den deutschen Diplomstudiengängen größere Spezialisierungen erlauben.

Berechenbare Allgemeine Gleichgewichtsmodelle – Im Englischen: Computable General Equilibrium Models (CGE). Auf der neoklassischen Wirtschaftstheorie aufbauende, numerisch spezifizierte gesamtwirtschaftliche Modelle mit einer mehr oder weniger tiefen Gliederung nach Märkten und Branchen.

Bionik – Die Bionik versucht die Lösungen der Natur für technische Probleme zu verstehen und befasst sich mit deren Umsetzung in unsere Technologien. Die Bionik ist eine interdisziplinäre Wissenschaft, die Naturwissenschaftler, Ingenieure, aber auch Architekten und Designer zusammenführt.

Biotechnologie – Unter der Biotechnologie versteht man die Umsetzung von Erkenntnissen aus der Biologie und der Biochemie in technische oder technisch nutzbare Verfahren und Produkte.

Blauer Engel – Der Blaue Engel ist ein seit 1978 vergebenes Gütesiegel für besonders umweltschonende Produkte. Der Blaue Engel muss beim Umweltministerium beantragt werden. Eine unabhängige Jury prüft die Eignung des Produktes, und das Bundesumweltministerium vergibt das Gütesiegel.

Brennstoffzelle – Eine Brennstoffzelle ist ein Energiewandler, der chemische Reaktionsenergie eines Brennstoffs und eines Oxidationsmittels in elektrische Energie umwandelt. In der technischen Anwendung geht es meist um die Wasserstoff-Sauerstoff-Brennstoffzelle zum Einsatz in Fahrzeugen.

Bruttoinlandsprodukt – Gesamtwert der in einer Periode in einer Region erzeugten Fertigprodukte gemessen in Währungseinheiten.

Bruttonationaleinkommen – Einkommen der Inländer einer Region in einer Periode in Währungseinheiten.

Business as usual – Annahme über das Verhalten der Politik in Simulationsrechnungen mit Modellen. Es wird unterstellt, dass die Politik im Simulationszeitraum gegenüber dem Stand am aktuellen Rand nicht verändert wird.

CCS (Carbon Capture and Storage) – Technisches Verfahren der Abscheidung von CO_2 in Kohlekraftwerken und der anschließenden dauerhaften unterirdischen Speicherung.

Clean Development Mechanism (CDM) – CDM ist eine Vereinbarung im Rahmen des Kyoto-Protokolls, die Firmen aus Industrieländern mit einer Verpflichtung zur Reduktion von CO_2-Emissionen erlaubt, in Projekte zur Reduktion von CO_2-Emissionen in Entwicklungsländern zu investieren und sich die Reduktionen auf das eigene Ziel anrechnen zu lassen.

Corporate Governance – Corporate Governance beschreibt alle internationalen und nationalen Werte und Grundsätze für eine verantwortungsvolle Unternehmensführung, die für die Mitarbeiter und insbesondere auch für die Unternehmensführung gelten.

Emissionszertifikate – Rechte zur Schadstoffemission, die national oder international gehandelt werden.

Erneuerbare Energie – Unerschöpfliche Energie, die den in der Natur stattfindenden energetischen Prozessen entnommen wird. Quelle sind letztlich das Sonnenlicht, die Erdrotation und die Erdwärme, deren Energie durch Windkraftanlagen, Solarkraftwerke, Gezeitenkraftwerke, Geothermie und die Nutzung von Biomasse gewonnen wird.

Erneuerbare Energien Gesetz – Gesetz zur Förderung Erneuerbarer Energien. Den Betreibern der zu fördernden Anlagen wird über einen bestimmten Zeitraum ein fester Vergütungssatz für den erzeugten Strom garantiert, der die Wirtschaftlichkeit der Anlage sichert. Der Fördersatz sinkt pro Jahr, um einen Anreiz für Innovationen zu schaffen.

Euro-Zone – Gebiet derjenigen Länder der EU, die als gemeinsame Währung den Euro eingeführt haben. Dazu gehören (Frühjahr 2007) Österreich, Belgien, Finnland, Frankreich, Deutschland, Griechenland, Irland, Italien, Luxemburg, Niederlande, Portugal, Slowenien und Spanien.

Fertilitätsrate – Relation zwischen der durchschnittlichen Anzahl der Kinder und der Anzahl der Frauen im gebärfähigen Alter in einer Kohorte.

Fossile Energieträger – Fossile Energieträger wie Kohle, Gas und Erdöl stammen aus den Abbauprozessen organischen Materials, das vor Millionen Jahren in Form von Pflanzen und Tieren abgestorben ist. Beim Verbrennen dieser Energieträger entsteht das Gas Kohlendioxyd, das in die Atmosphäre entweicht und dort den Treibhauseffekt auslöst.

GINFORS (Global Interindustry Forecasting System) – Globales umweltökonomisches Modell der Gesellschaft für Wirtschaftliche Strukturforschung mit ökonometrisch geschätzten Parametern, das eine tiefe Länder- und Güterstruktur aufweist.

Grandfathering – Freie Vergabe von Verschmutzungsrechten auf der Basis historischer Emissionen.

GTAP (Global Trade Analysis Project) – Globales neoklassisches Modell der Purdue University mit kalibrierten Parametern, das eine tiefe Länder- und Gütergruppengliederung aufweist.

Humankapital – Bewertung des in der Bevölkerung eines Landes verkörperten Wissens sowie der Fähigkeiten und Fertigkeiten. Wird durch Bildung, Ausbildung und Weiterbildung erworben.

Industrielle Cluster – Konzentration bestimmter Branchen in einer Region.

Infrastruktur – Bezeichnet alle langlebigen personellen, materiellen und institutionellen Einrichtungen, die für eine moderne arbeitsteilige Marktwirtschaft vorausgesetzt werden. Gelegentlich sind auch nur die vom Staat bereitzustellenden Güter wie z. B. eine funktionierende Justiz, Verkehrswege und öffentliche Verwaltung gemeint.

Inter Governmental Panel on Climate Change (IPCC) – Das IPCC wurde von der Umweltorganisation der Vereinten Nationen (UNEP) und der Weltorganisation für Meteorologie (WMO) im Jahre 1988 gegründet. In ihm sind Hunderte unabhängiger Wissenschaftler aus verschiedenen Wissenschaftszweigen vereint, die die in wissenschaftlichen Zeitschriften dokumentierten Forschungsergebnisse zum Klimawandel zu einem periodisch erscheinenden Bericht verarbeiten.

International Energy Agency (IEA) – Die IEA ist innerhalb des Rahmens der OECD eine autonome Körperschaft, die sich mit der Analyse der Energiemärkte befasst und energiepolitische Fragestellungen untersucht. Die IEA wurde 1974 gegründet und hat – wie die OECD – ihren Sitz in Paris.

Intrinsische Motivation – Intrinsische Motivation ist gegeben, wenn der Anreiz für ein bestimmtes Verhalten in der Person selbst liegt, ohne dass eine externe Belohnung etwa durch monetäre Anreize gegeben ist.

Investitionsgüter – Der Teil der Produktion einer Volkswirtschaft in einer Periode, der nicht verbraucht, sondern dem Kapitalstock zugefügt wird.

Joint Development (JI) – JI ist eine im Kyoto-Protokoll vorgesehene Einrichtung, die es einer Firma in einem Industrieland erlaubt, Investitionen zur Minderung von CO_2 auch in einem anderen Industrieland vorzunehmen und sich diese anrechnen zu lassen.

Kapitalsammelstellen – Kapitalsammelstellen sind Einrichtungen, bei denen sich Ersparnisse zu großen Kapitalien ansammeln. Dazu gehören Geschäftsbanken, Sparkassen, Bausparkassen, Investmentgesellschaften, Pensionsfonds und Versicherungen.

Klimagase – Klimagase (auch Treibhausgase) erzeugen in der Atmosphäre den sogenannten Treibhauseffekt: Sie absorbieren einen Teil der vom Erdboden abgestrahlten Infrarotstrahlung, die sonst in das Weltall entweichen würde. Dazu zählen Kohlendioxid (CO_2), Methan (CH_4), Distickstoffoxid (N_2O), teilhalogenisierte und perfluorierte Kohlenwasserstoffe (H-FKW / HFCS) und Schwefelhexafluorid (SF_6).

Konsumgüter – Der Teil der Güterproduktion einer Volkswirtschaft in einer Periode, der von den privaten und öffentlichen Haushalten in dieser Periode verbraucht wird.

Kreditanstalt für Wiederaufbau (KfW) – Die KfW-Bankengruppe bzw. KfW (früher: Kreditanstalt für Wiederaufbau) ist eine Anstalt öffentlichen Rechts. Die KfW betreibt Bankgeschäfte im Rahmen der Abwicklung wirtschaftspolitischer Maßnahmen wie der Förderung von Mittelstand und Existenzgründern, der Gewährung von Investitionskrediten an kleine und mittlere Unternehmen sowie der Finanzierung von Infrastrukturvorhaben und Wohnungsbau, der Finanzierung von Energiespartechniken und der kommunalen Infrastruktur.

Kyoto-Protokoll – Das Kyoto-Protokoll ist 1997 auf einer Konferenz zur Klimarahmenkonvention der Vereinten Nationen in Kyoto als zusätzliches Protokoll beschlossen worden. Erstmalig werden darin verbindliche Ziele für die Treibhausgasemissionen der Industrieländer vorgegeben. Das Protokoll ist im Jahre 2005 in Kraft getreten und wird im Jahre 2012 auslaufen.

Marktwirtschaftliche Instrumente – Maßnahmen der Umweltpolitik, die monetäre Anreize zu einem nachhaltigeren Verhalten der Wirtschaftssubjekte setzen.

MOSUS – MOSUS (MOdeling SUStainability for Europe) ist ein Forschungsprojekt, das innerhalb des fünften Rahmenprogramms der

EU die Wirkungen von Maßnahmen zur Steigerung der Ressourcen-produktivität auf Wirtschaft und Umwelt in Europa durch Simulati-onsrechnungen mit dem globalen umweltökonomischen Modell GINFORS durchgeführt hat. An dem Projekt waren zwölf europäi-sche Forschungseinrichtungen aus acht Ländern beteiligt.

Nachhaltigkeit – Nachhaltigkeit ist ein normatives Konzept, das eine Entwicklung nur zulässt, wenn sie die Bedürfnisse der Gegenwart befriedigt, ohne zu riskieren, dass künftige Generationen ihre eige-nen Bedürfnisse nicht befriedigen können.

Nachhaltigkeitsrat – Der Nachhaltigkeitsrat unterstützt in Deutsch-land die Arbeit des Staatssekretärausschusses zur nachhaltigen Ent-wicklung. Die Mitglieder des Nachhaltigkeitsrates sind Wissen-schaftler, Vertreter der Kirchen, der Wirtschaft, der Gewerkschaften und der Umweltverbände.

Nanotechnologie – Nanotechnologie beschäftigt sich mit der For-schung und Konstruktion in sehr kleinen Strukturen: Ein Nanome-ter entspricht einem Millionstel Millimeter. Nano (griech: Zwerg). Anwendungen entstehen in der Energietechnik (Brennstoff- und Solarzellen), in der Umwelttechnik (Materialkreisläufe und Entsor-gung) oder in der Informationstechnik (neue Speicher und Prozesso-ren), aber auch im Gesundheitsbereich.

Naturkapital – Naturkapital ist eine Metapher zur Umschreibung des von der Natur gegebenen Ressourcenbestandes. Dabei ist nicht notwendig eine monetäre Bewertung der Ressourcen gemeint.

Negative Einkommensteuer – Negative Einkommensteuer bezeich-net eine Ausgestaltung des Steuertarifs, bei der Einkommen unter-halb einer gewissen Grenze nicht besteuert, sondern durch Trans-fers aufgefüllt werden. Um den Arbeitsanreiz zu stärken, nimmt der Transferbetrag beginnend bei einer Grundversorgung mit stei-gendem Arbeitseinkommen ab, sodass die Summe aus Arbeitsein-

kommen und Transfers mit steigendem Arbeitseinkommen zunimmt.

Ökologisch Soziale Marktwirtschaft – Wirtschaftsverfassung, die als
Erweiterung der sozialen Marktwirtschaft um Regelungen zum Erhalt der Natur verstanden werden kann.

Ökologische Steuerreform – Änderung des Steuersystems durch Belastung der Ressourcennutzung und Entlastung des Faktors Arbeit.

Ökonometrische Modelle – Ökonomische Modelle, deren Parameter
durch die Anwendung statistischer Verfahren aus historischen Daten geschätzt werden.

Ökonomische Instrumente – Siehe Marktwirtschaftliche Instrumente.

Ordnungspolitische Instrumente – Maßnahmen der Wirtschafts-
und Umweltpolitik in Form von Geboten und Verboten.

Ordoliberalismus – Marktwirtschaftliche Wirtschaftsordnung, innerhalb derer der Staat die Aufgabe hat, Privateigentum, Vertragsfreiheit, freien Wettbewerb, Geldwertstabilität und soziale Gerechtigkeit durch Schaffung und Erhaltung eines Ordnungsrahmens zu
gewährleisten.

Organisation for Economic Cooperation and Development (OECD) –
Forum der Zusammenarbeit von 30 Industrieländern zur Lösung der
ökonomischen, sozialen und ökologischen Probleme der Globalisierung.

PANTA RHEI – Umweltökonomisches Modell für Deutschland mit
einer tiefen Branchengliederung.

Personal Carbon Trading – Konzept zur Einrichtung eines Emissionshandels für private Haushalte.

Post-Kyoto-Commitment – Internationale Vereinbarung zum Klimaschutz, die das Kyoto-Protokoll ablöst.

Prozessinnovation – Einrichtung einer neuen, leistungsfähigeren Produktionsverfahrens.

Querschnittstechnologien – Siehe Schlüsseltechnologien.

Ressourcenproduktivität – Relation zwischen dem Bruttoinlandsprodukt in konstanten Preisen und dem Ressourceneinsatz eines Landes gemessen in Tonnen. Die Dimension ist Währungseinheiten pro Tonne.

Rio-Deklaration – Auf der Konferenz der Vereinten Nationen im Jahre 1992 verabschiedetes »Grundgesetz« der Umwelt- und Entwicklungspolitik mit einer Präambel und 27 Grundsätzen.

Schlüsseltechnologien – Technologien, die Bestandteil der Technik in vielen Branchen sind.

Schwache Nachhaltigkeit – Ökologische und ökonomische Nachhaltigkeit sind substituierbar.

Starke Nachhaltigkeit – Ökologische und ökonomische Nachhaltigkeit sind nicht substituierbar.

Soziale Marktwirtschaft – Marktwirtschaft, in der staatliche Regelungen den sozialen Ausgleich garantieren.

Sozialkapital – Metapher zu Beschreibung der Gesamtheit der Institutionen und Regelungen, die den sozialen Ausgleich ermöglichen.

System of Economic Environmental Accounting (SEEA) – Gesamtwirtschaftliches Rechnungslegungssystem der Vereinten Nationen zur Erfassung der umweltökonomischen Zusammenhänge.

Top Runner – Technische Norm für ein Produkt, die sich an dem besten auf dem Markt verfügbaren Produkt orientiert. Es wird allen Marktteilnehmern vorgeschrieben, diese Norm innerhalb einer bestimmten Frist zu erreichen.

Treibhausgase – Siehe Klimagase.

Umweltökonomische Gesamtrechnung – Gesamtwirtschaftliches Rechnungslegungssystem zur Erfassung der umweltökonomischen Zusammenhänge des Statistischen Bundesamtes.

Verfügbares Einkommen – Einkommen, das dem Haushalt nach der Umverteilung durch Abgaben und Transfers durch den Staat verbleibt.

Vorprodukte – Der Teil der Produktion einer Volkswirtschaft, der in der laufenden Periode als Faktoreinsatz der Unternehmen verbraucht wird.

WTO – Die Welthandelsorganisation (World Trade Organization) ist eine internationale Organisation mit Sitz in Genf und befasst sich mit der Regelung von Handels- und Wirtschaftsbeziehungen.

Literaturhinweise

Zu Kapitel 2: Wohin treibt die Welt?

Hahlbrock, K. (2007): Kann unsere Erde die Menschen noch ernähren? Bevölkerungsexplosion – Umwelt – Gentechnik. Fischer Taschenbuch Verlag. Frankfurt am Main.

Kemfert, C. (2007): Breites Maßnahmepaket zum Klimaschutz kann Kosten der Emissionsminderung in Deutschland deutlich verringern. DIW-Wochenbericht, Nr. 18 / 2007. S. 303 – 307.

International Energy Agency (2006): World Energy Outlook. Paris

Latif, M. (2007): Bringen wir das Klima aus dem Takt? Hintergründe und Prognosen. Fischer Taschenbuch Verlag. Frankfurt am Main.

Lutz, C., Meyer, B., Wolter, M. I. (2007): The Global Multisector / Multicountry 3E-Model GINFORS. A Description of the Model and a Baseline Forecast for Global Energy Demand and CO_2-Emissions. In: International Journal of Global Environmental Issues. Erscheint in Kürze.

Münz, R. / Reiterer, A. F. (2007): Wie schnell wächst die Zahl der Menschen? Weltbevölkerung und weltweite Migration. Fischer Taschenbuch Verlag. Frankfurt am Main.

Population Division of the Department of Economic and Social Affairs of the United Nations Secretariat (2005): World Population Prospects: The 2004 Revision. Highlights. New York.

Schellnhuber, H. J. (Hrsg.) (2006): Avoiding dangerous Climate Change. Cambridge, Cambridge University Press.

Stern, N. (2007): The Economics of Climate Change. The Stern Review. Cambridge University Press.

Zu Kapitel 3: Was sind die Ursachen und welche Lösungsansätze bieten sich?

Bartmann, H. (1996): Umweltökonomie – ökologische Ökonomie. Kohlhammer. Stuttgart, Berlin, Köln.

Cansier, D. (1996): Umweltökonomie, 2. Auflage. UTB Taschenbuch. Stuttgart.

Ekins, P., Barker, T. (2001): Carbon Taxes and Carbon Emissions Trading. In: Journal of Economic Surveys, Vol. 15(3), S. 325–376.

Meyer, B., Bockermann, A., Ewerhart, G., Lutz, C. (1999): Marktkonforme Umweltpolitik. Wirkungen auf Luftschadstoffemissionen, Wachstum und Struktur der Wirtschaft. Physica-Verlag. Heidelberg.

Stern, N. (2007): The Economics of Climate Change. The Stern Review. Cambridge University Press.

Zu Kapitel 4: Das Leitbild der Nachhaltigkeit

Coenen, R., Grunwald, A. (Hrsg.) (2003): Nachhaltigkeitsprobleme in Deutschland. Analyse und Lösungsstrategien. Edition Sigma. Berlin.

Diefenbacher, H. (2001): Gerechtigkeit und Nachhaltigkeit. Zum Verhältnis von Ethik und Ökonomie. Wissenschaftliche Buchgesellschaft. Darmstadt.

Pearce, D. (2005): Nachhaltige Entwicklung. Der heilige Gral oder unmögliches Unterfangen? In: Fischer, E. P. und Wiegandt, K. (Hrsg.): Die Zukunft der Erde. Was verträgt unser Planet noch? Fischer Taschenbuch Verlag, Frankfurt am Main.

Spangenberg, H. (2005): Die ökonomische Nachhaltigkeit der Wirtschaft. Theorien, Kriterien und Indikatoren. Edition Sigma. Berlin.

Statistisches Bundesamt (Hrsg.) (2006): Nachhaltige Entwicklung in Deutschland. Indikatorenbericht 2006. Wiesbaden.

Zu Kapitel 5: Welche Potenziale zur Steigerung der Ressourcenproduktivität sind gegeben?

Aachener Stiftung Kathy Beys (Hrsg.) (2005): Ressourcenproduktivität als Chance. Ein langfristiges Konjunkturprogramm für Deutschland. Books on Demand. Norderstedt.

Distelkamp, M., Meyer, B., Wolter, M. I. (2005): Der Einfluss der Endnachfrage und der Technologie auf die Ressourcenverbräuche in Deutschland. In: Aachener Stiftung Kathy Beys (Hrsg.): Ressourcenproduktivität als Chance. Ein langfristiges Konjunkturprogramm für Deutschland. Books on Demand. Norderstedt.

Fischer, H., Lichtblau, K., Meyer, B., Scheelhaase, J. (2004): Wachstums- und Beschäftigungsimpulse rentabler Materialeinsparungen. In: Wirtschaftsdienst, 84 (4) S. 247–254.

Grunwald, A., Coenen, R., Nitsch, J., Sydow, A., Wiedemann, P. (2001): Forschungswerkstatt Nachhaltigkeit. Wege zur Diagnose und Therapie von Nachhaltigkeitsdefiziten. Edition Sigma. Berlin.

Schmidt-Bleek, F. (2000): Das MIPS-Konzept – Faktor 10. Knaur Verlag. München.

Schmidt-Bleek, F. (2007): Nutzen wir die Erde richtig? Die Leistungen der Natur und die Arbeit des Menschen. Fischer Taschenbuch Verlag. Frankfurt am Main.

Zu Kapitel 6. Was muss konkret in Deutschland und Europa geschehen, damit eine Steigerung der Ressourcenproduktivität möglich wird?

Bach, S., Bork, C., Kohlhaas, M., Lutz, C., Meyer, B., Praetorius, B. & Welsch, H. (2001): Die ökologische Steuerreform in Deutschland: Eine modellgestützte Analyse ihrer Wirkungen auf Wirtschaft und Umwelt. Physica Verlag. Heidelberg.

DeCanio, S. J. (1998): The efficiency paradox: Bureaucratic and organizational barriers to profitable energy-savings investments. In: Energy Policy 26(5), S. 441–454.

Grubb, M., Neuhoff, K. (2006): Allocation and competitiveness in the EU emissions trading scheme: policy overview. In: Energy Policy 23(4), S. 1–14.

International Energy Agency (Hrsg.) (2006): Energy Policies of IEA Countries. Paris.

Meyer, B., Distelkamp, M., Wolter, M. I. (2007): Material Efficiency and Economic-Environmental Sustainability. Results of Simulations for Germany with the Model PANTA RHEI. In: Ecological Economics, 63(1), S. 192 – 200.

Newall, R., Jaffe, A. B., Stavins, R. N. (1999): The induced innovation hypothesis and energy saving technological change? In: The Quarterly Journal of Economics, 114(3), S. 941 – 975.

Zu Kapitel 7: Was muss auf dem Arbeitsmarkt und bei der sozialen Sicherung geschehen?

Homburg, S. (2003): Arbeitslosigkeit und soziale Sicherung. In: Vierteljahreshefte zur Wirtschaftsforschung. 1, S. 68 – 82.

Hüther, Michael (1990): Integrierte Steuer-Transfer-Systeme für die Bundesrepublik Deutschland. Normative Konzeption und empirische Analyse. Berlin.

Meyer, B., Wolter, M. I. (2007): Demographische Entwicklung und wirtschaftlicher Strukturwandel – Auswirkungen auf die Qualifikationsstruktur auf dem Arbeitsmarkt. In: Statistisches Bundesamt (Hrsg.): Neue Wege statistischer Berichterstattung – Mikro- und Makrodaten als Grundlage sozioökonomischer Modellierungen. Statistik und Wissenschaft, Band 10. Wiesbaden.

Zu Kapitel 8: Perspektiven einer nachhaltigeren Entwicklung für Europa

Giljum, St., Behrens, A., Hinterberger, F., Lutz, C., Meyer, B. (2007): Modelling Scenarios towards a Sustainable Use of Natural Resources in Europe. In: Environmental Science and Policy. Erscheint in Kürze.

Hertel, T. W. (1997): Global Trade Analysis. Modeling and Applications. Cambridge: Cambridge University Press.

Burniaux, J. M., Truong, T. P. (2002): GTAP-E: An energy-environmental version of the GTAP model. GTAP technical paper No. 16.

Uno, K. (Hrsg.) (2002): Economy – Energy – Environment. Beyond the Kyoto Protocol. Kluwer Academic Publishers. Dordrecht.

Zu Kapitel 9: Die Schaffung internationaler Rahmenbedingungen

Agrawala, S. (Hrsg.) (2005): Bridge over troubled waters: Linking climate change and development. OECD. Paris.

Böhringer, C. (2002): Climate politics from Kyoto to Bonn: from little to nothing? In: The Energy Journal. 23 (2), S. 51–71.

Grubb, M. (1999): The Kyoto Protocol: A guide and assessment. London.

Intergovernmental Panel on Climate Change (2000): Methodological and technological issues in technology transfer: a special report of the IPCC working group III. Cambridge University Press. Cambridge.

Abbildungsnachweise

Alle Grafiken: Peter Palm, Berlin (außer Abb. 4, Quelle: Aachener Stiftung Kathy Beys [2005]: Ressourcenproduktivität als Chance – Ein langfristiges Konjunkturprogramm für Deutschland. S. 25).